D1932007

Vitus B. Dröscher
Wiedergeburt

Vitus B. Dröscher

Wiedergeburt

Leben und Zukunft bedrohter Tiere

Econon Verlag
Düsseldorf · Wien

1. Auflage 1984
Copyright © 1984 by Econ Verlag GmbH, Düsseldorf und Wien
Alle Rechte der Verbreitung, auch durch Film, Funk und Fernsehen, fotomechanische Wiedergabe, Tonträger jeder Art, auszugsweisen Nachdruck oder Einspeicherung und Rückgewinnung in Datenverarbeitungsanlagen aller Art sind vorbehalten.
Gesetzt aus der Garamond der Fa. Linotype GmbH
Satz: Computersatz Bonn GmbH, Bonn
Papier: Papierfabrik Schleipen GmbH, Bad Dürkheim
Druck und Bindearbeiten: Spiegel, Ulm
Printed in Germany
ISBN 3 430 12195 7

Dem Andenken meines Freundes Sven Simon,
von dem die Idee zu diesem Buch stammt.

Nicht durch Mit-Klagen, sondern durch Mit-Sorgen und -Helfen soll man Freunden seine Teilnahme bezeugen. (Epikur)

Inhalt

Neue Hilfen im Existenzkampf

In früheren Zeiten nahmen Bergarbeiter stets einen Kanarienvogel im Käfig mit vor Ort. Wenn dem Gestein giftige Gase entströmten, die sie weder riechen noch mit anderen Sinnen wahrnehmen konnten, war der kleine Vogel der erste, der starb. Sein Tod signalisierte für alle Kumpel: »Rette sich, wer kann!«

Heute sterben in freier Natur Millionen Vögel an der Verschmutzung der Luft, des Wassers und der Vergiftung ihrer Nahrung. Zum Glück verstehen derzeit immer mehr Menschen dies als Zeichen, in welch großer Gefahr wir selber schweben. Hunderttausende von Naturschützern arbeiten gegenwärtig auf allen Kontinenten und Ozeanen an der Erhaltung der Existenzgrundlagen von Tier und Mensch. Erste Andeutungen einer Wiedergeburt vom Aussterben bedrohter Arten zeichnen sich ab. Davon handelt dieses Buch.

Es ist ein Kampf voller Dramatik, Idealismus und Aufopferung, aber auch voll herber Rückschläge und Enttäuschungen. Aus den großartigen Erfolgen wie aus den bitteren Fehlern formt sich gegenwärtig eine neue Art des Umweltbewußtseins: Es genügt nicht mehr, wie bisher einfach zu fordern: »Rettet die Tiere!« Vielmehr müssen wir gefährdete Tiere in ihrer Eigenständigkeit so weit unterstützen, daß sie ihren Existenzkampf überleben. Die Reinhaltung der Elemente und einen Stopp des Einbetonierens der Landschaft zu verlangen, hat sich als unzureichend erwiesen. Darüber hinaus müssen wir die Lebensweise jeder bedrohten Tierart genau kennen, um ihr das zurückzugeben, was sie zum Dasein unverzichtbar braucht.

Insofern wird die Verhaltensforschung mehr und mehr zum Grundpfeiler des Umwelt- und Artenschutzes. Dieses Buch wagt nun zum erstenmal den Versuch zu einer Öko-Ethologie, also zu einer ökologisch orientierten Verhaltensforschung.

Ihre Basis ist die Liebe zum Tier, und zwar zu jedem Tier. Den Großen Panda gern zu haben oder ein Robbenbaby ist kein Glanzstück menschlicher Tierliebe. Solch ein Streicheltier schließt fast jeder in sein Herz. Aber auch Meeresschildkröten und Alligatoren im Existenzkampf zu helfen, das erfordert intensive Beschäftigung mit dem Wesen des Tieres, die nur zu dem Resultat führen kann, voll Ehrfurcht und Staunen vor einem in jedem Fall einzigartigen Wunder der Schöpfung zu stehen.

Bei Angehörigen vieler Berufsgruppen treten alteingefleischte Feindbilder als wesentliches Hindernis für den Artenschutz auf. Der Bauer haßt Krähen und Tauben, die ihm die Saat wegpicken, der Brieftaubenzüchter haßt den Wanderfalken und den Habicht, der Falkner den Marder, der Jäger den Habicht und den Fuchs, der Teichwirt den Graureiher und den Fischotter.

Und dennoch: Sie alle scheinen derzeit zu spüren, daß die Ausrottungsjagd auf diese oder jene Tierart dem Geist der Schöpfung zuwiderläuft. Es gehört zum Erfreulichsten unserer Arbeit, zu sehen, wie hier aus einstigen Feinden Freunde für die Zukunft werden, sobald hier Tatsachen aus der Verhaltensforschung an die Stelle alter Vorurteile treten.

Wenn heute Jäger keinen Giftgaskrieg mehr gegen den Rotfuchs führen, sondern bei der Schluckimpfung dieser Tiere in Großaktionen tatkräftig mitarbeiten, wenn heute Falkner nicht mehr gefährdete Greifvögel aushorsten, sondern im Wanderfalken- und Uhuschutz aktiv mitwirken, wenn heute Teichwirte nicht mehr den Fischotter wie den Leibhaftigen jagen, sondern ihn schützen helfen, dann zählt auch dies mit zu den erfreulichsten Erfolgen des Artenschutzes.

In dieser Richtung bahnbrechend zu arbeiten, darum hatte mich mein inzwischen verstorbener Freund Sven Simon vor fünf Jahren gebeten. Die Idee zur Öko-Ethologie und zu diesem Buch stammt von ihm.

Am Anfang des Artenschutzes stand nur der gute Wille, Tiere vor dem Aussterben oder Ausgerottetwerden zu bewahren. Viele Fehler, die aus Unkenntnis tierlicher Verhaltensweisen entstanden, führten zu schweren Rückschlägen, aber auch dazu, daß die Verhaltensforschung immer weiteren Einzug in die Ökologie hielt.

Inzwischen ist es fünf Minuten vor zwölf – oder gar schon später? Fortan darf keine Zeit mehr mit weiteren Fehlern verloren werden. Mit jeder Tierart, die ausstirbt, geht der Menschheit unwiederbringlich ein Stück Zukunft verloren. Deshalb soll im folgenden an 22 Einzelbeispielen gezeigt werden, welcher Weg zum Erfolg führte, was falsch gemacht wurde und welche Probleme noch zu bewältigen sind.

Bei jeder Tierart sind die Fragen anders gelagert. Mit einer allgemein und abstrakt gehaltenen Ökologie, wie sie bisher oftmals betrieben wurde, ist inzwischen keinem mehr zu helfen. Jedes Tier ist mit seiner Umwelt auf unterschiedliche Weise vielfältig vernetzt. Jeder Eingriff kann an unerwarteter Stelle unvorhersehbare Nebenwirkungen erzielen, wie an erregenden Beispielen gezeigt wird.

Nur wenn wir in Zukunft nach Methoden weiterarbeiten, die in diesem Buch als erfolgreich geschildert werden, gelingt es, auch anderen Tieren in ihrem Existenzkampf so entscheidend zu helfen, daß ihre Wiedergeburt und ihr Weiterleben für die Zukunft gesichert werden kann.

I. Der Untergang ist aufzuhalten

Wiedergeburt in der Polarnacht: Der Eisbär

In dem 1 600-Seelen-Hafen namens Churchill an der Westküste der kanadischen Hudson Bay war der Schulunterricht gerade beendet, als die Sirenen heulten: Eisbär-Alarm! Eine Kolonne von vierzig dieser zottigen weißen Riesen stapfte gemächlich, von der Müllkippe kommend, durch die Hauptstraße mitten durch den Ort in Richtung Hafen. Das Schießverbot, das hier seit 1972 besteht, hatte sie ganz zutraulich werden lassen.

Sofort verrammelten die Einwohner alle Türen und Fenster. Einige Eltern versuchten, ihre Kinder noch mit dem Auto auf Schleichwegen von der Schule heimzuholen – ein nicht ganz ungefährliches Unterfangen, denn ein einziger Prankenschlag eines der vierzehn Zentner schweren, vierbeinigen Fußgänger genügt und der Wagen muß in die Werkstatt.

Im September 1980 streikten alle Angestellten und Arbeiter des Ortes. Sie wollten tariflich zugesichert bekommen, während eines Eisbär-Alarms kostenlos im gepanzerten Auto nach Hause gebracht zu werden. Zuvor hatten sie mitunter nächtelang auf dem Feldbett im Betrieb verbringen müssen, bis Entwarnung gegeben werden konnte.

Lebensmittelhändlern ist es untersagt, Fleisch ins Schaufenster zu legen, da die Bären andernfalls einen bildschönen »Bruch« machen. Hausbesitzer legen Bretter mit Fakirnägeln vor Tür und Fenster, um sich vor unliebsamem Besuch zu schützen. Jeder Fußgänger trägt, auch wenn gerade kein Alarm ist, immer ein paar Kanonenschläge in der Tasche, falls er einem »unangemeldeten« Einzelgänger begegnet.

Das ist heute der Alltag in Churchill, der »Hauptstadt der Eisbären«. Etwa sechshundert dieser Petze lebten im Sommer 1983 hier und in der Umgebung und dokumentieren den großartigen Erfolg des Schießverbots, das elf Jahre zuvor erlassen worden war, als dieses gewaltigste Landraubtier der Welt unmittelbar vor der Ausrottung stand.

Zuerst waren die Bewohner dieses Ortes alles andere als begeistert über die Wiederzunahme der Eisbärbevölkerung und die anfänglich noch sehr vereinzelten »Besuche« dieser Tiere in ihrem Ort. Als es schon 24 Tiere geworden waren, die durch ihre Straßen stromerten, sammelten sie 5 000 Dollar, um die gefährlichen »Mitbewohner« einzufangen und per Flugzeug 500 Kilometer weit in die Schnee-Einöde zu transportieren und dort wieder auszusetzen. Aber nur vierzehn Tage später waren die verstädterten Naturburschen alle wieder da: angelockt von der magischen Anziehungskraft der Zivilisation!

Doch dann machten die Bewohner die Not zur Goldgrube. Biologen und immer mehr Touristen interessierten sich für diese Sensation. Fünf neue Hotels wurden aus dem Boden gestampft, Fotosafaris in gepanzerten Kettenfahrzeugen organisiert, die Souvenirindustrie angekurbelt, eine spezielle Eisbärtruppe der berühmten rotröckigen Polizei, der »Mounties«, aufgestellt. Zu ihrer Aufgabe gehört es »Problembären«, die gern Menschen erschrecken, einzufangen und nach Grönland zu verfrachten. Von dort hat noch keiner wieder zurückgefunden.

Im Grunde ist es aber nichts als die nackte Not, die jene Eisbären zu Stadtstreichern werden läßt. Während des Winters und Frühjahrs befinden sich alle diese Tiere draußen auf dem Eis der Hudson Bay, die einen Durchmesser von 800 Kilometer hat. Dort jagen sie Ringel- und Bartrobben. Aber wenn im Sommer das Eis schmilzt, ist auf See nichts mehr zu holen. Denn Eisbären können Robben nur fangen, wenn sie auf dem Eis ruhen. Im Wasser sind diese Beutetiere erheblich flinker als ihre Jäger.

So kommen die Nanuks, wie die Eskimos die Tiere nennen, im Sommer aus der eisfrei gewordenen Bay an Land und ernähren sich mühsam von mickerigen Lemmingen, Vogeleiern, Aas, Beeren und Wurzeln. Ohne die Fähigkeit, wochenlang fasten zu können, würden sie den für sie sehr schlimmen Sommer gar nicht überleben. Da kommt ihnen die Müllkippe von Churchill gerade recht.

Die Aufseher setzen die Abfälle in Brand. Und dennoch wagen sich die Bären so dicht heran, bis ihr Fell versengt und schwarz von Ruß ist. Manche mögen's heiß. Aber an dem Tag im Herbst, an dem sie das Eis wieder trägt, sind sie mit einem Schlag alle wieder verschwunden. Robbenjagd ist doch schöner und einträglicher, als Müll zu fressen.

So einen Abstecher in die Zivilisation machen übrigens nur die Nanuks der Hudson Bay. Daneben existieren noch vier andere Bevölkerungsgruppen:

- in Ostgrönland, Spitzbergen, Franz-Josef-Land und Nowaja Semlja,
- Ostsibirien und Westalaska,
- Ostalaska und an der nordwestkanadischen Küste und
- auf den nordostkanadischen Inseln zusammen mit Nordwestgrönland.

Innerhalb jeder einzelnen dieser fünf Zonen vagabundieren die Bären, ständig auf der Jagd nach Robben, ruhelos umher. Daß einer dabei in ein anderes Gebiet gerät, kommt nur in Ausnahmefällen vor.

Da sich die gesamte Eisdecke des Nordpolarmeeres wie eine riesige Drehscheibe ständig in westlicher Rotation befindet (mit Driftgeschwindigkeiten von 4,4 bis 14,8 Kilometern pro Tag), nahmen Forscher früher an, daß die Nanuks zusammen mit dem Eis immer rund um den Pol herum »Karussell« fahren und in alle Gebiete gelangen würden. Um das nachzuprüfen, legten Wissenschaftler seit 1967 zahlreichen Bären nach einer Betäubung mit dem Narkosegewehr Halsbänder mit Minisendern an und verfolgten ihre Wanderwege über Erdsatelliten.

Dabei wurde offenbar, daß die Karusselltheorie nicht stimmt. Die Dinge sind viel phantastischer. Denn wenn die Tiere fast immer in ihrer Zone bleiben, müssen wir annehmen, daß sie im ewigen Eis navigieren können – ähnlich wie unsere Zugvögel. In einer Region von 600 mal 2 000 Kilometer Größe finden zum Beispiel die Weibchen immer termingerecht etwa zu der vergleichsweise winzigen Wrangelinsel vor der ostsibirischen Eismeerküste, um sich dort ihre Wochenstube anzulegen.

Man stelle sich einmal vor: In der ewigen Eiswüste, deren Gestalt und Schollenberge sich immer verändern und die sich einem unter den Füßen dreht, bei Nebel, Schneesturm, Kälte bis minus 55 Grad, unter der Mitternachtssonne oder in wochenlang finsterer Polarnacht wissen die Tiere stets genau, wo sie sich befinden!

Das begehrteste Jagdgebiet ist die Gürtelzone zwischen Treib- und Packeis, weil hier die meisten Robben zu finden sind. Sie ist im Wechsel der Jahreszeiten etwa 600 Kilometer breit. Südlich davon befindet sich entweder die offene See oder die Tundra des asiatischen und amerikanischen Kontinents mit der tödlichen Gefahr ihrer Wolfsrudel. Nördlich des 82. Breitengrades, wo das Packeis nur selten in Schollen auseinanderbricht und wo es daher auch keine Robben gibt, trifft der Polarforscher nur äußerst selten auf einen Nanuk. Wenn, dann handelt es sich um schwächere oder jüngere Tiere, die sich in diese selbst für Eisbären sehr unwirtliche Hungerregion haben abdrängen lassen.

Im sogenannten arktischen Lebensgürtel, trotz allem noch von unermeßlicher Weite, finden wir den Eisbären nur vereinzelt als einsamen Jäger. Wie der sowjetische Polarforscher Professor Sawwa M. Uspenski 1978 herausgefunden hat, wird der Eigenbrötler jedoch stets von einer kleinen Eskorte begleitet: einem Polarfuchs als Mitesser an der erlegten Beute und einer Staffel von vier bis sechs Elfenbeinmöwen als »Aufklärer«. Sie fliegen immer ein Stück voraus, kreisen schreiend über einer auf dem Eis liegenden ahnungslosen Robbe und lotsen so den Bären zum Beutetier. Wenn irgendwo ein toter Wal in der Arktis gestrandet ist, finden sich binnen kurzem bis zu vierzig Nanuks am Kadaver ein. Bisher wußte niemand zu sagen, wie es ein Bär in Entfernungen bis zu 70 Kilometer herausfindet, wo er solch einen Nahrungsschatz mit ausbeuten kann. Jetzt liegt die Vermutung nahe, daß es die Möwen sind, die ihn dorthin führen.

Eine lebende, auf dem Eis ruhende Robbe kann der Nanuk mit vier verschiedenen Taktiken angreifen:

a) Anschleichen gegen den Wind. Dicht auf das Eis gepreßt, schiebt er sich nur mit den Hinterbeinen vorwärts. Es kann bis zu fünf Stunden dauern, ehe er bis auf 4 Meter an das Opfer herangerobbt ist, es dann im Sprung überfällt und mit einem Prankenhieb tötet. Beim Anpirschen nutzt er jeden Schollenhügel als Deckung aus und soll sogar seine schwarze Nasenspitze hinter einer Vorderpfote verstecken, damit sie ihn nicht verrät.
b) Er taucht unter die Eisscholle, an deren abgelegenen Rand die Robbe Siesta hält, und nähert sich ihr von unten. Ein Bär kann bis zu 2 Minuten lang und 2 Meter tief im unterkühlten Eiswasser tauchen. Dann katapultiert er sich mit einem bis zu 2,60 Meter hohen, urgewaltigen Sprung unmittelbar vor der Robbe aus dem

Wasser, schneidet dem zu Tode erschrockenen Tier den Weg zum rettenden nassen Element ab und tötet es.

c) Er lauert stundenlang an einem Atem- oder Ausstiegsloch, das eine Robbe in der lückenlosen Packeisdecke für sich offenhält. Taucht der Kopf der bis zu 90 Kilogramm schweren und 1,40 Meter langen Ringelrobbe auf, schlägt der Bär blitzschnell zu und zieht die Beute mit Krallen und Zähnen heraus, wobei er ihr, wenn das Loch eng ist, alle Schulter-, Rippen und Beckenknochen bricht.

d) Im Winter, wenn der Eispanzer über dem Nordpolarmeer zu dick ist, um noch Luftlöcher mit den Zähnen offenhalten zu können, graben sich die Ringelrobben an der Oberfläche eine Schneehöhle, in der sie überwintern. Dann schnüffelt der Bär mit tief herabhängendem Kopf in finsterer Polarnacht Dutzende von Kilometern übers Eis, bis er solch eine Höhle wittert. Mit voller Wucht krachen beide Vorderpranken durch die splitternde Eisdecke. Doch wohlweislich legen die Robben auch Blindgänge und Rettungskeller an. So ist dem Nanuk bei zehn solcher Einbrüche allenfalls einmal ein Erfolg beschieden.

Mit Ausnahme der zweiten Angriffstaktik gehen die Eskimos bei der Robbenjagd verblüffend ähnlich vor wie die Eisbären. Einige Polarforscher behaupten, die Eskimos hätten die Jagdpraxis von den Tieren gelernt. Beweisen läßt sich das jedoch nicht.

Die Wegstrecke, die der Nanuk von einer erbeuteten Robbe bis zum nächsten Jagderfolg zurücklegen muß, kann nach Untersuchungen von Professor Uspenski mehrere hundert Kilometer betragen. Die Frage ist, ob der Bär auf dem Weg mehr oder weniger Energie verbraucht, als ihm die nächste Beute liefert. Im ersten Fall bedeutet das seinen Tod. Und die Anzahl der Eisbären, die im Winter verhungern müssen, ist nicht gering.

Vor allem aber ist die Winterjagd eine Strapaze, die Eisbärbabys, die im Dezember geboren werden, in keinem Fall überleben würden. Deshalb sucht die werdende Mutter schon Ende Herbst eine Insel im Nördlichen Eismeer oder die Festlandküste auf, um sich dort einen regelrechten Iglu als Überwinterungshöhle sowie als Geburts- und Kinderzimmer zu bauen.

Die Bautechnik der Eisbären weicht allerdings erheblich von derjenigen der Eskimos ab: Ziemlich hoch in einem möglichst abschüssigen Hang an einer schneeverwehungsverdächtigen Stelle sucht sich

Gebiete, in denen trächtige Weibchen ihre Wurflager anlegen

Population a): Ostgrönland, Nord- und Ostspitzbergen, Franz-Josef-Land, Nowaja Semlja und einige andere sibirische Inseln.

Population b): Neusibirische Inseln, Bären- und Wrangelinsel sowie Tschuktschenhalbinsel. In Alaska befinden sich kaum Wurfplätze. Die Tiere ziehen von dort nach Ostsibirien.

Population c): Melville- und Prinz-Patrick-Insel in Nordkanada.

Population d): Baffinland und Cumberlandhalbinsel sowie Nordwestgrönland.

Hudson-Bay-Population: südlich Churchill bis zur James Bay und im Ostteil der Insel North Southampton.

Die Wurflager können bis zu 28 Kilometer land- oder inseleinwärts liegen. Günstige Lagen sind sehr rar. Deshalb liegen die Wurflager dort mitunter dicht an dicht mit nur wenigen Metern Abstand voneinander. 1975 wurde sogar entdeckt, daß Eisbären in der Beaufortsee nördlich Alaska und Nordwestkanada ihre Wurfiglus auf dem driftenden Eis errichten – ein sehr riskantes Unternehmen, wenn man bedenkt, wie leicht Eisschollen bersten oder sich übereinandertürmen können.

die Bärin eine Vertiefung, die sie weiter ausmuldet. Beim nächsten Schneesturm läßt sie sich hier bis zu 2 Meter tief einschneien. Dann gräbt sie einen engen 3 bis 10 Meter langen Ausgangstunnel und kratzt mit den Krallen die Höhle zu gemütlicher Geräumigkeit.

In der vergleichsweise molligen Dauerwärme von plus 3 Grad bringt die Bärin im Iglu ein Junges, in der Hälfte aller Fälle aber zwei Junge zur Welt: je 600 Gramm leichte, fast nackte Winzlinge. Eine in die Schneehöhle hineingeschmuggelte Kamera hielt es im Bild fest: Gleich nach dem Abnabeln bettete die Mutter ihre Kinder auf den Pelz ihrer beiden mächtigen Vorderpranken, deckte sie mit ihrem zottigen Kehlbart zu und wärmte sie noch zusätzlich, indem sie ihre Babys mit warmem Atem anhauchte. Nicht ein einziges Mal berührten die nackten, kleinen Kinderchen den kalten Schnee.

Volle vier Monate lang verläßt die Mutter ihre Kinder und den Bau nicht. Vier Monate lang säugt sie ihre Jungen regelmäßig, ohne je selber auch nur einen Bissen zu erjagen und zu fressen. 122 Tage lang hungert und lebt sie nur vom eigenen Körperfett und ist trotzdem aufs höchste um ihre Kinder besorgt – eine kaum faßbare mütterliche Leistung!

Erst Anfang April verläßt die Bärin mit ihren Jungen die Höhle. Das ist der Zeitpunkt, zu dem sich auch die Männchen in der weiteren Umgebung einfinden. Sie wissen: Dies ist die Paarungs- oder Bärzeit. Bis zu fünf Bewerber verfolgen dann die Fährte eines Weibchens, jedoch nur dann, wenn es keine Kinder mehr führt. Solange es noch Junge bei sich hat, ist es gar nicht empfänglich und weist alle Freier mit derben Tatzenschlägen ab. Eine Bärin paart sich und gebiert nur alle drei Jahre einmal. Unter den Paarungslustigen im Gefolge eines alleinstehenden Weibchens kann es zu erbitterten Kämpfen mit oft tödlichem Ausgang kommen, wenn sich die Giganten bis zu 3 Meter Höhe aufrichten und mit Urgewalt und zum Äußersten entschlossen aufeinander losgehen.

Für Mutter und Kinder beginnt im Frühjahr eine achtmonatige ruhelose Wanderung. Sie gibt ihren Jungen Jagdunterricht in den vier Techniken und zeigt ihnen, daß sie keine Walrosse angreifen dürfen. Denn diese 16 bis 30 Zentner schweren Brocken haben schon so manchen Eisbären mit ihren halbmeterlangen Hauern erdolcht. Und sie bringt ihnen bei, das Festland wegen der Wolfsgefahr zu meiden. Erst Anfang Dezember kehrt Mutter Nanuk mit ihren Kindern, die inzwischen etwa so groß wie Schäferhunde geworden sind, in ihre oder in eine andere Wurfhöhlenregion zurück.

Die erwachsenen männlichen Bären müssen hingegen ganzjährig ohne Rast und Ruh in der Eiswüste umherwandern. Mit der vierten Jagdtaktik gelingt es ihnen zuweilen, noch die eine oder andere Ringelrobbe zu erlegen. Nur die schwächeren Tiere, die nach Norden über den 82. Breitengrad abgedrängt wurden, wo es keine Robben mehr gibt, bauen sich in der finsteren und kältesten Zeit auf dem Eis einen Iglu.

Die Einjährigen aber werden noch von der Mutter vor den schlimmsten Winterstürmen in Sicherheit gebracht. Jetzt läßt sie aber ihre Kinder in der Höhle oft wochenlang allein, um auf die Jagd zu gehen und den Jungen dicke Fleischportionen mitzubringen.

Mit dieser Variation wiederholt sich das Spiel in den folgenden elf

Monaten. Erst kurz bevor die Jungen zwei Jahre alt werden, hört die Mutter auf, sie zu säugen. Damit erlischt auch die Bindung der Jungtiere an sie, und eines Tages trollen sie sich einfach davon, ein jedes auf eigenen Wegen und ganz allein auf sich gestellt in der Einsamkeit der kalten Polarnacht.

Aus diesem Lebenslauf ergibt sich bereits nahezu alles, was man wissen muß, um zu allgemeingültigen Aussagen über die Probleme der Eisbärenjagd und des Artenschutzes zu gelangen.

Zoologen schätzen, daß um 1900 rund um den Pol etwa 20 000 Eisbären lebten. Von da an wurden jährlich zwischen 1 200 und 2 000 Tiere abgeschossen. Vom nordnorwegischen Tromsö aus fuhren Spezialschiffe mit Schießtouristen in die Gewässer um Spitzbergen, wo die Kunden von Deck aus in Schlips und Kragen »Polarjäger« spielen konnten. In Alaska und Kanada betrieben nicht weniger bequeme »Abenteurer« den »Sport« vom Flugzeug oder Hubschrauber aus.

Natürlich fand diese Jagd im Sommer statt, wenn man in der Arktis etwas sehen kann. Daß sie dabei einem Betrug zum Opfer gefallen waren, merkten die Urlaubsjäger erst später: Das Sommerfell des Eisbären, als Bettvorleger präpariert (zu wertvolleren Dingen können es nur die Eskimos verarbeiten), verlor bereits nach drei bis vier Jahren alle Haare. Deshalb fertigen die Eskimos auch keine Pelze aus Sommerfellen, sondern machen aus ihnen nur Leder. Längeren Trophäenwert besitzt nur das Winterfell. Aber welcher Tourist fährt schon zur Winterzeit in die Arktis?

In den ersten Jahrzehnten der intensiven Bejagung bewegte sich hinsichtlich der Ausrottung der Nanuks offenbar nicht viel. Wie so oft auch bei anderen Tierarten, verlautete aus Kreisen der Großwildjäger: »Wir können schießen, soviel wir wollen. Die Bären werden doch nicht weniger!« Der typische Irrtum von Personen, die von einem Tier nicht mehr verstehen, als auf welche Weise sie es erlegen können, und die sich im übrigen überhaupt nicht für die Besonderheiten seines Lebens und Verhaltens interessieren!

Aus dem bisher Gesagten geht schon hervor, daß auch der Eisbär über einen beachtlich großen »bevölkerungsdynamischen Puffer« verfügt, mit dem er seine Kopfzahl stets auf insgesamt etwa 20 000 Tiere konstant halten kann, ganz gleich, ob viel geschossen wird oder nicht. Wenn ihm keine Verluste durch Jäger, Hunger, Krankheit, Klimaschwankungen usw. entstehen, bringt er sich diese selber bei, und zwar durch Kannibalismus.

Die natürlichen Verluste aber, etwa durch Klimaschwankungen, können ganz ungeheuerlich sein. Zwischen 1920 und 1940 wurde in der Arktis eine leichte Erwärmung des Wassers registriert. Sie betrug im Jahresmittel zwar nur 1 bis 2 Grad Celsius. Doch das genügte bereits zu einer Nordverschiebung der Packeisgrenze um mehrere hundert Kilometer. Die kälteliebenden Polardorsche wichen im gleichen Maße nach Norden zurück, und mit ihnen zogen auch die Tiere, die von ihnen lebten, die Ringelrobben. So fanden auch die Grönlandeisbären kaum noch etwas zu fressen. Im Norden und Osten der Insel gingen ihre Bestände um 50 Prozent zurück, im Süden und Westen Grönlands sogar um 90 Prozent.

Unter normalen Verhältnissen, also ohne Einwirkung des Menschen, können die Nanuks solche Verluste in den folgenden Jahrzehnten wieder ausgleichen. Das von ihnen selbst unterdrückte Vermehrungspotential befähigt sie dazu. Diese »Selbstkontrolle« der Bevölkerungsdichte läuft in folgender Weise ab:

Solange Eisbären wenigstens halbwegs satt sind, verhalten sie sich untereinander duldsam und friedlich. An der Müllkippe von Churchill, am Kadaver eines gestrandeten Wals oder im Zoo leben sie ohne Probleme zu mehreren zusammen. Aber extremer Hunger bei unmittelbarer Lebensgefahr macht sie zu Kannibalen. Der Stärkere fällt den Schwächeren an und frißt ihn. Jüngere, die noch einmal davongekommen sind, oftmals mit Knochenbrüchen, ziehen sich aus Angst vor den Älteren in die unwirtlichen Gefilde der Polregion zurück, wo sie größtenteils auch dem Hungertod ausgeliefert sind. Und deshalb überwintern die schwächeren Weibchen, auch wenn sie keine Jungen führen, in einem Iglu. Hier sind sie vor kannibalischen Männchen sicher.

Im einzelnen ergibt sich bei Erreichen des Grenzwertes der maximalen Bevölkerungsdichte folgende Nachkommenquote: Ein Weibchen bringt in seinem 20- bis 25jährigen Leben in Abständen von drei Jahren insgesamt etwa zehn Junge zur Welt. Davon sterben im ersten Lebensjahr drei durch Hunger, Krankheit und Knochenbrüche im Packeis sowie beim Schwimmen durch den Schwertwal oder Eishai. Im zweiten, dritten und vierten Lebensjahr sterben dann noch einmal vier Junge an den gleichen Ursachen, vor allem aber durch Kannibalismus. So kommen praktisch nur drei Jungtiere bis zur Fortpflanzung. Das genügt, um die Bestände auf gleicher Höhe zu halten.

Wenn nun aber viele Tiere durch Jäger abgeschossen werden, läßt der Bevölkerungsdruck, sprich Kannibalismus, nach. Auch der Faktor »Tod durch Hunger« verringert sich. Desgleichen brauchen die Tiere nicht mehr in den durch Schwertwale und Eishaie gefährdeten Gebieten zu jagen. Die Verluste an Jungtieren sinken von 70 auf 30 Prozent. Die Bevölkerungszahl steigt wieder.

Aus diesem Grund blieb in der ersten Hälfte unseres Jahrhunderts die Anzahl der Eisbären trotz intensiver Bejagung ungefähr gleich.

Aber wenn hierbei erst einmal eine kritische Grenze erreicht wird, bricht eine Bevölkerungsgruppe binnen kurzer Zeit völlig zusammen und gerät damit an den Abgrund des Aussterbens. Das war regional verschieden um 1970 der Fall, als die Anzahl der Eisbären binnen weniger Jahre von 20 000 auf nur noch 8 000 abgesunken war.

Das erste Land, das die Nanuks unter absoluten Schutz stellte, war die Sowjetunion. Bereits seit 1956 darf hier kein Bär mehr geschossen werden. 1972 folgte Kanada auf Drängen des Canadian Wildlife Service. Seither erwarten hier die Wilderer harte Strafen, bis zu sechs Monaten Haft und 30 000 Dollar Geldbuße. Große Sportjagdclubs der USA wie »The Boone and Crockett Club« und die »National Rifle Association« erklärten die Jagd auf den Eisbären für unsportlich und strichen die »Bettvorleger« aus der Liste der Jagdtrophäen.

Die sich auf der sowjetischen Insel Nowaja Semlja wieder vermehrenden Tiere wanderten in das fast leergeschossene Gebiet um das norwegische Spitzbergen ein ... und wurden dort rücksichtslos bejagt. Es war ein unhaltbarer Zustand, daß in einem Land die Tiere, die ein anderes mit Liebe schützt, abgeschossen wurden.

Es ist das Verdienst des norwegischen Professors Thor Larsen, Zoologe am Polarinstitut der Universität Oslo, diese groteske Situation beendet zu haben. Er brachte es fertig, alle Nordländer für den Schutz des Eisbären zu gewinnen. 1976 unterzeichneten die UdSSR, Kanada, die USA, Norwegen und Dänemark (für Grönland) ein internationales, allumfassendes Schutzabkommen.

Der Erfolg: Schon 1983 hat sich die Anzahl der Eisbären insgesamt wieder auf etwa 20 000 Stück vermehrt wie einst in alten Zeiten.

Es ist sogar schon wieder diskutiert worden, eine begrenzte Menge zum Abschuß für Touristen freizugeben. Doch wie hoch darf die Abschußquote sein, ohne die Art zu gefährden? Einige Experten meinen 5 Prozent der Gesamtzahl, andere neigen mehr zu 2 Prozent. 2 Prozent von 20 000 wären 400 Tiere. Das ist aber genau die Zahl, die jetzt schon für die Eskimos freigegeben wurde. Der Nanuk gehört ja seit Urzeiten zur Existenzgrundlage dieses Naturvolkes. Damit ist diese Frage vom Tisch.

Professor Larsen verkündete definitiv: »Ein ›Jagd frei‹ auf Eisbären wird es in absehbarer Zeit unter keinen Umständen geben.«

Ein Alligator im Swimmingpool

Morgens früh, kurz nach sechs Uhr, schrillt bei Jim Sorrow das Telefon: »Vor meiner Garage parkt ein Alligator. Schleppen Sie den bitte sofort ab!« Jim Sorrow ist Biologe und staatlich bestellter Alligatorinspektor von Fort Lauderdale im sonnigen Florida.

»Wie groß ist denn das Vieh?« fragt er zurück. »Was, nur neunzig Zentimeter? Dann sehen Sie selber zu, wie Sie damit fertig werden.« Er muß für größere »Drachen« alarmbereit sein.

10 Minuten später klingelt es bereits wieder. Eine ältere Dame ist mit einem Nervenschock ins Spital eingeliefert worden. Sie war gerade mit einem Köpfer in ihren Swimmingpool gesprungen, als sie unmittelbar neben einem 2,5 Meter langen Krokodil auf dem Beckengrund landete. Dieser Badegast mußte sofort entfernt werden.

So geht das jeden Tag an die zehn Mal: Eine Panzerechse sonnte sich mitten auf einer Straßenkreuzung und verursachte einen Verkehrsstau. Eine andere lag faul, aber gefräßig auf einem Tennisplatz. Ein 6 Meter langes Monstrum blockierte die Startbahn des Flughafens. Der Eigner einer Segeljacht meldete: »Ein Alligator hat mein Schiff geentert!«

Auch Frau Amely S. traute ihren Augen nicht: An der Kette vor der Haustür, an der gestern abend noch ihr Wachhund bellte, hing jetzt ein Drei-Meter-Krokodil. Es hatte den Terrier gefressen. Und jetzt schaute nur noch die Kette zum Maul heraus. Auch ein Pelztierfarmer war wütend: »Der Alligator hat die Stalltür zerbissen und einen Nerz gefressen!«

Nicht weniger als 8 000 solcher Beschwerden und Hilfeersuchen gingen 1982 bei den Behörden der neun amerikanischen Südstaaten ein, in denen noch Mississippi-Alligatoren leben. Auch unter Menschen ist ein Todesfall pro Jahr zu verzeichnen. Etwa ein Dutzend

Leute, die leichtsinnig in Seen oder Kanälen baden, verlieren ein Bein oder einen Arm.

Wie ist es zu diesem grotesken Zustand gekommen, obwohl es doch noch 1967 so aussah, als hätte die Stunde der endgültigen Ausrottung für Alligatoren geschlagen? Hier ist die ganze erregende Geschichte:

Die Alligatoren wurden gejagt, seit der weiße Mann in den Randzonen der großen Sumpfgebiete der Everglades und der Zypressensümpfe im Süden Floridas Fuß gefaßt hatte, vor allem seit 1770. Die Bestände wurden insgesamt auf eine Million Mississippi-Alligatoren geschätzt; bis 1940 wurden in jedem Jahr etwa 200 000 Tiere abgeschossen. »Aber trotzdem werden und werden die Biester nicht weniger!« schrieb damals ein Jäger.

Doch das änderte sich schnell, als ab 1946 die Schützen mit flachgehenden Propellerbooten in die bislang unzugänglichen Sumpfregionen eindringen konnten. Der Wahn, mit der Ausrottung der »Drachen« etwas Gutes für die Menschheit tun zu müssen, verband sich mit der Sucht, schnell ein Vermögen verdienen zu können. Für einen Drei-Meter-Alligator bekam der Jäger um 1960 von der Lederwarenindustrie bis zu 2 000 DM. Diese verlangte wiederum für eine einzige Damenhandtasche aus Krokodilleder 5 000 DM.

Ein Gemetzel ohnegleichen setzte ein, vergleichbar nur mit dem Massenmord an den Bisons in den nordamerikanischen Prärien. In nur zwanzig Jahren brach der Bestand von einer Million auf nur noch 52 000 Tiere anno 1967 zusammen. Zoologen prophezeiten: »In wenigen Jahren werden die Panzerechsen, die seit 175 Millionen Jahren auf Erden existieren, ausgerottet sein wie einst die Dinosaurier.«

Doch allein wegen der Reptilien wäre niemals eine von der ganzen Bevölkerung getragene Schutzbewegung entstanden. Aber fünf Minuten vor zwölf geschahen in Florida seltsame Dinge, die zu denken geben sollten:

Im Sommer 1967 herrschte dort, auf der geographischen Breite der Zentralsahara, eine außergewöhnliche Dürre. Die Sumpfgebiete von der Größe Nordrhein-Westfalens trockneten fast völlig aus und drohten zur Steppe zu werden. Hunderttausende von Vögeln, Schildkröten und anderen Tieren kamen elend um. Buschfeuer vernichteten kilometerweit die Vegetation. Es roch nach Weltuntergang.

Zwar hatte es früher auch schon Dürreperioden gegeben, nicht aber diese Versteppungen und Tierkatastrophen. Sollte das alles viel-

Wieviel frißt ein Mississippi-Alligator?

Wegen ihres zähnestarrenden Riesenmauls gelten Alligatoren als ungeheuer gefräßig. In einem amerikanischen Horrorfilm verspeiste ein Bulle an einem einzigen Abend sechs Menschen. Die Wahrheit sieht aber ganz anders aus. Da Krokodile als wechselwarme Tiere (»Kaltblüter«) keinen »inneren Ofen« zu heizen brauchen, kommen sie mit erstaunlich wenig Nahrung aus. Ein Sieben-Zentner-Bulle braucht im Tagesdurchschnitt nicht mehr als 1 Kilogramm Fleisch. In einem Jahr frißt er nicht mehr als sein Körpergewicht. Ein Löwe benötigt das Zehnfache. Sogar ein kleiner Reiher frißt mehr als ein Alligator.

Bereits drei Tage vor dem Einbruch kühler Luft frißt ein Alligator nichts mehr, auch nicht, wenn der Hunger noch so groß ist. Bei kühlem Wetter ist die Verdauung sehr verlangsamt, so daß sich im Magen Giftstoffe bilden würden. Eine »innere Wetterwarte« zeigt dem Tier das bevorstehende schlechte Wetter an.

leicht etwas mit dem Verschwinden der Alligatoren zu tun haben? »Schnapsidee!« meinten die einen. Aber endlich begannen Zoologen, die ökologischen Zusammenhänge zu erforschen.

Will man herausfinden, ob es tatsächlich die Alligatoren sind, die eine sumpfige Dinosaurier-Urlandschaft über Jahrmillionen hinweg als Feuchtgebiet erhalten können, muß zunächst ihre Lebensweise genau ergründet werden. Aus dieser Erkenntnis heraus wurde die Verhaltensforschung mehr und mehr zur Basis der gesamten Ökologie.

Was treiben diese Krokodile eigentlich in ihren Sümpfen? Niemand wußte es. Da machten sich die Doktoren Leslie D. Gerrick und Jeffrey W. Lang, Zoologen an der Universität von Florida, an die Arbeit. Sie kamen aus dem Staunen nicht heraus:

Ende April erwachen die großen Reptilien aus ihrer Winterruhe und beginnen sogleich mit dem Liebeswerben. Eines dieser Tiere, der 5 Meter lange Bulle Alexander, riß sein zähnestarrendes Maul auf und brüllte, daß die Luft erzitterte. Dann reckte er sich meterhoch aus dem Wasser und klatschte mit peitschendem Knall auf die Oberfläche. Uns Menschen gerinnt dabei vor Schreck das Blut. Für weibliche Alligatoren aber klingt es wie betörender Liebesgesang, in den sie sogleich röhrend mit einfallen. Während Alexander ein größeres und tieferes Gewässer als sein höchst privates Paarungsrevier gegen alle Nebenbuhler ständig verteidigen mußte, kamen mehrere Weibchen zum Teil von weit her aus kleineren, flachen Tümpeln zu ihm.

Wie ein treibender Baumstamm schwamm er langsam auf ein großes Weibchen in seiner »Liebessprechstunde« zu, bis sich beide Nasen berührten. Dann rieben sie diese aneinander, wie einst die Chinesen bei der Begrüßung, und husteten leise. Doch plötzlich stieß die Partnerin einen kurzen Kehllaut aus, das heißt soviel wie: »Du paßt mir nicht!«, und schwamm davon. Bei Alligatoren herrscht Damenwahl.

Aber auch eine Zusage, freundliches Umeinanderschwimmen, gegenseitiges Auf-den-Rücken-Klettern und beim Tauchen den Partner mit aufsteigenden Luftblasen am Bauch kitzeln bedeutet in dieser Gesellschaft nicht allzuviel. Alligatorensitte verlangt ein erstaunlich zärtliches Liebesspiel von sechs Wochen Dauer, ehe an eine Paarung gedacht werden kann. Und in dieser Zeit probieren die Krokodilinnen natürlich auch andere »Männer« und deren Zärtlichkeitsbeweise aus.

Mitte Juni aber, nach der Paarung, begann Alexanders Liebesgebrüll immer langweiliger auf das Weibchen Alexandra zu wirken. Von Tag zu Tag entfernte es sich länger aus den Gefilden krokodilischen Liebeswerbens in die Abgeschiedenheit kleinerer, flacherer Wasserzüge, um an einem Bauwerk von überraschender Technik zu arbeiten. Alexandra benutzte ihren Riesenrachen als Schaufel, um ein Gemisch aus Pflanzen und Schlamm zu einem Hügel von einem Meter Höhe und fast 2 Meter Durchmesser aufzuschichten. Nach einer Woche war der Bau fertig. Nun begann sie mit dem Legen der 8 Zentimeter langen »Pergament«-Eier, oben in einen kleinen Krater hinein, den sie zuvor auf dem Gipfel des Hügels ausgemuldet hatte.

Schon hierbei mußte sich das Muttertier als akrobatischer Jongleur bewähren, denn das direkte Zielen mit dem After in die Gelegemulde wäre zu ungenau. Deshalb fing Alexandra jedes Ei, das ihren Leib im 45-Sekunden-Takt verließ, mit einer Hintertatze auf und legte es dann vorsichtig in das Nest. 40 Minuten später lagen 55 Eier in der

Kammer und wurden nun von der Verwesungswärme des »Heuhaufens« innerhalb von sechzig bis siebzig Tagen »automatisch« ausgebrütet, während die Mutter nur Wache hielt, um Waschbären und andere Eierdiebe fernzuhalten.

Doch nicht nur das Brüten geht in diesem Wunderwerk tierlicher Technik automatisch, sondern auch etwas, worum wir Menschen diese Reptilien beneiden könnten: die Vorherbestimmung, ob Jungen oder Mädchen das Licht der Welt erblicken sollen!

Mark Ferguson von der Queen's University in Belfast und Ted Joanen von der Louisiana Wildlife and Fisheries Commission haben 1982 das geradezu Unglaubliche bewiesen: Alligatorinnen können nämlich die Temperatur in ihrem Bruthügel regulieren, und zwar durch Wasserspritzen mit dem Schwanz. Halten sie die Wärme unter 30 Grad, schlüpfen nur Weibchen aus den Eiern; erwärmen sie diese aber über 34 Grad, wird der gesamte Nachwuchs männlich, vorausgesetzt, die betreffenden Temperaturen herrschen zwischen dem 7. und 21. Bruttag in der Brutkammer.

Allerdings steuern die Tiere diesen Vorgang nicht bewußt. Es ist ihnen ganz einfach angeboren, die Wärme im »Brutkasten« so zu regulieren, daß sie etwa 29 bis 30 Grad beträgt und von der Sonne nur die oberste Eierschicht auf über 34 Grad erhitzt wird. Dann kommen auf einen Sohn fünf Töchter. Das ist das normale Verhältnis der Geschlechter bei den Alligatoren. Da ein Männchen sich später mit mindestens fünf Weibchen zu paaren pflegt, ist somit dafür gesorgt, daß keine »überzähligen« Männchen unnötig viel Nahrung wegfressen.

Bei Überbevölkerung werden viele Weibchen in trockenere Randzonen abgedrängt, wo es im Hochsommer kaum noch Wasser zum Kühlen des Bruthügels gibt. Die Folge: Es kommen dort fast nur noch »unproduktive« Männchen zur Welt. Das Fortpflanzungspotential sinkt gewaltig. Das ist die erste Maßnahme zur selbsttätigen Geburtenbeschränkung bei diesen Tieren.

Bevor ihre Jungen schlüpften, baggerte ihnen ihre Mutter einen »Swimmingpool« von einem Meter Tiefe und 10 Meter Durchmesser, damit sie gleich in Sicherheit baden konnten. Zum Wasserlauf hin sperrte sie das Becken durch einen Schlickdamm ab, um den Wasserspiegel auch bei der nun einsetzenden Trockenheit zu halten.

Hunderttausende dieser von Alligatoren immer wieder neu gegrabenen »Stauseen« bildeten seit Urzeiten das riesige Wasserreservoir, das die Everglades auch während der Dürre feucht hielt. Aber als 1967 hier kaum noch Panzerechsen lebten, unterblieb der »Talsperrenbau«. Das Wasser floß schnell ab. Das Land trocknete aus und wandelte sich zur Steppe.

Die Krokodile waren also doch in der Lage, einem großen Gebiet ihren typischen Charakter zu verleihen. Diese Erkenntnis und der Wunsch, die einzigartige Landschaft der Everglades sowie der großen Zypressensümpfe und der anderen Sumpfgebiete bis zum Mississippidelta der Nachwelt zu erhalten, führten noch im gleichen Jahr zu totalen Schutzmaßnahmen für die Erhaltung der Mississippi-Alligatoren.

Es war klar, daß nur schärfste Strafen ein künftiges Wildern und damit eine Ausrottung dieser Tiere verhindern konnten. Denkt man an das deutsche Strafrecht, das Tiere nur als »Sachen« ansieht und somit etwa Wanderfalken-Aushorster nur mit einer Buße von 3 000 DM belegt (eine Kleinigkeit im Vergleich zum Wiederverkaufswert eines Falken von 30 000 DM in arabischen Staaten!), so wäre unter diesen Umständen der Untergang der Alligatoren und mit ihnen einer der schönsten Landschaften Floridas niemals aufzuhalten gewesen. Aber die amerikanischen Richter packten hart zu, mit Strafen bis zu 10 000 Dollar, ja, sogar mit Haft ohne Bewährung!

Neben der Jagd wurde auch der Inlandhandel sowie der Ex- und Import von Alligatorenhäuten strikt verboten. Die Einrichtung von Alligatorfarmen und die Anfertigung von Lederwaren aus Häuten hier gezüchteter Tiere ist jedoch gestattet.

Ein weiterer Artenschutzaspekt trat hinzu. Wenn auf dem Höhepunkt der Trockenheit nur noch wenig Wasser in den Krokodilteichen war, gruben sich die großen Echsen in den Schlamm ein und hielten einen sogenannten Trockenschlaf. Damit wurden diese letzten Tümpel und Pfützen frei für Ibisse, Reiher und andere Wasservögel sowie für Schildkröten, Frösche und Schlangen. All diese Beutetiere der Alligatoren überlebten ausgerechnet durch deren Wasserbauwerke. Als es 1967 kaum noch Panzerechsen gab, sind erheblich mehr von diesen Beutetieren in der Dürre umgekommen, als von der ursprünglichen Masse der Krokodile in einem ganzen Jahr gefressen worden wären. Anstatt ihre Beutetiere auszurotten, sorgen die Krokodile also, wenngleich unbewußt und indirekt, für deren Fortbestand.

Nur eine Tierart litt nicht unter dem Verlust der Alligatoren. Das

Wie schnell wächst ein Mississippi-Alligator?

Größe beim Schlüpfen: 20 Zentimeter.

»Babynahrung«: Insekten, Schnecken, Kaulquappen, später auch Frösche, Kröten, Krebschen und kleine Fische; mit drei Jahren auch kleine Säugetiere.

In der ersten Lebenszeit wächst der Alligator jährlich um 30 Zentimeter, ab dem dritten Jahr langsamer, ab dem zwanzigsten nur noch 2 bis 3 Zentimeter im Jahr. Aber er wächst, solange er lebt. Die Greise sind die stärksten Tiere.

Weibchen werden bis zu 2,50 Meter lang, die Männchen bis zu 4,20 Meter, in seltenen Fällen bis 6 Meter. Mit zwölf bis fünfzehn Jahren sind Alligatoren fortpflanzungsfähig.

Ihr Höchstalter wird auf fünfzig Jahre geschätzt. Vielleicht werden sie aber noch viel älter.

wurde 1967 in der südwestlich von Miami gelegenen Kleinstadt Homestead aufs unangenehmste deutlich: Mit einemmal wimmelte es überall von hochgiftigen Wassermokassinschlangen. Die anderthalb Meter langen Reptilien ringelten sich durch die Fenster von Schulen, in den Regalen der Supermärkte, in den Betten und Schränken der Schlafzimmer. Ihre Gefährlichkeit wird von Zoologen mit »für Kinder gerade eben noch nicht tödlich« angegeben. Die Krankenhäuser waren überfüllt von Patienten mit Schlangenbiß. »Dann schon lieber die Alligatoren!« hieß es – und: »Wer anders als die Krokodile kann diese Schlangenmassen bekämpfen!«

Nicht von ungefähr geschahen in anderen Kontinenten ganz ähnliche Dinge. An den weltberühmten Wasserfällen von Iguazu, wo dieser Fluß in 4 Kilometer Breite bis zu 82 Meter tief hinabstürzt, hatten die Argentinier ein Touristencenter errichtet. Damit die Gäste auch gefahrlos baden konnten, wurden in der ganzen Umgebung sämtliche Kaimane abgeschossen. Es handelte sich zwar nur um eine sehr kleine, kaum anderthalb Meter lange Krokodilart, die noch nie einen Menschen gefressen hat, trotzdem glaubte die Hotelleitung, ihren Gästen den Abschuß schuldig zu sein. Die Folge: Nun können die

Touristen überhaupt nicht mehr baden, denn seither vermehrten sich die einstigen Beutetiere der Kaimane enorm: die Piranhas!

Noch fataler wirkte sich die unglaubliche Dummheit der Krokodiljäger im südwestafrikanischen Namibia aus. Am Okawangofluß wollten sie die Fischer vor den Panzerechsen schützen und schossen alle ab. Jetzt leben die Fischer zwar in Sicherheit, aber sie fangen kaum noch Fische, weil es keine mehr gibt. Hunger und Tod hielten Einzug in den Dörfern. Der ökologische Zusammenhang: Die Krokodile fraßen Fische einer Welsart. Diese konnten sich nun ungehemmt vermehren und vertilgen derzeit als passionierte Laichräuber fast die gesamte Brut der Speisefische. Jetzt versuchen die Fischer, die Krokodile wieder anzusiedeln.

Neben den bereits geschilderten Verhaltensweisen verfügen diese Tiere noch über eine zweite »Maßnahme« zur Selbstregulierung ihrer Bevölkerungsdichte. Sie wird im Verlauf der ersten Lebensjahre der Jungtiere deutlich:

Sobald die 20 Zentimeter langen Krokobabys begannen, sich aus den nur 8 Zentimeter langen Eiern herauszuwickeln, stimmten sie ein Quäkkonzert an: »Mama, gleich kommen wir!« Daraufhin kroch die Krokodilin auf den Bruthügel und grub ihnen von oben entgegen. Ihre krummen, krallenbewehrten Pratzen entwickelten dabei ein so unvorstellbares Feingefühl, daß kein Kind verletzt wurde. Dann sperrte sie ihren Riesenrachen weit auf und hielt ihn schief, so daß die »Zaunpfähle« ihrer spitzen Zähne keine Hindernisse mehr waren. Ohne große Aufforderung spazierten die Babys vertrauensvoll über die Zähne hinweg in das Maul hinein.

Als der »Kinderwagen« voll war, glitt die Alligatorin mit ihrer Fracht in den »Swimmingpool« und ließ ihre Kinder baden. Noch vor kurzem mutmaßten Zoologen, daß Krokodilmütter ihre Kinder bald darauf kannibalisch frühstücken würden. Das ist, wie neueste Forschungen ergeben haben, grundfalsch. Während des ersten halben Lebensjahres bleiben die etwa 55 Babys in unmittelbarer Nähe ihrer Mutter, die sie gegen Waschbären, Fischotter, Schnappschildkröten, Raubfische und Reiher verteidigt.

Wenn im Herbst wieder Regen fällt, machen die Kleinen in Gruppen ihre ersten Ausflüge in benachbarte Tümpel. Aber auch von hier können sie bei Gefahr ihre Mutter sofort herbeirufen. Bei den Nil-

Die Situation bei anderen Krokodilarten

Das Nilkrokodil war ursprünglich in Millionenzahl über fast ganz Afrika verbreitet und lebte sogar in den Oasen der Sahara und an der Mittelmeerküste bis zum Libanon. Heute gibt es im gesamten ägyptischen Nil kein Krokodil mehr. Seit 1945 ist ein besonders drastischer Rückgang zu verzeichnen. Beispiele:

Tschadsee 1945:	ca. eine Million, 1980: einige Hundert,
Uganda 1950:	ca. eine Million, 1980: weniger als 1 000,
Okawango 1950:	25 000, 1970: weniger als 100, derzeit wieder Vermehrung.

Das Nilkrokodil überlebt fast nur noch in den Nationalparks, in den Sümpfen des südsudanesischen Sudd und im Turkanasee (früher Rudolphsee).

Gesamtzahl von 1983 in Afrika: kaum noch 100 000 Tiere.

Der Gangesgavial, die seltenste Krokodilart, bevölkerte früher zu Zehntausenden die nordindischen Flüsse. 1982 lebten nur noch 250 Tiere: 130 im Ganges- und Brahmaputragebiet, 100 in Nepal, 20 im pakistanischen Indus. Dr. Hemanta R. Mishra und Tirtha M. Maskey erbrüten Gaviale im nepalesischen Chitwan-Nationalpark und setzen sie in Freiheit, sobald sie eine Länge von 2 Metern erreicht haben. Damit ist das Aussterben der Gaviale verhindert worden.

krokodilen klingt dieser Ruf wie: »Imm – imm – imm.« George Adamson, der berühmte »Vater« der Löwin Elsa, konnte ihn vortrefflich imitieren. Gelegentlich versteckte er sich hinter einem Busch am Strand der Echsen und stieß diesen Ruf aus. Dann kamen die Muttertiere zum Vorschein und krochen zu ihm hin, taten ihm aber nichts, da sie ja keine Krokodilkinder in Gefahr erblickten. Ein Orpheus unter den wilden Tieren!

In den Tümpeln der Umgebung treffen die Halbjährigen auf ihre älteren Geschwister des vorigen und vorvorigen Jahrgangs. Was hier geschieht, ist uns zum Teil noch rätselhaft. Es scheint aber so zu sein, daß sich echte Geschwister respektieren. Doch wenn bei Überbevölkerung Nachbars Kinder in einen Tümpel dringen, der von Mitgliedern einer anderen Familie besetzt ist, geht es nach der Devise »Groß friß Klein« kannibalisch zu. Unter solchen Umständen ist von zehn Krokobabys nach drei Jahren nur noch ein einziges am Leben.

Das erklärt den eingangs erwähnten scheinbaren Widerspruch: Bei Abschuß von 200 000 Alligatoren im Jahr wurden die Millionenmassen nicht weniger. Aber sobald eine kritische Grenze überschritten wurde, brach die ganze Population auf Ausrottungsniveau zusammen. Diese kritische Grenze ist durch den »sich selbst fressenden Regulierungsmechanismus« dieser Art gegeben.

Sobald die Alligatoren aber unter Schutz gestellt wurden, mobilisierten sie sogleich wieder ihre phänomenalen Regenerationskräfte. Der kümmerliche Rest von 52 000 Tieren anno 1967 vermehrte sich in zehn Jahren wieder auf 650 000 und bis 1983 auf etwa eine Million Exemplare. Damit ist der Urzustand zahlenmäßig wiederhergestellt.

In Groß-Miami lebten 1983 etwa eine Million Menschen und 100 000 Alligatoren. Die großen Bullen hausen dort in den Kanälen und Bootsdurchfahrten und zelebrieren allmorgendlich ihre Liebesbrüllkonzerte, so daß die Anwohner nur mit Watte im Ohr schlafen können, während die Weibchen die kleineren Entwässerungsgräben bevorzugen. So konnten die Alligatoren bereits 1977 von »bedroht« auf nur noch »gefährdet« zurückgestuft werden.

Eines aber hat sich gegenüber früher verändert: Da die Alligatoren unter totalem Schutz aufgewachsen sind, haben sie jegliche Angst vor dem Menschen, vor dem sie einst eidechsengleich flohen, verloren. Darum macht es ihnen jetzt nichts aus, zum Beispiel während einer Hockeymeisterschaft quer über das Spielfeld zu tapsen.

Die neue Furchtlosigkeit der »Drachen« macht allerdings auch Jim Sorrow und seinen Fängern die Arbeit leichter. Noch vor kurzem setzte er die in bedrohlicher Menschennähe gefangenen Tiere irgendwo inmitten der Everglades wieder aus. Dann aber beobachtete er, wie die Verfrachteten binnen kurzem von dort seßhaften Artgenossen umgebracht und verspeist wurden. Seither gehen mit amtlicher Lizenz etwa 17 000 in Blumenbeeten und Badeanstalten, auf Tennisplätzen, Terrassen, Straßen und in bedrohlicher Menschennähe gefangene Tiere im Jahr an die Lederindustrie.

So verlief der Weg von paradiesischen Naturverhältnissen über die Fastausrottung einer Tierart und die Zerstörung einer Landschaft

In Kloaken verdrängte »Tierliebe«

Als die Alligatoren 1967 in den USA geschützt wurden, unterstützte die Presse diese Maßnahmen so wirkungsvoll, daß Millionen Menschen plötzlich ihre Liebe zu diesem Reptil entdeckten. Wie Hund und Katze und Wellensittich, so war in den folgenden Jahren der Alligator auf steilem Wege, zum umhätschelten Massenhaustier der USA zu werden.

Zuchtanstalten erbrüteten in großen Mengen Alligatoreneier und verkauften die Drachenbabys über Zoohandlungen, Versandgeschäfte, Warenhäuser, Drugstores, Eckläden und reisende Händler. Der Gesamtumsatz lag bei 450 000 Jungtieren im Jahr.

Zunächst erlebte das Alligatorchen im Schoß der Familie das Schlaraffenland. Mit Wurst und Hackfleisch gepäppelt, wuchs es schnell zu so stattlicher Größe, daß nach achtzehn Monaten in der Etagenwohnung nur noch ein Aufenthaltsort möglich war: die Badewanne.

Vielen »Tierfreunden« wurde aber schon früher vor der aufgehenden Drachensaat bange. Wie konnte man das zum Monstrum heranwachsende Ungeheuerchen wieder loswerden? Zoos nahmen diese Tiere wegen Alligatorüberfüllung nicht mehr an. So spülte man die Tierchen durch das WC in die Kloaken der Stadt.

Einige Tiere überlebten den Sturz und führten in den finsteren Sielen einiger Südstaatenstädte ein gespenstisch-unterirdisches Dasein. Sie fraßen Mäuse und Ratten, wuchsen unaufhaltsam weiter und wurden in den warmen Regionen zu einer Gefahr für das Personal der Stadtreinigung. Schauerliche Symbole der Verdrängungen einer falsch verstandenen Tierliebe!

wieder zurück zur Erhaltung des Gefährdeten. Er skizziert eine interessante Entwicklung menschlicher Schutzbemühungen: von der Hilfe für das Einzeltier, also dem Tierschutz, über die Rettung einer ganzen Art, also dem Artenschutz, zur Erhaltung einer ganzen Landschaft, also dem Biotopschutz.

Ein Leben am Rande des Abgrundes: Der Alpensteinbock

Steinböcke führen ein Leben ständig in schwindelnder Höhe, am Rande des tödlichen Abgrundes. Der Fortgeschrittenen-»Kurs« für zwei Monate alte Jungtiere fand bereits in einer fast senkrecht steilen Wand des italienischen Gran-Paradiso-Nationalparks statt.

Zwei Muttergeißen machten es vor, und die ganze übermütige Jugendgruppe preschte hinterher. Und das waren ihre Übungen: mit allen vier Beinen auf einem einzigen, nur handgroßen Felsvorsprung wie angeklebt stehenzubleiben – sich auf einem nur fingerbreiten Sims um die eigene Achse auf Gegenkurs zu drehen – auf dem Hinterteil talwärts zu rodeln und dabei mit den gummiartigen Fußpolstern zu bremsen – mit zwei Beinen einen festen Stein im überhängenden Fels zu umklammern (ähnlich dem Klemmtrick der Bergsteiger) – in Sprungkombinationen als Zwischenstation auch Stellen anzuspringen, auf denen sogar dieser »Kraxelbruder« nicht stehenbleiben kann, um von dort einen sicheren Platz zu erreichen, und dies sowohl bergab wie bergauf – im »Double-pas« einen Kamin zu erklettern – und überhaupt eine Steilwandstrecke, durch die sich geübte Bergsteiger mit größtmöglicher Geschwindigkeit in 30 Minuten hindurch-»klempnern« und -seilen könnten, in wenigen Sekunden zu durcheilen.

Etwa 5 Prozent aller Jungtiere sind schlechte Schüler. Das heißt, sie stürzen sich bei Kletterübungen zu Tode. Die anderen aber merken sich in ihrem Heimatgebiet praktisch jeden wichtigen Halt im Fels. Mit dem vielen Tieren eigenen phänomenalen Orts- und Weggedächtnis kennen sie praktisch jeden gangbaren Steig in den Wänden auswendig. Das ist der Grund dafür, daß Steinwild fast nie aus seiner Heimatregion auswandert, um, wie die Gams, neue Lebensräume zu gewinnen. Und das erklärt auch, weshalb ein Steinbockrudel, das von

Jägern aus seiner Heimat vertrieben wurde, im unbekannten Gebiet während des Winters elend zugrunde geht.

Solch ein Kletterkurs war gerade im vollen Gange, als ein Steinadler über den Berggrat schwebte. Sogleich schrillte der nasale Alarmpfiff einer alten Geiß, die auf erhöhtem Fels Wache hielt. Blitzartig preschte die ganze Gesellschaft aus der Steilwand heraus und scharte sich in der Mitte einer Almwiese zusammen.

Hierbei lernten die Kitze gleich, daß beim Nahen eines Luftfeindes entgegengesetzt gehandelt werden muß wie beim Erscheinen eines Bodenfeindes, also eines Wolfes, Bären, Luchses oder Menschen. Vor letzterem bietet die Steilwand Schutz. Aber vor einem Adler (früher auch vor dem inzwischen in den Alpen ausgerotteten Bart- oder Lämmergeier) muß der Steinbock aus der Steilwand heraus auf flaches Gelände fliehen. Denn der Greif packt sonst einen Kletterer im Vorbeifliegen am Hinterbein, bringt ihn zum Absturz und verzehrt dann den zerschmetterten Körper.

Aber wie können sich Steinböcke auf der Almwiese vor dem Adler schützen? Alle Muttertiere bilden sofort einen Ring um ihre Jungen. Wenn der Adler angreift, steigen sie alle hoch auf die Hinterbeine und stoßen mit den Hörnern nach dem großen Vogel. Dieser dreht dann meist ab, um andernorts Murmeltiere zu jagen.

Dieses von Natur aus perfekte Fluchtverhalten vor Bodenfeinden brachte den Alpensteinbock jedoch an den Rand der Ausrottung, als der Mensch mit Schußwaffen in die Berge stieg. Während die Gemsen, die nicht ganz so perfekt klettern können, schon über weite Entfernung abstreichen, springt das Steinwildrudel in der Steilwand nur etwa 30 Meter über den Verfolger, um ihn von dort oben hämisch zu beäugen und eventuell noch ein paar Steine auf ihn niederprasseln zu lassen. (Ob absichtlich oder nicht, wissen wir noch nicht.) Selbst für einen mäßigen Schützen ist es kein Kunststück, hier gleich mehrere Exemplare zu erlegen.

Vollends verderblich war der Aberglaube, der Genuß der kreuzförmig verknöcherten Sehnen des Herzmuskels, des »Herzkreuzchens«, in Pulverform eingenommen, verleihe dem Manne ungeahnte sexuelle Kräfte. Auch das Blut, noch warm getrunken, sollte angeblich Steinbocktugenden wie Mut, Ausdauer, Härte und bergsteigerisches Können übertragen. Eine echte Kannibalenmentalität! Das

Horn, zum Trinkbecher geschnitzt, sollte vor Vergiftungen schützen, wie auch andere Organe und Abscheidungen, etwa die Bezoarkugel, das Tier zur »kletternden Apotheke« werden ließen.

Kein Wort von alledem ist wahr. Aber, angefacht von der angeblich magischen Gewalt des Tierkreiszeichens Steinbock, hat unausrottbarer Aberglaube dieses Tier an den Rand der Ausrottung gebracht – wie derzeit das Nashorn.

Besonders verhängnisvoll wirkte sich ein regelrechter Krieg zwischen Jägern und fanatischen Wilderern im Salzkammergut aus. Er wurde so erbittert geführt, daß schließlich mehr Menschen als Steinböcke getötet wurden. Deshalb befahl 1738 der Erzbischof von Salzburg, dem Blutvergießen ein Ende zu bereiten, indem alle Steinböcke erlegt werden sollten, was auch geschah.

Bereits 1650 wurde in Graubünden das letzte Wappentier dieses Schweizer Kantons geschossen, und 1809 fiel das letzte Tier im Berner Oberland.

Nur in der Region um den 4 000 Meter hohen Gran Paradiso in den italienischen Alpen hielten sich die letzten fünfzig Alpensteinböcke der Welt. Und es ist das Verdienst des Biologen Albert Girtaner und des Försters Josef Zumstein, König Victor Emanuel II. von Piemont überzeugt zu haben, diesen Rest schützen zu müssen.

So entstand anno 1816 der erste Nationalpark der Welt. Eine Kompanie von fünfzig Mann königlicher Forstbeamten sorgte, weithin bei den Wilderern gefürchtet, für den Schutz. Der Erfolg war durchschlagend. Obwohl der König natürlich weiter jagte, hatte sich der Bestand 1880 bereits auf 600 Stück Steinwild vermehrt.

In der Schweiz wurde der Wunsch laut, einige Tiere zu eigenen Zuchtzwecken kaufen zu dürfen. Die Italiener lehnten empört ab. Da führten 1906 die sonst so friedlichen Schweizer etwas durch, das man kriminell nennen könnte, wenn es nicht einem guten Zweck gedient hätte. Sie bestachen »bewährte« italienische Wilderer und raubten in einer Nacht-und-Nebel-Aktion drei Jungtiere. Diese sind die Ahnen all der 9 770 Steinböcke, die Ende 1982 in 53 Kolonien der Schweizer Alpen gezählt wurden.

Nun bekamen auch Österreich, Frankreich, Jugoslawien und Deutschland dieses edle Hochgebirgswild. In allen diesen Ländern lebten 1983 wieder 21 000 Tiere in 112 Kolonien, davon in Österreich 1 832 Tiere in 36 Kolonien. Ein großartiger Erfolg der Schutz- und Wiederansiedlungsbemühungen!

Der Biotop des Steinwildes

Hochgebirge zwischen Waldgürtel und Gletscher bis 3 500 Meter Höhe. Sonnig-trockene Steilhänge in Südlage und in Regionen mit wenig Niederschlägen, da bei zu viel Nässe die Jungtiere sterben. Die Tiere müssen gut zwischen ihrem Sommer- und Wintergebiet wechseln können und zur Setzzeit Ende Mai/ Anfang Juni für die Kitze eine geschützte und ungestörte Hochalpe vorfinden.

Im Sommer ist die Hitze das große Problem, da Steinböcke nicht schwitzen können. Eine schattige Schlucht in großer Höhe muß erreichbar sein. Einmal benutzte ein Rudel sogar den kühlen Betonbunker der stillgelegten Bergstation einer Seilbahn.

Im Winter stehen die Tiere an oder in der oberen Baumgrenze. Trockene Kälte ertragen sie bis minus 30 Grad. Ihr Futter, trockene Gräser, scharren sie mit den Hufen frei oder holen es aus Steilhängen, die der Wind schneefrei fegt. Von Wildhütern ausgelegtes Futter nehmen sie nicht an, auch nicht, wenn der Hunger noch so groß ist. Im Herbst angemästetes Körperfett ist ihr Wintervorrat.

Zum Unglück findet das Steinwild seine Winternahrung oft an Steilhängen, die durch Lawinen und Steinschlag gefährdet sind. Gerbrandt Wiersema, Leiter des Steinbockprojekts in Garmisch-Partenkirchen, schätzt, daß in den Alpen in manchem Winter bis zu 600 Steinböcke Lawinen und Steinschlag zum Opfer fallen.

In der Bundesrepublik Deutschland ist die Situation deshalb problematisch, weil hier nach dem Stand unseres Wissens früher niemals Steinböcke gelebt haben. 1936 wurde im Berchtesgadener Land der Versuch unternommen, Steinwild anzusiedeln, und etwas später auch an der Benediktenwand südlich von Bad Tölz. Aber hier gedeihen die Bestände nicht so recht. 1983 wurden nur etwa hundert Tiere in drei Kolonien gezählt. Der Biotop am nördlichen Alpenrand in relativ niedrigen Lagen ist für sie nicht ideal.

In jedem Fall ist die Neu- oder Wiederansiedlung ein hartes Stück Arbeit. Wie schon dargelegt, verlassen Steinböcke ihre heimische

Gipfelregion fast nie freiwillig. Sie scheuen den Waldgürtel der tieferen Lagen, die Täler erst recht und unbekannte Kletterwände ganz allgemein. Es klingt absurd, aber Steinböcke müssen mit dem Narkosegewehr betäubt, gefesselt und vom Menschen einzeln huckepack in eine neue Bergwelt geschleppt werden.

Noch vor einigen Jahrzehnten scheiterten viele der so durchgeführten Ansiedlungsversuche für die Tiere qualvoll, weil Förster und Jäger nicht wußten, wie ein echter Steinwildbiotop beschaffen sein muß. Es genügt keineswegs, die Tiere einfach irgendwo im Hochgebirge auszusetzen.

Eine Ausnahme von der Wanderunlust der Steinböcke machen kapitale männliche Tiere. Italienische und französische Wildwarte beobachten immer wieder, daß einige ihrer individuell gekennzeichneten Böcke zur Brunftzeit im Dezember und Januar jenseits der heimischen Bergmassive bei ihren Kollegen im anderen Land auftauchen und im Februar wieder daheim sind. Auf welchen Wegen war so etwas überhaupt möglich?

Mit Hilfe von Satellitenfotos stellte der holländische Wildbiologe Gerbrandt Wiersema 1982 fest, was bis dahin noch kein Bergsteiger wußte: Es ziehen sich hier wenige schmale Ketten schneefreier Grate und Kämme als »Brücken« von einer Region zur anderen – bei Schneesturm und Kältegraden bis minus 30 Grad wohl die ungewöhnlichsten Liebespfade, auf denen Tiere wandeln!

In der Brunftzeit stoßen die sonst getrennt und höher im Fels lebenden Böcke zu den Rudeln der Geißen. Zunächst ziehen die »Herren« in Gruppen von einer Geiß zur anderen und vollführen eine sogenannte Kommunalbrunft, ohne eine Paarung zu vollziehen. Denn die ist bei der Geiß nur während der 24stündigen Hochbrunft möglich. Sobald diese eingetreten ist, drängt der stärkste Bock alle seine Balzgehilfen ab. Meist geht das ohne schwere Kämpfe vonstatten, weil die Böcke schon im Sommer zuvor in zahlreichen spielerischen Kämpfen die Rangordnung unter sich ausgehandelt haben.

Kraft seiner Autorität sammelt der stärkste Bock groteskerweise so viele Geißen in seinem Harem, daß er sich in der kurzen Zeit der Hochbrunft gar nicht mit allen paaren kann. Je stärker sich das Steinwild in einer Region vermehrt hat, desto mehr jüngere Weibchen bleiben Jungfern – eine verblüffende Methode der Geburtenbeschränkung, die diese Tiere bei Übervölkerung praktizieren.

Mancherorts herrscht unter dem Steinwild der Alpen tatsächlich

Methoden der Bevölkerungskontrolle

Je größer die Geißenrudel werden, desto mehr junge Weibchen können vom Alphabock nicht beschlagen werden. Die Geiß ist im Alter von zwei Jahren fortpflanzungsfähig. In kleineren Gruppen setzt sie aber erst mit drei Jahren ihr erstes Kitz, in großen Rudeln sogar erst mit sechs Jahren (Höchstalter bis siebzehn Jahre).

Eine sozial erzwungene Junggesellenzeit gibt es erst recht bei den Böcken. Vor einem Alter von sechs Jahren hat ein Bock weder die Kraft, sich unter seinesgleichen an die Spitze zu setzen, noch wird er von den Geißen akzeptiert. In großen Rudeln kommen die meisten Böcke sexuell lebenslang nicht zum Zuge.

schon wieder Übervölkerung. Die Tiere verbeißen und vernichten Latschenkieferbestände, die aufgeforstet wurden, um die Entstehung von Lawinen zu verhindern. Die Einwohner von Pontresina im Engadin befürchten, daß ihr Ort von Schneemassen niedergewalzt werden könnte, wenn die Steinböcke weiter so überhandnehmen. Das ist die Kehrseite des Tierschutzes.

Soll also wieder auf dieses edle Wild geschossen werden? Im Engadin versuchte es die Forstverwaltung erst mit dem Einzäunen der Schonungen, mit dem Aushängen scharf riechender Karbollappen und mit dem Einsatz von Hunden. Nichts half. So werden hier seit 1977 wieder jährlich 280 bis 300 Tiere durch den sogenannten »Hegeabschuß« erlegt.

Ein weiteres Argument der Jäger: In mehreren Regionen, in denen diese Tiere außer dem Steinadler keine Feinde mehr zu fürchten haben, kommen sie schon auf die Almwiesen herunter, weiden zwischen den Kühen und lassen Touristen bis auf 5 Meter an sich heran. Sogar das Klettern haben sie verlernt. Sind das noch echte Steinböcke?

Wie fragwürdig andererseits ein gedankenloser »Hegeabschuß« ist, zeigte sich bereits ein Jahr später. Die Graubündener Jäger erlegten in der Meinung, »alte Greise« ruhig eliminieren zu können (und wohl auch der größeren Trophäe, also der bis zu 1,40 Meter langen Hörner wegen), vorwiegend alte Böcke. Aber damit hatten sie sprichwörtlich einen Bock geschossen. Denn nun scharten sich die Geißen in den Brunftmonaten, jüngere Männchen verachtend, um die wenigen verbliebenen Altböcke, bildeten so große Rudel wie nie zuvor und richteten örtlich statt weniger nur noch um so mehr Schäden an.

Seit es in Europa Wolf, Bär und Luchs als natürliche Feinde des Wildes nicht mehr in nennenswertem Umfang gibt, steht die Notwendigkeit des Gewehres als Regulator von Tierbeständen außer Zweifel. Aber es muß wie das Skalpell des Chirurgen gehandhabt werden: Es dient der Gesundheit, doch ein falscher Schnitt, und der Patient ist tot!

Was bei der Kalkulation optimaler Bestandszahlen sehr oft vergessen wird, sind die sogenannten nicht voraussehbaren Verluste. Hierzu zwei Beispiele:

Im Herbst 1982 stürzten zwei Touristen erregt in die Hütte eines Wildwartes im Gran-Paradiso-Nationalpark. Sie hätten beobachtet, wie ein Steinbock Selbstmord begangen habe. Die beiden Männer waren am Rand einer Alpe einem Steinbock begegnet. Um ihn besser fotografieren zu können, gingen sie näher heran. Zunächst rührte sich das Tier nicht von der Stelle. Aber plötzlich sprang es davon, auf den Abgrund zu und stürzte sich hinunter in die Schlucht, wo es zerschmettert liegenblieb.

Was sich hinter diesem Ereignis verbarg, war weitaus schlimmer als ein »Selbstmord«. Eine gerade bei den Gemsen im Abklingen begriffene Krankheit hatte auf die Steinböcke übergegriffen: ein Augenleiden, das im Verlauf einiger Wochen zur Blindheit und damit unweigerlich zum Absturztod der Tiere führt. Mehrere hundert Tiere sind ihr bis zum Herbst 1983 zum Opfer gefallen. Wie viele noch daran zugrunde gehen werden, wissen wir nicht. Vorerst können wir nur hoffen, daß diese Seuche, wie bei den Gemsen, bald zurückgehen möge.

Ein anderes unvorhersehbares Ereignis war der Streik der Wildwarte des Gran-Paradiso-Nationalparks im Oktober 1971. Während des nur drei Tage dauernden Ausstandes glaubte die Verwaltung, den Schutz der Tiere durch von weit her herbeibeorderte Polizisten und ortsfremde Forstbeamte sicherstellen zu können – ein frommer Glaube ohne Realitätssinn für die Schießwut und Ortskenntnis der Wilde-

Kalkulation für »Hegeabschußziffern«

Um Ausrottungstendenzen schon im Keim gegenzusteuern, muß die Entwicklung der Bestände kalkuliert werden. Dazu gehören:

1. Exakte Zählung der Tierbestände. Schätzungen genügen nicht, da hierbei schon zu oft fatale Fehler begangen wurden.

2. Auf dieser Basis die Kalkulation der Bestandsentwicklung aus folgenden Faktoren:

a) Todesrate der Alttiere durch Altersschwäche, Feinde, Krankheiten, Hunger, Unfälle und Abschuß;

b) Nachwuchsrate der Jungtiere. Hier muß die Geburtenziffer um die zahlreichen Verluste vermindert werden, die eine Gruppe von Jungtieren erleidet, bis sie zur Fortpflanzung (nicht zur Geschlechtsreife!) gelangt. Auch der natürliche Selbstregulierungsmechanismus der Tiere ist hierbei zu berücksichtigen.

Erst wenn a gleich b ist, kann die Aufrechterhaltung der Bestände als gesichert gelten.

3. Ob dies auch in der Praxis der Fall ist, muß durch regelmäßige und exakte jährliche Zählungen überprüft werden.

4. Schließlich darf beim Festlegen der Abschußziffern der Aufbau einer natürlichen Gruppe im Verhältnis der Geschlechter und der Altersklassen nicht verändert werden.

rer. An diesen drei Tagen wurden 117 Steinböcke und 225 Gemsen gewildert. Fachleute nennen es »das größte Tiermassaker, das Wilderer in den letzten 25 Jahren im Nationalpark angerichtet haben«.

Beides, Seuche und Massenmord durch Wilderer, dokumentieren die eminent wichtige Rolle, die aktive Tierschützer noch immer beim Erhalten unserer Fauna spielen, sowie die entscheidende Bedeutung, die das Einkalkulieren ähnlicher Katastrophen beim Erstellen von Hegeabschußziffern für die Erhaltung der Art besitzt. Trotz der erfreulich erfolgreichen Schutzbemühungen lebt der Steinbock immer noch am Rande des tödlichen Abgrundes!

II. Pioniertaten helfen zu überleben

Flamingoscharen werden wieder zu Wolken

Im tiefen Aquamarinblau des Salinensees schillert das Rosa von 28 000 Flamingos in zartem, unwirklich anmutendem Farbenspiel. Es ist Ende März 1983, kurz nach Sonnenaufgang. Leise erfüllt sich die Luft mit feinem Singen wie von Äolsharfen. Mit gravitätischem Flügelschlag, die schlanken Leiber elastisch wippend, nahen weitere Geschwader in Keilformation nur 10 Meter hoch über den Wassern.

Als sie landen, röhrt ihnen aus tausend Schnäbeln ein lang anhaltender Kehllaut entgegen. Plötzlich fährt in der rosa Menge ein Kopf hoch. Dann breitet dieser eine Flammenvogel seine fast 2 Meter spannenden Flügel weit aus. In dieser Stolzhaltung beginnt er einen merkwürdigen Parademarsch durch die engstehende Masse seiner gelangweilten Artgenossen. Ruckartig blickt er nach links – und zack! wirft er den Kopf zur rechten Seite.

Es dauert nicht lange, bis, von ihm angesteckt, hier und da und dort weitere Langhälse in die Höhe schnellen, sich Flügel ausbreiten. Mehr und mehr Vögel werden von der Ekstase des Flamingo-Flamenco erfaßt und ballen sich zu einer Schreitprozession zusammen. Die Tanzunlustigen lassen sie stehen, stolzieren quer durch die Massenversammlung und reißen auf ihrem Weg immer mehr von denen mit, die sich auch für ihre Polonaise begeistern können.

Schließlich sind es etwa tausend, die sich zum Massentanz zusammenfinden. Es sieht tatsächlich aus wie auf einem überfüllten Tanzparkett, denn die grazilen Vögel nehmen nicht etwa Gleichschritt an. Auch die Ruckbewegungen der Hälse vollführt jeder nach eigenem Gutdünken. Und trotzdem herrscht eine vollendete Harmonie. In der großen Flamingo-Disco schillert es rosa, weiß und schwarz. Die Flügel rauschen, das seichte Wasser neben der Brutinsel spritzt, und die heiseren Stimmen röhren in höchster Erregung.

Ein romantisches Stimmungsbild von einem der großen Salzseen in der ostafrikanischen Grabenzone oder von der südwestafrikanischen Etoschapfanne? Nein! All dies spielte und spielt sich im gar nicht exotischen Europa ab, nämlich im Mündungsdelta der Rhone, in der südfranzösischen Camargue an der Küste des Mittelmeeres.

Noch 1974 sah es hier so aus, als würden die europäischen Rosaflamingos aus damals noch unbegreiflichen Gründen aussterben. Sie weigerten sich seit Jahrzehnten fast in jedem Frühjahr, Nachwuchs in die Welt zu setzen. Doch dann kamen französische Vogelforscher hinter das Geheimnis des beängstigenden Bevölkerungsrückgangs und sorgten dafür, daß in einer beispielhaften Rettungsaktion der Existenzkampf der Tiere einen erfreulichen Lauf nahm. Heute schweben neuerstandene Flamingoscharen wieder wie Sonnenwolken am Himmel, die jedem, der dorthin fährt, ein einzigartiges Naturschauspiel bieten.

Die Geschichte dieser Rettungsaktion ist eng mit der Massenbalz der Heiratslustigen verwoben. Wer meint, diese imposante Schau sei die Einleitung zu einer Gruppensexorgie, der irrt. In dieser Hinsicht spielt sich gar nichts ab. Die Massenzeremonie hat nur den Zweck, die fast paarungsbereiten Vögel aus der riesigen Schar derer, deren Fortpflanzungsorgane noch nicht so weit entwickelt sind, herauszusortieren und in einer Gruppe Gleichgesinnter zu versammeln.

Nur wenn in einer Schar alle gleichermaßen heiratslustig sind und dies durch Mittanzen signalisieren, entwickeln sich binnen weniger Tage in allen tanzfreudigen Flamingos die Eierstöcke und Keimdrüsen zur vollen Reife. Ohne diese Massenbalz sind Flamingos unfähig, sich zu paaren. Das hat schon so mancher Zoodirektor erfahren müssen, der sich nur ein Dutzend dieser schönen Vögel hielt und alle Jahre wieder vergeblich auf Nachwuchs hoffte.

In dieser ekstatisch tanzenden Gruppe finden sich Männchen und Weibchen zusammen. Zur Paarung verlassen beide jedoch die Gruppe und fliegen in die Abgeschiedenheit etwas tieferer Salinen oder Seen, wo ihnen das Wasser bis zur Brust steht. Aber gleich danach kehren sie zu ihrer Gruppe zurück. Ein triebhafter Kollektivismus beherrscht ihr Leben.

Die Schar siedelt sich nun oben auf der Brutinsel, neben der sie gebalzt hat, inmitten eines der großen Salinenseen an. Das etwas kleinere Weibchen wählt den Nistplatz und töpfert aus den Lehmresten des vergangenen Jahres einen bis zu 40 Zentimeter hohen Schlammkegel, den Beobachter als »Zylinderhut« oder despektierlich auch als »Nachttopf« bezeichnet haben. Die »Keramikkünstlerin« sticht mit ihrem schmalen Oberschnabel wie mit einem Eßlöffel in feuchtweichen Lehm und modelliert die hochwassersichere Nistburg kunstgerecht. Oben formt sie eine kleine Mulde für das einzige Ei.

Wie Tonkrüge im Brennofen, so stehen die Nester dicht an dicht, etwa auf jedem Quadratmeter eines. Ein kleiner Abstand muß sein, damit der Streit unter den manchmal etwas hysterisch erscheinenden Nachbarn keine ernsthaften Blessuren hinterläßt.

Innerhalb der Gruppe werden nun überall gleichzeitig die Rieseneier gelegt; eine Folge der Gemeinschaftsbalz. Das einzige Ei, das ein Weibchen produziert, ist 9 mal 5 Zentimeter groß und 150 Gramm schwer. Um es zu bebrüten, lösen sich beide Eltern im Turnus von zwölf Stunden ab, und zwar in der Abend- und Morgendämmerung. 28 Bruttage lang müssen beide eine schlimme Hungerszeit durchleiden. Denn ein Flamingo muß täglich, sofern er nicht hungern will, etwa fünfzehn Stunden lang Nahrung zu sich nehmen.

Das ist beim Flamingo schon deshalb ein hochinteressanter Aspekt, weil im Punkt der seltsamen Nahrungsaufnahme alles kulminiert: der mehr als skurrile Körperbau, die Technik, sich auf ein Futter zu spezialisieren, bei dem der Vogel keine Konkurrenz zu fürchten hat, die Chance, sich zu Millionenschwärmen vermehren zu können, aber auch die Gefahr des Massensterbens, wenn sich nur Geringfügiges in der Umwelt ändert. Paradiesische Fruchtbarkeit und drohende Existenzvernichtung wohnen beim Flamingo dicht beieinander – eine Tatsache, die wir bedenken müssen, wenn wir diesem Tier beim Überleben helfen wollen.

Das muß näher erläutert werden. Der »Flammenvogel« holt sich seine Nahrung dort, wo kein anderes Großtier existieren kann: in einer Lauge, die so salzig ist, daß dort kein Fisch und kein Säugetier zu leben vermag und jeder andere Vogel sofort wieder wegfliegt, also in den großen Salzseen der Welt und eben auch in den Salinen der Camargue. Nur mikroskopisch kleine Salzkrebse gibt es dort, diese jedoch in ungeheuren Mengen. Wenn drei Flamingos auf einem Quadratmeter fischen, haben sie tagelang genug zu fressen. Das ist der Grund, weshalb sie sich zu riesigen Scharen vermehren können, ohne sich dabei gegenseitig das Futter streitig zu machen.

Nur: Wie kann der große Vogel so winzige Wesen fangen, ohne kaum einen Tropfen der ätzenden Salzlauge zu schlucken? Die Antwort gibt der skurile Körperbau: ein Tier mit Entenfüßen, Storchenbeinen, einem Giraffenhals und einem Kopf, an dem der Schnabel »verkehrt herum« angebracht ist, der nicht, wie bei allen anderen Vögeln, nach unten aufklappt, sondern nach oben, sowie einem Schnabelinneren, das im Prinzip der Miniausgabe eines Blauwalmaules gleicht.

Die Summe des Seltsamen muß zusammenwirken, um wieder so etwas Alltägliches wie die Ernährung zu ermöglichen. Mit den Entenfüßen, die zugleich das Einsinken in den Schlamm verhindern, wird trampelnd der Schlickboden des Sees aufgewühlt und die Nahrung hochgewirbelt. Die Stelzbeine müssen hoch sein, damit der Vogel nicht nur flache Pfützen, sondern Gewässer bis etwa 40 Zentimeter Tiefe als Nahrungsquelle nutzen kann. Entsprechend lang muß dann wiederum der Hals sein, um auch im Flachen bis nach unten reichen zu können. Und das alles ist nur sinnvoll im Zusammenhang mit dem »technischen Wunder« des Schnabels.

Während der Brutzeit, wenn dem Flamingo statt der nötigen fünfzehn nur etwa elf Stunden zur Nahrungsaufnahme bleiben, ist der Hunger groß. Deshalb muß die Zeit der Not soweit wie möglich abgekürzt werden. Das geschieht auf folgende Weise:

Innerhalb der Balz- und Brutgruppe schlüpfen alle Jungen fast auf den Tag gleichzeitig. In den ersten vier Lebenstagen werden sie noch von der Mutter oder vom Vater gehudert und gewärmt. Es sieht allerliebst aus, wenn dann das Kind seinen Kopf unter dem Flügel der Mutter hervorschiebt und ruft. Dann neigt sich Mutters Schnabel herab und gibt dem Kleinen Nahrung.

Aber welche eigentlich?

Vom Pelikan berichtet eine alte Legende, er würde sich mit dem Schnabel die Brust aufreißen, um die Kinder mit seinem Herzblut zu nähren. Das entspricht zwar nicht der Wahrheit, aber für den Flamingo trifft Ähnliches tatsächlich zu. Er füttert seine Jungen mit einer im Kropf produzierten Flüssigkeit, die so viele rote Blutkörperchen enthält, daß sie rot erscheint. Herzblut als Nahrung für die Kinder!

Doch diese für das Kind so schöne Zeit dauert nur vier, höchstens sieben Tage. Dann steigen die Küken überall fast gleichzeitig aus den Nestern und schließen sich bald zu einem Kindergarten zusammen. Hier genügt es, wenn nur ein paar »Tanten« die Aufsicht führen und den Jungen bei Annäherung einer Gefahr die Fluchtrichtung zeigen.

Das »technische Wunder« des Flamingoschnabels

Dies ist das »Wasserflohnetz« der Flamingos: Die starke, fleischige Zunge wirkt im röhrenartigen Schnabelinneren wie der Kolben im Zylinder eines Automotors.

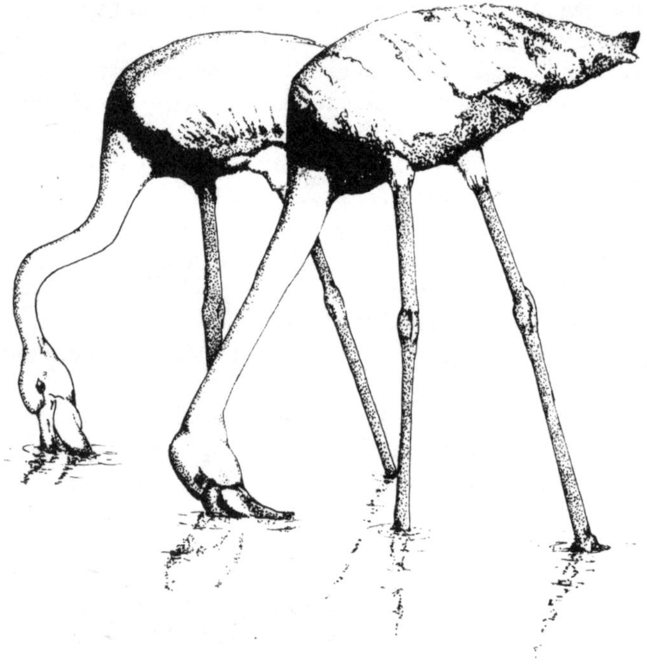

1. Arbeitstakt, das Ansaugen: Während der Vogel den Kopf nach unten ins Wasser hängt (so daß jetzt alles wieder »richtig herum« ist) und seitlich hin und her pendeln läßt, öffnet er den Schnabel einen kleinen Spalt weit. Der Zungenkolben zieht sich nach hinten zurück und saugt Wasser in den Schnabelraum, das

beim Einströmen bereits von Unrat freigefiltert wird, und zwar durch hornige Lamellen an den Seiten des Ober- und Unterschnabels.

2. Arbeitstakt, die »Verdichtung« der Nahrung: Bei nicht allzu fest geschlossenem Schnabel schiebt sich die Zunge wieder vor und preßt das Wasser hinaus. Dabei bleibt die Kleinstnahrung an den Innenseiten der Lamellen hängen.

3. Arbeitstakt, die Nahrungsgewinnung: Die Zunge zieht sich wieder zurück und streift dabei mit seitlichen hornigen, stachelartigen Zotten das innen an den Lamellen haftende Futter nach hinten in den Schlund. Gleichzeitig ist dies bereits wieder der 1. Arbeitstakt der nächsten Folge.

Auf diese Weise muß ein Flamingo täglich 120 Liter Wasser in 24 000 Arbeitsgängen durchfiltern, um sich 120 000 Krebstierchen, Algen, andere Einzeller und organische Schwebstoffe einzuverleiben. Das dauert fünfzehn Stunden täglich, wobei auch die Nacht genutzt werden muß.

Zum Trinken fliegen die Flamingos zu Süßwasserteichen.

Es ist übrigens der rötliche Farbstoff in den Salinenkrebsen, der das Gefieder des Vogels rosa färbt. Ausgerupfte Federn bleichen schnell zu fadem Weiß aus. Dieser Vergänglichkeit der Farbe verdanken wir es, daß Flamingofedern nicht die Schöpfer der Damenmoden inspirierten. Wäre das bezaubernde Rosé dauerhaft, die Menschen hätten diese Vögel längst ausgerottet.

In Zoos, die keine Salinenkrebse als Nahrung bieten konnten, bleichte das Gefieder auch aus. Die Tiergärtner helfen sich aber damit, daß sie unter anderem auch Karotten verfüttern oder Paprikaschoten. Die hierin enthaltenen Carotinoide geben den Vögeln ihre volle Farbenpracht zurück.

So können die Eltern sehr bald wieder zur so überaus langwierigen Nahrungssuche ausfliegen und wissen doch ihre Kinder inzwischen gut aufgehoben. Bei der Heimkehr, jeweils abends und morgens, verstehen es die Eltern, ihr Kind in der Masse der Tausend zu finden. Sie erkennen es an der Stimme und füttern es mit ihrer roten Nährflüssigkeit, bis sich der Filter im Schnabel der Jungen zur Gebrauchsfertigkeit entwickelt hat.

Fliegen können die Jungen erst im Alter von siebzig Tagen. Ihre erste Brut beginnen sie mit sechs Jahren. Ihr Höchstalter, das jedoch nur sehr wenige erreichen, beträgt achtzig Jahre. Sie zählen also zu den Methusalems unter den Vögeln.

So sehen die Dinge im strahlenden Licht des absolut störungsfreien Ablaufs aus. In der Realität beeinträchtigen jedoch viele Störungen diesen Idealfall, und die Flamingos reagieren darauf mit der Empfindlichkeit eines Filmstars.

Das beginnt schon beim Töpfern der Nester. Noch in den sechziger Jahren bauten die Flammenvögel der Camargue ihre Brutstätten in mehreren Lagunen. Dann kamen starke Regengüsse und schwemmten die Lehmbauten wieder weg. Oder der Mistral blies wochenlang orkanartig aus Norden. Dann wurde das Flügelgeflatter des Liebesspiels buchstäblich vom Winde verweht. Oder die Gischtwogen brandeten gegen die Bauwerke und rissen sie nieder. Oder es kamen Eiersammler, Ornithologen und Fotografen und vergrämten den Vögeln das Brutgeschäft.

Oder Flugzeuge und Hubschrauber kreisten im Tiefflug über der Kolonie. Sie brachten zwar für Tierfilme eindrucksvolle Aufnahmen vom Start der rosa Flamingomassen aus den blauen Lagunen nach Hause, aber kein Kameramann dachte an die Folgen der Panik, die er ausgelöst hatte. Die großen Vögel brauchen eine lange Startstrecke, um sich in die Luft schwingen zu können. Normalerweise schreiten sie durch die Kolonie hindurch ins freie Wasser und starten dort. Aber in der Panik rasen sie blindlings quer über alles. Sie zertreten Nester, zerstören Eier, töten Küken. Ein Teil bricht sich die Beine oder Flügel oder beides. An eine Brut denkt im Jahr nach solch einer Katastrophe kein Vogel mehr.

So war es zu erklären, daß die Flamingos in den 34 Jahren von 1914 bis 1947 nur dreizehnmal Junge aufgezogen haben, in den zehn

Der Naturschutzpark Camargue

Die Camargue bietet ein Musterbeispiel dafür, wie die gegensätzlichen Interessen von Natur- und Artenschutz, Landwirtschaft und Tourismus in Einklang gebracht werden können: Jeder kommt hier zu seinem Recht. Aber die Grenzen sind scharf gezogen und nicht nur aus Stacheldraht.

Überall dort, wo Touristen die Ruhe der Tiere stören würden, etwa bei der Flamingokolonie im Etang du Fangassier oder in der großen Seenplatte des Etang du Vaccarès, ist der Zutritt streng verboten.

Aber unmittelbar neben den Schutzzonen kann sich der Tourist völlig unbehindert von Vogelwolken überfliegen lassen. Bereits zehn Fußgängerminuten von den Parkplätzen entfernt ist er meist einsam und allein mitten im Paradies. Hier kann er beobachten, wie die bezaubernden Stelzenläufer in bewässerten Reisfeldern nach Nahrung stochern, wie Staffeln von Säbelschnäblern beim Vorbalzflug exerzieren, wie Beutelmeisen ihre kunstvollen Nester flechten, wie Rohrweihen gaukelnden Fluges über Schilfufern nach Beute jagen, wie Grau-, Silber- und Purpurreiher Fische speeren, wie sich durchziehende Trauerseeschwalben ins Wasser stürzen, wie der bunte Reigen Hunderter von Bienenfressern vor ihrem »Wohnblock«, einer steilen Lehmwand, exotisch tanzt, wie die Geschwader der Krick-, Stock-, Schnatter-, Pfeif-, Löffel-, Kolben-, Tafel- und Reiherenten zu je mehreren Tausend den Himmel verdunkeln. Von den unzähligen Möwen, Bleß- und Teichhühnern und vielen anderen Vögeln gar nicht erst zu reden.

Ein weiterer Hauptanziehungspunkt sind die Herden der angeblich wild lebenden Kampfstiere und weißen Pferde. Doch abgesehen von wenigen Herden, die Verhaltensforscher studieren dürfen, gibt es in der ganzen Camargue kein Pferd und keinen Stier, der nicht irgend jemandem gehört, kein Pferd, das nicht im Alter von drei Jahren als Reittier für Touristen abgerichtet, keinen Stier, der nicht später an eine Kampfarena verkauft würde. Sie alle grasen auch auf eingezäunten Weiden. Das einzige, das sie wild erscheinen läßt, ist die Tatsache, daß sie keinen Stall besitzen und das ganze Jahr über im Freien leben.

Jahren von 1960 bis 1969 nur dreimal und von da an bis zum Beginn der aktiven Schutzmaßnahmen im Jahre 1973 überhaupt nicht mehr. Eine der vielen Störungen trat immer wieder auf.

In Südspanien, im Nationalpark der Coto de Donana, sah es ähnlich düster aus. Hier richteten eine mehrere Jahre lang anhaltende Trockenheit und die Verschmutzung des Guadalquivir-Flusses durch Industrieabwässer verheerende Wirkungen unter der Tierwelt an.

So wären die Tage der in Europa lebenden Rosa Flamingos gezählt gewesen, wenn nicht noch gerade eben rechtzeitig die Stiftung »Tour du Valat«, von WWF-Frankreich mit Geld unterstützt, exakt die richtigen Rettungsmaßnahmen eingeleitet hätte:

Inmitten eines großen Vorflutbeckens einer in privatem Besitz befindlichen Saline rückten schwere Bulldozer an und errichteten darin eine 10 000 Quadratmeter große, flache Insel. Auf dieser modellierten freiwillige Helfer an die hundert Lehmnester perfekt im Flamingostil. Damit sollte den Vögeln gesagt werden: Hier könnt auch ihr Nester bauen!

Und ob sie die Botschaft verstanden: 1975 brüteten hier schon 4 000 Paare, 1979 waren es etwa doppelt soviel, 1981 gar 10 000 und 1983 sogar 14 000 Paare. In jenem Jahr reichte der Platz nicht mehr aus.

So fingen die Flamingos an, ihre Nester auch auf den schmalen Wegdämmen zu errichten, die einzelne Salinenbecken voneinander trennen. Die Menschen hatten die schmucken Vögel auf eine glänzende Idee gebracht. Warum die Lehmhügel im seichten Wasser errichten, wo sie Sturm, Wellenschlag und Regen vernichten können? Wäre eine trockene Insel nicht viel besser geeignet, sofern dort allerdings keine Raubtiere wie Hunde, Katzen, Füchse oder Marder ein Blutbad anrichten oder Touristen erheblich stören können?

In diesem Fall war nur die »Touristengefahr« ernst zu nehmen. Ihr begegnete der private Salinenbesitzer, ein höchst engagierter Naturfreund, auf elegante Weise: Auf dem viele Hektar großen Wiesenstück, das man durchqueren muß, wenn man an die Brutkolonie herankommen will, läßt er Kampfstiere weiden. Touristen, die diese mit Milchkühen verwechselten und die Verbotsschilder mißachteten, fanden sich bald darauf im Krankenhaus von Arles wieder.

Die im Nationalpark stationierten Vogelwarte haben gute Ferngläser und melden jedes Flugzeug und jeden Hubschrauber, der zu nahe kommt. Die Sünder erwarten abschreckend harte Strafen.

Der interessierte Laie muß ja auch nicht unbedingt bis an die Brutkolonie heran. Im Abstand von einem Kilometer kann er sich zu Beginn der Abenddämmerung oder frühmorgens auf einem Damm einfinden und sich von zahlreichen Flamingogeschwadern in Keilformation in nur 10 Meter Höhe überfliegen lassen. Gibt es ein schöneres Naturerlebnis, das zugleich keinem Vogel schadet?

Das von Menschenhand geschaffene Paradies übt auch auf fremde Flamingos eine ungeheure Anziehungskraft aus. Es ist ganz erstaunlich, über wie weite Entfernungen hinweg die Flammenvögel Brutmöglichkeiten auskundschaften. Nicht nur die Südspanier kommen zum Brüten in die Camargue, seit sich bei ihnen die Verhältnisse verschlechtert haben, sondern auch die Nordafrikaner; zum Beispiel die vom Tunis-See, die dort nicht mehr nisten wollen, seit dort eine Straßenbahnlinie auf einem neuen Damm verkehrt; aber auch die aus Marokko und Mauretanien, die unter der dortigen Dürre leiden.

Wenn Vogelschützer nicht zufälligerweise 1975 die ideale Brutinsel in der Camargue gebaut hätten, wäre jetzt die gesamte europäisch-nordafrikanische Flamingopopulation vom Aussterben bedroht.

Doch leider gibt es kein Paradies ohne ständige Gefährdung. Viele dieser Vögel finden es offenbar in der Camargue so schön, daß sie auch im Winter dort bleiben, statt ins warme Afrika zu ziehen. Vor einigen Jahren wurden sie aber im Januar von einem ungewöhnlich harten Kälteeinbruch überrascht. Dabei sind nicht weniger als 2 500 von ihnen erfroren.

Auch ist den Flammenvögeln ein unerwarteter Feind entstanden: die Weißkopfmöwe, eine nahe Verwandte der Silbermöwe. Sie greift die brütenden Flamingos am Außenrand der Kolonie mit unglaublicher Frechheit an. Sobald der rosa Vogel auf dem Nest einschläft, packt ihn die Möwe am Schnabel und zerrt so lange, bis er sich vom Nest erhebt. Im selben Augenblick läßt der Eindringling los und stiehlt das Ei.

Die Möwen rauben sogar auch die Küken. In Gemeinschaftsaktion fällt ein ganzer Schwarm von ihnen über die Mutter her, hackt in den Hals und zerzaust die Flügel. Währenddessen verschlingen andere das Kind. Die Räuber greifen jedoch nur am Rand der Kolonie an, wo sie den Rücken frei haben. Den Bestand gefährden können sie deshalb nicht.

Schwerwiegender ist eine »Erfindung«, die den Flamingos 1978 gelang. Seither landen sie zur Nahrungssuche auch in den Reisfeldern

Flamingo-Katastrophen in aller Welt

So zart diese Schönheitskönigin unter den Vögeln aussieht, so hauchleicht vergänglich ist auch ihr Leben. Sechs von zehn Jungtieren sterben im ersten Lebensjahr, zwei von zehn alljährlich bei den Älteren. Häufig hereinbrechende Katastrophen fordern ein Vielfaches an Opfern.

1962 am Magadisee in Kenia: Zum erstenmal seit Menschengedenken erscheinen Hunderttausende von Zwerg- und Rosa Flamingos, um hier zu brüten. Sie kommen vom 60 Kilometer südlich gelegenen Natronsee, der in diesem Jahr wegen anhaltender Regenfälle weit über die Ufer getreten ist und keine Brutmöglichkeit bietet. Aber im Magadisee ist der Salzgehalt zu hoch. Die immer in Bewegung befindlichen Alttiere bemerken das nicht. Doch bei den Jungen, die im Kindergarten stundenlang stillstehen, kristallisieren sich dicke Salzklumpen an den Kniegelenken und machen sie bewegungsunfähig. Die Eltern sind machtlos. Vogelschützer befreien durch Hammerschlag 25 000 Jungvögel vom »Klotz am Bein« und retten sie. Für etwa 100 000 aber kommen die Helfer zu spät.

1964 in der südwestafrikanischen Etoschapfanne: Etwa 300 000 Paare beginnen mit der Brut. Als die Eier gelegt sind, schwemmen sintflutartige Regenfälle alles fort. Ein ganzer Jahrgang ist vernichtet.

1969 in der Etoschapfanne: Diesmal herrscht ungewöhnliche Dürre. Früher als sonst im Jahr trocknet der Brutsee aus. Als die Jungen einige Wochen alt sind, finden die Eltern keine Wasserfläche mit Nahrung mehr und verlassen ihre Kinder. Da sie noch nicht fliegen können, machen sich die Jungen zu Fuß auf den Weg. Zu Zehntausenden fallen sie Löwen, Leoparden, Hyänen, Schakalen und Greifvögeln zum Opfer. Abermals beginnt eine Rettungsaktion von Vogelschützern. Sie fangen 30 000 Jungvögel ein und bringen sie in Lastwagen zu ihren Eltern nach Fisher's Pan bei Namutoni. Für 100 000 kommt aber auch hier die Rettung zu spät.

Um 1900 bei Miami, Florida: Fischer treiben die letzten 1500 noch nicht flüggen Jungtiere des Roten Flamingos aus der Brutkolonie auf die Märkte der Stadt zum Verkauf und zum Schlachten. Die Elternvögel geben die Brutkolonie auf und kommen nie wieder zurück. In den USA ist die Art des Roten Flamingos, eines Verwandten des Rosa Flamingos, ausgestorben. Erst 1937 holt ein Gaststättenbesitzer im nahegelegenen Hialeah einige Dutzend Rote Flamingos aus Mittelamerika als Touristenattraktion. Ihm gelingt auch die Zucht. 1983 lebten dort wieder einige Tausend, zum Teil frei fliegend.

1957 in den Anden: Seit Jahrzehnten gilt der James-Flamingo als ausgestorben. Rücksichtslose Bejagung durch Indios ist der Grund. Wer kann schon in 5000 Meter hoher Bergeinsamkeit einen Vogelwart stationieren? Vom Anden-Flamingo existieren auch nur noch wenige Exemplare. Da entdeckt ein Zoologe inmitten eines Schwarmes von Chilenischen Flamingos noch einige wenige James-Flamingos. Er lebt also doch noch!

der Camargue und zertrampeln die von den Bauern frisch gesetzten Pflanzen. Kein Mensch weiß bisher, was sie in diese für sie eigentlich ungewöhnlichen Süßwasser(!)-Teiche treibt. Ob sie plötzlich auch Reis fressen? Schon rufen die geschädigten Bauern nach einer Abschußerlaubnis. Bisher konnten sie aber durch hohe Entschädigungszahlungen und den allnächtlichen Einsatz von Wachtposten mit Schreckschußanlagen beruhigt werden. Forscher sind inzwischen am Werk, die Ursache für die unvermittelte Vorliebe der Flamingos für Reisfelder zu ergründen, um bessere Methoden zur Abhilfe dieses Übels zu finden.

Operation Königstiger

Prinz war genau das, was man in Indien einen Büffelkiller nennt: ein männlicher Bengalischer oder Königstiger, der sich als großer, einsamer Jäger darauf spezialisiert hatte, fast dreimal so schwere Wasserbüffel zu erlegen. Er hatte die Wahl, entweder die noch wild lebenden, von äußerst aggressiven Bullen verteidigten Herden zu überfallen oder die zu Haustieren gewordenen harmlosen Büffelkühe, die von den Menschen in letzter Zeit immer weiter in seine Wälder zum Weiden hineingetrieben wurden. Dieses erwies sich als weniger riskant und viel erfolgversprechender.

Seine Jagdtaktik war anfänglich immer die gleiche: In der Nähe eines Dorfes wartete er in einem Versteck die Nacht ab. Dann schlich er sich an einen Büffel heran, duckte sich, prallte mit einem Sechs-Meter-Sprung gegen seine Schulter, warf ihn um und brach ihm mit einem einzigen Prankenschlag das Genick.

Doch nach dem fünften Jagderfolg begannen die Bauern der Dörfer nahe der Kleinstadt Santipur, Prinz zu verfolgen. Es war sein Glück, daß sie es erst auf ganz ungeschickte Weise versuchten:

Als er eines Mittags im Waldschatten ruhte, schreckte ihn ferner Lärm auf. Er kannte das von früher: Eine kilometerbreite Kette von blechdosenschlagenden Treibern und einzelnen, mit altmodischen Gewehren bewaffneten Schützen durchstreifte den Dschungel. Obwohl Prinz, wie alle Tiger, nur ungern kletterte, erklomm er einen Baum, versteckte sich in der Krone und konnte deutlich die Angst der Menschen riechen, als sie nichts ahnend unter ihm hindurchpolterten.

Obwohl er noch keinen Hunger verspürte, gelüstete es ihn, sich zu rächen. Als die Menschen fort waren, sprang er vom Baum, lief ein paar Kilometer in die Richtung, aus der die Jäger gekommen waren, tötete den erstbesten Büffel und ließ ihn liegen. Das trug ihm bei den abergläubischen Bauern den Ruf ein, mit bösen Geistern im Bund zu stehen.

Drei Nächte darauf, allmählich meldete sich der Hunger wieder, hörte er mitten im Wald eine einzelne Ziege meckern. Schon das fand Prinz verdächtig, denn Ziegen gibt es sonst nur in Herden, auf Weiden oder bei einem Dorf. Er schlich sich bis auf 300 Meter heran. Da sah er auf einer kleinen Lichtung im Mondschein ein kleines Geißlein, das verzweifelt an einer Leine zog. Nun war ihm klar: eine Falle!

Wo würde der Großwildjäger stecken? Ein vierbeiniger gegen einen zweibeinigen Jäger, von denen beide mit allen Wassern gewaschen waren!

Da sich Prinz stets gegen den Wind an eine Beute anzupirschen pflegte, nahm er an, daß auch der Gewehrschütze in abwindiger Richtung vom Geißlein sitzen würde, wahrscheinlich oben auf einem der ersten Bäume am Rande der Lichtung. Also schlug Prinz einen noch größeren Bogen, um hinter den Jäger zu gelangen. Plötzlich hielt er inne. Laue Nachtluft wehte ihm tatsächlich Menschenduft in die Nase. Also schlich er nun gegen den Wind vor. Ganz langsam schob er Vordertatze vor Vordertatze dicht über den Erdboden und fegte dabei in der Dunkelheit unsichtbares Laub und Zweige so behutsam zur Seite, daß nichts raschelte oder knackte. Nach anderthalb Stunden war Prinz so dicht herangekommen, daß er den Menschen gähnen hörte. Noch einmal 40 Minuten, und er erkannte den Schattenriß seines Verfolgers gegen den Nachthimmel 5 Meter hoch in einer Astgabel.

Gerade wollte er sich zum Sprung ducken, da zeterte in unmittelbarer Nähe ein wildlebender Pfau los: die »Tigeralarmsirene« der Inder. Der Jäger schoß panisch um sich. Prinz sprang mit lautem Gebrüll etwa 2 Meter am Stamm hoch und verschwand im Wald.

Was einige Tage später geschehen würde, wußte Prinz auch schon aus früher gemachten Erfahrungen. Mit Sicherheit würde eine große Jagdsafari mit Reitelefanten erscheinen. Um mit ihr fertig zu werden, brauchte er die Hilfe von Titania, einem Tigerweibchen, das kürzlich in sein Revier eingewandert war.

Wie indische Zoologen 1982 nämlich erforscht haben, ist die alte Auffassung vom Tiger als unverträglichem Einzelgänger grundfalsch. Vielmehr pflegen diese Tiere sich nachts im Wald an geheimen Plätzen zu versammeln und dort freundschaftlich beisammenzusitzen – genauso wie die Hauskatzen in einer italienischen Trattoria: ein männliches Leittier, mehrere Weibchen und einige männliche Jungtiere, die dem Anführer Respekt erweisen.

An solch einem Ort traf sich also Prinz mit Titania. Tags darauf begann die Jagd der Menschen, jedoch am falschen Ort. Prinz konnte noch ungestört einen Büffel fällen, um ihn gemeinsam mit Titania zu verzehren. Tiger sind am Riß, auch diese Erkenntnis ist neu, viel duldsamer als die ewig futterneidischen Löwen und teilen ihre Beute. Wenige Stunden später brausten mehrere Geländewagen heran. Prinz und Titania verdrückten sich, marschierten in der kommenden Nacht 200 Kilometer weit und schlugen dort erneut zu. Dieses Spiel wiederholten sie noch einige Male, bis Hunde auf ihre Fährte gesetzt wurden.

Jetzt hatten sie es mit erfahrenen Verfolgern zu tun. Wohl wissend, daß Tiger ihre Fährte in Bächen, auf Asphaltstraßen oder durch Beschmieren der Füße mit Büffelmist verwischen können, trieben sie die beiden Großkatzen vom nächsten Dorf fort. Das war der Augenblick, sich zu trennen. Während Titania gerade so schnell trabte, daß der Abstand zu den Jägern nicht geringer, aber auch nicht größer wurde, jagte Prinz schnell davon, schlug einen weiten Bogen und griff im Rücken der Verfolger einen Büffelpferch an.

Da traf ihn die Spritze aus einem Narkosegewehr. Er sank in Schlaf. Als er wieder erwachte, befand er sich in einem Transportwagen, der ihn in das indische Tigerreservat von Sunderbans brachte.

Gegenwärtig richtet die Regierung Indiens immer mehr Nationalparks für Königstiger ein und sperrt sie für Menschen. 1983 erstreckten sich nicht weniger als fünfzehn solcher Schutzgebiete über eine Gesamtfläche von 21 000 Quadratkilometern. Das ist soviel wie das Land Hessen oder mehr als Niederösterreich mitsamt Wien. Und zwar liegen die Tigerreservate vom Himalaja bis zur Südspitze Indiens über das ganze Land verteilt in den Regenwäldern am Fuß des Himalaya wie auch in den Bambusdschungeln der Provinz Maharashtra, im trocknen Buschland Rajasthans wie auch in den tropischen Mangrovensümpfen Bengalens. So wurde einer möglichst großen biogeographischen Vielfalt Rechnung getragen.

Sind die Naturschützer wahnsinnig geworden? Schaffen sie Natio-

Was geschieht mit 10 Millionen Dollarspenden?

Landkauf für Schutzgebiete – Entschädigung und Umsiedlung der Einwohner – Beschaffen von Transportmöglichkeiten zur Umsiedlung von Tigern aus Nicht-Schutzgebieten und aus Pufferzonen der Schutzgebiete in aufnahmefähige Nationalparks: Kraftfahrzeuge, Flugzeuge, Hubschrauber, Reitelefanten, Funk- und andere technische Geräte – Anlage von Zäunen (zum Schutz der Menschen), Straßen und Landeplätzen, da die Eingreiftruppe innerhalb kürzester Zeit an Ort und Stelle sein muß, um Tiger einzufangen oder Wilderer zu bekämpfen – Besoldung und Ausrüstung einer etwa tausend Mann starken Schutztruppe sowie einiger Zoologen und Tierärzte.

Da (1983) auf dem illegalen internationalen Pelztiermarkt für ein Tigerfell 12 000 DM gezahlt werden, ist der Druck der Wilderer und Fellschmuggler auf die Schutzgebiete groß. Professor Bernhard Grzimek hat zwar gesagt: »Tigerfelle sehen auf Tigern besser aus als auf Kühen.« Aber leider scheint das nur wenige Käuferinnen abzuschrecken. Daher ist ein Tigerschutzgebiet ohne schlagkräftige und mobile Schutztruppe illusorisch.

Spenden an den WWF (World Wildlife Fund) kommen übrigens ohne Abzug von Verwaltungsgebühren in voller Höhe dem Tierschutz direkt zugute, in diesem Fall auch nicht der Besoldung der Schutztruppe, sondern nur zur Beschaffung von technischem Gerät.

nalparks für Königstiger, also für Raubkatzen, die Menschen töten können und unter denen sich immer wieder einige spezialisierte Menschenfresser befinden? Und das in einem Land, in dem jährlich Millionen Menschen Hungers sterben und in dem eine rapide wachsende Bevölkerung jedes freie Stück Land für sich zum Leben braucht?

Man stelle sich nur einmal vor, was in Europa geschehen würde, wenn hier ein Nationalpark für die viel ungefährlicheren Wölfe eingerichtet werden sollte. Wechselt hier einmal ein einziger Wolf von Polen über die DDR in die Bundesrepublik oder ein Luchs vom Böhmerwald in den Bayerischen Wald oder ein Braunbär von Jugoslawien nach Kärnten, berichten alle Zeitungen, als ginge Jack the Ripper um, und Hundertschaften von Jägern ruhen nicht eher, bis sie die »Bestie« erlegt haben! Und Indien will nun gleich Tausende von Tigern in Nationalparks schützen?

Um ein Geheimnis zu verraten: Die »Operation Königstiger« ist eines der gigantischsten und kostspieligsten Artenschutzunternehmen der Welt. Der indische Staat hat bisher 8,3 Millionen US-Dollar dafür aufgewendet. Der WWF steuert weitere 1,7 Millionen Dollar bei, eine Summe, die sich aus zahllosen Spenden von Tierfreunden vor allem in der Schweiz, den USA, in England und den Niederlanden zusammensetzt. Aber dies alles wird eigentlich gar nicht mobilisiert, nur um den Tiger vor der Ausrottung zu bewahren, sondern um das ganze Land vor der Verwandlung in eine Wüste zu retten.

Es geht nämlich um folgendes: Unter den Menschen des Subkontinents geht eine Bevölkerungsexplosion ohnegleichen vor sich. 1983 lebten in Indien 712 Millionen Menschen, und jedes Jahr kommen vierzehn Millionen hinzu. Jeder Versuch zur Geburtenbeschränkung ist bisher an religiösen Dogmen gescheitert. Die Hungersnot ist zum Dauerzustand geworden. Und selbst wenn die Leute Reis haben, fehlt es an Holz, ihn zu kochen. Jeder Baum, jeder Busch wird abgeschlagen, ganze Wälder wurden vernichtet.

Eine Konfusion ohnegleichen setzte ein: Die Bauern pflügten die Dorfwiesen zu Ackerland um und trieben ihre hungrigen Rinder in die Wälder. Dort zerstörte das Vieh die Grasdecke. Hirsche und Wildschweine fanden nichts mehr zu fressen, drangen nachts in die Felder der Bauern ein und wurden daraufhin von diesen erschossen. Somit standen dem Tiger nicht mehr genug Beutetiere zur Verfügung. Er überfiehl die Rinder, Ziegen, Schafe und Büffel der Bauern. Diese legten nun vergiftete Köder gegen den Tiger aus. Und so nahm die Todesspirale kein Ende.

Als Folge der Waldvernichtung trockneten Feuchtgebiete aus, Flüsse versiegten oder, wenn es einmal regnete, spülten Überschwemmungen das Erdreich fort. Den Rest besorgt gegenwärtig die Überweidung mit Rindern, Schafen und Ziegen. Vom Wald über die Steppe bis zur Wüste dauert es derzeit nur noch knapp ein Jahrzehnt. Und als Wüste ist der Lebensraum für den Menschen für alle Ewigkeit verloren.

Die letzten Wälder Indiens können aber nur erhalten bleiben, wenn die Regierung sie zu Tigerreservaten erklärt, wenn also letztlich

Das »Menschenfresserproblem«

Es gibt Maharadschas, die in ihrem Leben an die 400 Tiger geschossen haben. Es gibt aber auch Tiger, die bis zu 436 Menschen getötet haben, wie der berüchtigte »Menschenfresser von Champawat« oder jener Tiger, der 1862 den Weiterbau der Eisenbahnlinie von Bombay nach Allahabad durch das Narmadatal um Monate verzögerte (122 Tote).

Wir kennen mehrere Gründe, die Tiger zu Menschenfressern werden lassen:

a) die Erfahrung, daß der unbewaffnete Mensch ebenso leicht zu fangen ist wie eine Maus von der Katze. Die Gelegenheit, diese Erfahrung zu machen, ergibt sich:

b) wenn der Mensch in den Lebensraum des Tigers vordringt und ihm seine Beutetiere nimmt; die erwähnte Eisenbahngesellschaft gedachte nämlich, ihre Streckenarbeiter billig ernähren zu können, indem sie alles Wild ringsum abschoß; da hielt das Tier sich dann an die Menschen;

c) wenn der Tiger eine Schußverletzung oder ein Gebrechen hat oder schon senil ist und die meisten Zähne verloren hat; dann sucht er sich »Weichspeise«; der »Menschenfresser von Champawat« war auf einem Auge blind, und im rechten Vorderbein steckten fünfzig bis zu 18 Zentimeter lange Stacheln eines Stachelschweines;

d) wenn durch Krieg oder Bürgerkrieg viele Leichen gefallener Soldaten im Dschungel liebenbleiben; dies war in Vietnam ein ernstes Problem, bis dort der Tiger von den roten Machthabern ausgerottet wurde.

Menschenfresser in der Pufferzone eines Nationalparks werden von der Schutztruppe erlegt.

die Tiger die Bäume schützen. So greift in der Natur eins ins andere: Tigerschutz ist gleichzeitig Waldschutz. Wald verhindert die Veränderung zu heißerem Trockenklima und die Entstehung von Wüsten wie derzeit in Afrikas Sahelzone. Und das wiederum geschieht zum Wohl des Menschen. Ein Paradebeispiel dafür, wie das Leben von Mensch, Tier und Pflanzen unteilbar miteinander verbunden ist.

Dafür, wie heute in Indien aktiver Tigerschutz betrieben wird, ist das Schicksal der Tigerin Shandra kennzeichnend. Früher lebte sie in einem noch ungeschützten Wald westlich von Nagpur, der noch groß und wildreich war. Dennoch war für sie das Jägerleben alles andere als ein Zuckerschlecken. »Ich bemerkte die Tigerin erst«, so berichtet der auch international bekannte amerikanische Verhaltensforscher Professor George B. Schaller, »als ein Schakal kläffend vorüberraste, dicht gefolgt von der Tigerin. Sie hetzte fast einen halben Kilometer hinter ihm her, aber sein Vorsprung wurde zusehends größer. Schließlich machte Shandra kehrt, erspähte drei Barasingha-Hirsche und schlich sich an sie heran. Die Tiere witterten sie jedoch, bellten schrill und äugten in die Richtung, aus der sie sich verborgen näherte. Da sich die Tigerin entdeckt sah, stand sie auf und ging weg, wobei sie leise stöhnte, wie diese Tiere es oft nach einer erfolglosen Jagd tun. Dann erblickte sie in der Ferne sieben andere Barasinghas, sah voraus, wohin sie sich wenden würden, und versteckte sich dort im hohen Gras. Nur zwölf Meter mochten sie noch von den Hirschen trennen – da stieß das Leittier ein gellendes Gebell aus, das Rudel schwenkte herum und zerstreute sich. Die Tigerin sprang hervor und hieb mit den Vorderpranken durch die Luft in dem nutzlosen Versuch, eines der Tiere zu erwischen.« Die meisten Beutetiere sind viel schneller als Tiger und können daher nur aus nächster Nähe im 5 bis 6 Meter weiten und 1,80 Meter hohen Sprung geschlagen werden.

In nüchternen Zahlen: Von dreißig Angriffen des Königstigers ist nur einer im Schnitt erfolgreich. Um ein Beutetier zu erjagen, muß er 25 bis 30 Kilometer weit umherpirschen und bis auf 10 Meter unbemerkt an das Opfer herankommen. Affen wie die Hulmans oder Rhesus sind in Baumkronen so flink, daß der Tiger kaum eine Chance hat, sie zu schlagen. Oft war die Hungersnot so groß, daß sich Shandra mit Fröschen, Eidechsen und Heuschrecken kläglich am Leben halten mußte.

Elefanten ging Shandra tunlichst aus dem Wege. In seltenen Fällen ist es zwei Tigern gemeinsam gelungen, einen geschwächten Einzelgänger zu töten. Hat dies ein Tiger allein versucht, ist er zumeist vom Elefanten zerquetscht worden. Mit Vorsicht zu genießen sind auch der Arni, die sehr wilde Wildform des Wasserbüffels, und der Gaur, eine mit 1 000 Kilogramm Gewicht wahre Herkulesfigur unter den Wildrindern. Schon oft haben diese im Gruppenangriff den Tiger umgerannt und zu Tode getrampelt.

Die Vermehrung des Tigers

Während der drei bis sieben Tage, an denen die Tigerin heiß ist, sucht sie ein männliches Tier auf. In langwierigem Paarungsvorspiel müssen gegenseitige Aggressionen abgebaut und in Zuneigung verwandelt werden.

Nach einer Tragezeit von 95 bis 112 Tagen bringt die Tigerin zwei bis vier Junge zur Welt. Davon überleben in freier Wildbahn höchstens zwei, obwohl die Mutter drei bis fünf Jahre lang ihre Jungen beschützt, beaufsichtigt und in der schwierigen Kunst des Jagens unterrichtet. Deshalb bringt eine Tigerin, die mit etwa vier Jahren fortpflanzungsfähig wird, auch nur alle fünf Jahre einen Wurf Junge zur Welt. Bei einem Höchstalter von zwanzig Jahren (im Zoo 25 Jahre) bedeutet das nur vier Würfe im Leben.

In der Praxis der freien Wildbahn kann unter günstigen Umweltbedingungen mit einer Vermehrungsrate von 4,7 Prozent pro Jahr gerechnet werden.

Des Tigers Feind ist aber auch der Tiger selbst. Durch Duftmarken grenzt das männliche Tier im Dschungel ein Revier von 15 bis 20 Quadratkilometer Größe ab und duldet nur wenige Weibchen darin. Deshalb müssen die Schutzgebiete so groß sein. Der Nationalpark Manas im Norden Indiens ist größer als Vorarlberg oder das Saarland und »faßt« gerade 210 Tiger.

Die Nahrungsmenge, die ein Tiger frißt, ist gewaltig. Auf einen Schlag verschlingt er bis zu 50 Kilogramm Fleisch, einen Büffel in drei bis vier Tagen, dreißig Hausrinder oder siebzig Axishirsche in einem Jahr. Ein Waldstück, das einen Tiger ernähren soll, muß mindestens 600 Stück Rinder, Hirsche, Wildschweine und Antilopen enthalten, wenn alle ihre Kopfzahl über Jahrzehnte hinaus ungefähr auf gleichem Stand halten wollen. Der Schutz des Lebensraumes des Tigers ist somit auch Artenschutz für eine weite Palette anderen Großwilds.

Denn ausgerottet hat der Tiger eine Beuteart noch nie und nirgends. Auch ist er gar nicht so blutrünstig, wie Großwildjäger oft behaupten. Forscher haben fünfzigmal neben ein vom Tiger gerissenes Opfer einen lebenden Hausbüffel angepflockt. Was würde geschehen, wenn der Tiger, wie üblich, zu seinem Riß zurückkehrt, um ihn ganz zu verspeisen? Nur in drei Fällen tötete er den Büffel. 47mal ließ der angeblich so mordlustige Räuber den Büffel ungeschoren, da er ja gut versorgt war!

Das Problem ist anders gelagert. Als die Tigerin Shandra noch nicht ins Schutzgebiet gebracht worden war, wurde ihr Lebensraum von den Menschen immer mehr eingeengt. Diese trieben ihr Vieh, zumeist Zebus, in den Wald. So fand Shandra bald heraus, daß Haustiere besonders leicht zu schlagen sind, und spezialisierte sich auf sie. Das trieb die Wut der armen Bauern auf die Spitze. Der Ruf nach dem Großwildjäger wurde laut. In früheren Zeiten war das der Anlaß zu einer erbarmungslosen Vernichtungsjagd auf alle Tiger der ganzen Gegend.

Die Folge: Um 1870 gab es in Indien noch 100 000 Tiger, und zwar trotz der spektakulären Jagdsafaris der Maharadschas und der Kolonialherren. Bereits 1930 lebten nur noch 54 000 Tiger, 1972 gar nur noch 1 827. Hätte die Vernichtung weiter so angehalten, wäre der letzte freie Tiger 1985 erlegt worden. Kein Mensch gab zu Anfang der siebziger Jahre noch einen Groschen für den Fortbestand der Großkatze außerhalb der zoologischen Gärten.

Da wurde 1973 die »Operation Königstiger« mit Unterstützung der Ministerpräsidentin Indira Gandhi und des WWF gestartet. Pioniere des gewaltigen Unternehmens sind der Inder Hemendra S. Panwar, der Direktor des Tigerprojektes in Neu-Delhi, und Dr. Claude Martin, Geschäftsführer der Stiftung WWF-Schweiz. Eine Woge der Begeisterung ging auch durch die westliche Welt. Tierfreunde spendeten hier nicht weniger als 1,7 Millionen Dollar.

Indira Gandhi selbst machte sich zur Wortführerin: »Eine Waldwirtschaft, die noch die letzte Rupie aus unseren Dschungeln quetschen will, muß umdenken, mindestens was Nationalparks, Schutzgebiete und Tigerreservate betrifft. Die enge Sicht des Buchhalters muß einem umfassenden Verständnis weichen für die ökologische Bedeutung ungestörter Gebiete und Wildnisse.« Im ganzen Land wurde absolutes Schießverbot erlassen, der Tiger zum Nationaltier deklariert. Die Regierung erklärte die letzten großen Waldgebiete des Subkontinents zu Schutzgebieten. Nicht weniger als 6 000 Menschen aus vierzig Dörfern mußten entschädigt und umgesiedelt werden.

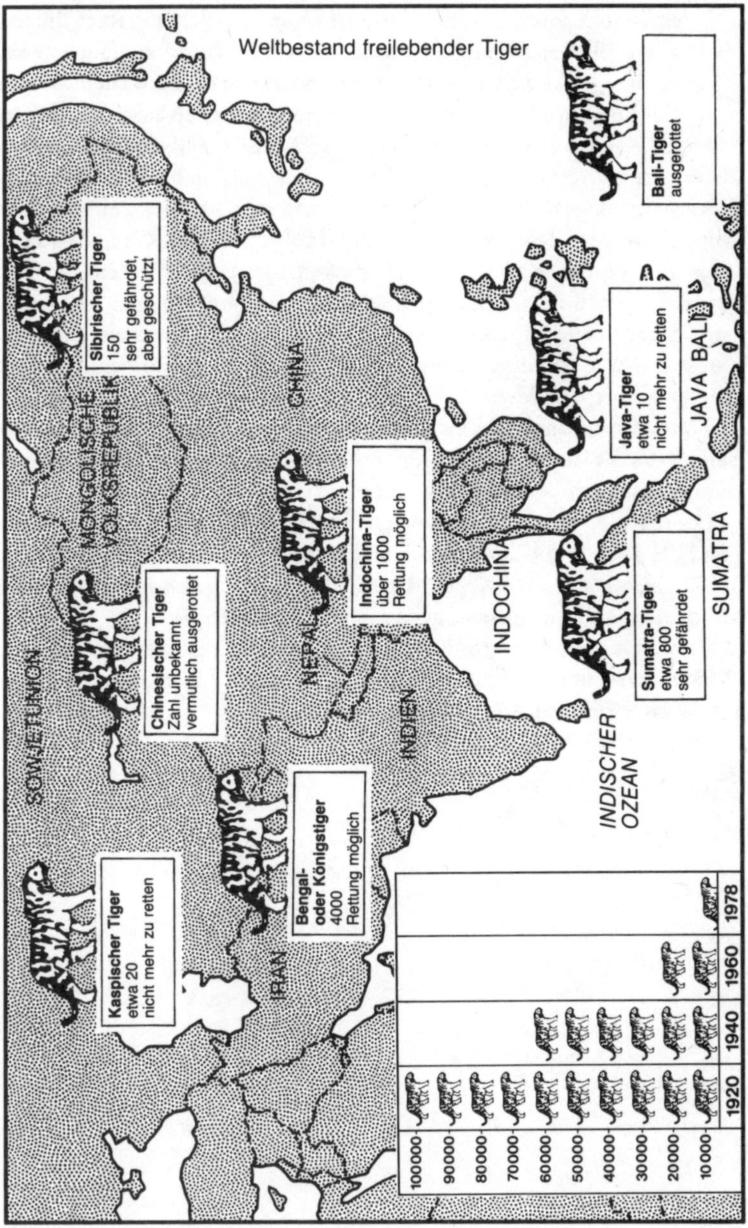
Weltbestand freilebender Tiger
Sibirischer Tiger
150
sehr gefährdet,
aber geschützt
Chinesischer Tiger
Zahl unbekannt
vermutlich ausgerottet
Kaspischer Tiger
etwa 20
nicht mehr zu retten
Bengal-
oder Königstiger
4000
Rettung möglich
Indochina-Tiger
über 1000
Rettung möglich
Sumatra-Tiger
etwa 800
sehr gefährdet
Java-Tiger
etwa 10
nicht mehr zu retten
Bali-Tiger
ausgerottet
SOWJETUNION
MONGOLISCHE
VOLKSREPUBLIK
CHINA
NEPAL
INDIEN
IRAN
INDOCHINA
SUMATRA
JAVA
BALI
INDISCHER
OZEAN
100000
90000
80000
70000
60000
50000
40000
30000
20000
10000
1920
1940
1960
1978

In einer sogenannten Pufferzone rings um ein Schutzgebiet dürfen Freiwillige bleiben, wenn sie zusagen, keine Bäume zu fällen, kein Vieh in den Wald zu treiben und besondere Vorsicht walten zu lassen, wie die Menschen in früheren Jahrhunderten, als noch Millionen mit der ständigen Gegenwart des Tigers leben mußten. Außerdem haben die Pufferzonenbewohner jeden hier auftauchenden Tiger der Nationalparkverwaltung zu melden. Diese schickt sofort einen Jagdtrupp, der den Tiger per Flugzeug, Hubschrauber, Geländewagen oder in alter Weise vom Elefantenrücken aus sucht, mit dem Narkosegewehr betäubt und ihn in einen noch aufnahmefähigen Nationalpark bringt, wie es auch mit Prinz und Shandra geschah und mit jedem anderen Tiger geschieht, der noch nicht in einem Schutzgebiet lebt und dort den Menschen Probleme bereitet.

Touristenrummel gibt es in diesen Schutzgebieten nicht. Nur in einigen Parks ist es möglich, für sehr viel Geld an einer Fotosafari auf dem Elefantenrücken teilzunehmen.

Die Erfolge der internationalen Schutzbemühungen sind ermutigend. 1983 war die Zahl der Königstiger Indiens schon wieder auf 3 470 Exemplare angestiegen. Ihre Zukunft ist, was noch zehn Jahre zuvor niemand zu hoffen gewagt hatte, gesichert.

Vor allem aber ist verhindert worden, daß sich ganze Provinzen in Wüsten verwandeln: Flußläufe, die vor wenigen Jahren nur noch selten Wasser führten, fließen wieder ganzjährig.

Morgendämmerung für den König der Nacht: Der Uhu

Seit dreißig Jahren erklang im Harz während der Frühlingsnächte der verzweifelte Balzruf eines Uhumännchens: »Wuoh – wuoh – wuoh«. Doch niemals antwortete ihm das langgezogene »Huhuhh« eines Weibchens. Denn seit 1934 war es der letzte Vogel seiner Art in Mittel-, Nord- und Westdeutschland. Alle anderen Uhus waren ausgerottet worden.

Dieses Erlebnis erschütterte Dr. Rudolf Berndt, Mitarbeiter im Deutschen Bund für Vogelschutz, so sehr, daß er beschloß, dem vereinsamten Tier zu helfen. Das war die Geburtsstunde der großangelegten »Aktion zur Wiedereinbürgerung des Uhus«, des mit 73 Zentimeter Höhe und bis zu 3,2 Kilogramm Gewicht größten Eulenvogels der Welt.

Es ist etwas Gespenstisches um den »König der Nacht« in finsteren Gebirgsschluchten und Wäldern: sein unheimlich klingender Ruf, sein absolut lautloser, sogar im Ultraschallbereich für Mäuse und Ratten unhörbarer Flug und seine Art zu jagen. Stundenlang sitzt er unbeweglich in einem Versteck und lauert auf Beute. Allenfalls dreht sich sein spähender Kopf, und zwar bis zu 280 Grad in jeder Richtung. Erblickt er in der Dämmerung oder im Mondschein ein Opfer oder hört er in völliger Finsternis auch nur sein Rascheln, so schwebt er von hinten heran. Das erste, was das Beutetier von ihm bemerkt, ist der Fanggriff im Genick – und eine Sekunde später ist es schon tot.

Bereits der Fuß des Vogels kann Schrecken verbreiten. Er ist groß und stark wie eine Männerfaust, aber zusätzlich noch mit 4 bis zu 7 Zentimeter langen dolchartigen Krallen bewaffnet, die von allen Seiten in den Leib des Opfers dringen. Aus früheren Zeiten wird berichtet, daß der Uhu damit sogar Adler getötet haben soll, die er beim Schlafen auf einem Felsvorsprung überraschte. Wahrscheinlich könnte er auch einen Menschen blitzschnell erwürgen. Aus Angst davor haben in früheren Zeiten Uhujäger einen eisernen Kragen umgelegt. Tatsächlich ist aber noch nie ein Mensch von der Rieseneule getötet worden. Ein Instinkt verbietet ihr, Lebewesen anzugreifen, die größer als ein Fuchs oder ein Adler sind.

Dennoch mag dieses Schaudergefühl eine Rolle dabei gespielt haben, daß Jäger seit 1830 so unbarmherzig Ausrottungsjagd auf den *Bubo bubo* betrieben haben. Noch vor 150 Jahren gab es in ganz Europa, Asien und Nordafrika so viele Uhus wie heute Elstern. In Deutschland waren sie an der Nordseeküste ebenso zu Hause wie in den Alpen. Doch dann begann jene schlimme Zeit, in der Zoologen die Tierwelt in Schädlinge und Nützlinge einteilten, mit der Forderung, erstere vom Erdkreis möglichst auszutilgen. Also, davon waren viele Jäger überzeugt, tat man etwas Gutes, wenn man dem Uhu, diesem »Hexenbesen der Walpurgisnacht«, zu Leibe rückte. Vielleicht würde man ja dadurch auch zu einem besseren Menschen, weil man die »Mißgriffe« der Schöpfung beseitigte!

Daß es damals niemandem in den Sinn gekommen ist, diese primitive Denkweise ad absurdum zu führen, wie es 1981 der Ornithologe Ulrich Wotschikowsky getan hat: Ist der Uhu ein »Schädling«, weil unter 2 228 von ihm erbeuteten Tieren 306 Hasen und Kaninchen sind? Oder ist er ein »Nützling«, weil er auch sieben Rotfüchse, 24 Marder und Wiesel, 79 Krähen und 41 Greifvögel erlegt hat? Oder ist er wegen dieser Greifvögel im Sinne des Schutzes dieser Tiere gar nicht zu loben, sondern zu verurteilen und womöglich gar nicht wieder anzusiedeln? Oder kann sein »Wert« wegen der vertilgten 570 Ratten und Mäuse sowie der 180 Feldhamster für den Bauern gar nicht hoch genug eingeschätzt werden? Oder sollen wir den Uhu verdammen, weil er auch 224 Igeln das Stachelfell fein säuberlich abgehäutet und den Rest verzehrt hat?

Auch nur eine dieser Fragen zu beantworten, hieße, dem veralteten Nützlichkeitsdenken aus Großvaters Zeiten zu erliegen, das in der »Rationalisierung der Natur zum Gewinn für die Menschheit« gegenwärtig alles Leben auf dieser Erde gefährdende Auswüchse treibt.

Die Vernichtungsorgie kannte jedenfalls seit 1830 keine Grenzen. In Dänemark, Großbritannien, Holland und Belgien wurde der »König der Nacht« völlig ausgerottet. In Deutschland wurde sein Bestand bis 1935 auf nur noch 35 Brutpaare dezimiert. Die meisten überlebten in Bayern.

Währenddessen fristeten jedoch über tausend Uhus in Volieren oder als Lockvögel bei Jägern ein trostloses Dasein. Die Waidmänner verwendeten die Rieseneule zur sogenannten »Hüttenjagd«. An einem einsamen Ort wurde eine Erdhütte errichtet. Ihre Schießscharte schaute auf einen etwa 30 Meter entfernten Pfahl mit der schönen Fachbezeichnung »Jule«, auf dem der Uhu angekettet hockte. Bald nachdem der Jäger in dem Erdbunker verschwunden war, tauchten allerlei Krähen, Elstern, Mäusebussarde und Turmfalken auf und umkreisten den Uhu mit lautem Gekreisch: die bekannte Haßreaktion auf einen überlegenen Feind, die normalerweise dazu führt, daß dieser vergrämt wird, also davonfliegt und sich einen anderen Aufenthaltsort sucht. Für das Überleben der »hassenden« Vögel in der kommenden Nacht kann das von Vorteil sein.

Wenn der Mensch hierbei die Regie führt, ist das »Hassen« jedoch tödlich. Etwa 7 Meter neben dem Uhu steht der sogenannte »Fallbaum«. Von ihm fallen nämlich die Krähen und Greife herunter, wenn sie sich dort vom Protestgeschrei etwas erholen wollen und dann vom Jäger erschossen werden. Mitunter erwischte die Schrotladung auch den Lockvogel, den Uhu. Dann wurde er ausgestopft auf die Jule gesetzt. Aber die Haßreaktion, die damit bei den anderen Vögeln samt Lockeffekt erzielt werden kann, ist bedeutend geringer als die mit einem lebenden Tier.

Aber ob als »Schädling« erschossen oder aus Versehen auf der Jule, ob als Jungvogel ausgehorstet oder als Alttier ausgestopft und zum schauerweckenden Museumsvogel umfunktioniert, in freier Wildbahn blieb kaum noch eine dieser Rieseneulen am Leben.

Da sollte 1935 die Stunde der Wiederbelebung der Wälder mit Uhus schlagen. Innerhalb von zwei Jahren wurden sechzig dieser Vögel, die bislang nur in Volieren gelebt hatten, in Freiheit gesetzt. Einfach so: mit dem Transporter in irgendeinen Wald fahren, Käfigtür auf – und raus mit den Uhus. Kurz darauf waren sie alle tot, die meisten verhungert, einige verunglückt. So begann die dramatische Geschichte der Wiedereinbürgerung des Uhus in der Natur gleich mit einem schmerzlichen Rückschlag. Es sollte nicht der einzige bleiben.

Erst 1964 wagte es Dr. Rudolf Berndt wieder, diese Vögel auszuwildern. Zunächst sollte dem seit dreißig Jahren vergeblich nach einem Ehegefährten rufenden Harzer Männchen zu einem Weibchen verholfen werden. Ein Wildpark stellte einen weiblichen Uhu zur Verfügung.

Aber guter Wille genügt nicht. Uhus, die sich nicht persönlich kennen, können recht fuchtig aufeinander werden. Statt Liebe setzt es dann Hiebe, vor allem dann, wenn einer schon seit dreißig Jahren als Junggeselle gelebt hat.

So stellte der Forscher das Weibchen erst in einer Auswilderungsvoliere am Balzplatz des vereinsamten Männchens auf. Der Maschendraht sollte es schützen. In diesem Fall war die Vorsicht jedoch gar nicht vonnöten. Obwohl der »Herr« mittlerweile recht senil geworden war (Uhus können ein Alter bis zu sechzig Jahren erreichen!), steigerte er seine Balz furios und schleppte dem Weibchen unentwegt Ratten und Mäuse als Brautgeschenke zum Käfig heran. Diesen Liebesbeweis muß auch der Artenschützer erst abwarten, ehe er die beiden zusammenführt. Das Futterspenden allein garantiert, daß sich im folgenden kein Streit ereignen wird.

Nun konnte der Käfig also geöffnet werden. Die Paarung gelang perfekt. Doch schon wenige Tage später geschah Schlimmes. Das eben erst in die Freiheit entlassene Weibchen wurde vom Schlageisen eines Wilderers getötet. Kurz darauf starb auch das Männchen ohne äußerlich ersichtlichen Grund. Da sich einmal verpaarte Uhus lebenslang die Treue halten, ist es wahrscheinlich, daß der Tod aus Liebeskummer eintrat.

Doch die Tierfreunde ließen sich nicht entmutigen. 1970 bot ihnen der Berliner Zoo einen dort gerade erbrüteten Junguhu an. Er sollte im Harzvorland bei Walkenried ausgewildert werden. Aber zuvor mußte er in einer Großvoliere im Erbeuten von Ratten und Mäusen trainiert werden, damit er sich im Freileben auch selber ernähren konnte. Dr. Berndt wollte die Fehler von 1935 nicht wiederholen.

Einzeln wurden die Ratten und Mäuse in den großen Flugkäfig gesetzt. Der Jagdinstinkt regte sich. Aber an den ersten Tagen verfehlte der Uhu seine Beute um 50, später um 30, 20 und 10 Zentimeter. Das sind lebensbedrohliche Fehler. Denn wenn der Vogel sogar nur um einen Zentimeter danebengreift, kommt dies einer »Niete« gleich, weil ein Beutetier, das nicht sofort voll gegriffen wird, fast immer im Pflanzendickicht am Erdboden entkommt.

Nach zehn Tagen Zielunterricht landete der Vogel seinen ersten Treffer. Im gleichen Augenblick schrie die Maus auf. Die Rieseneule erschrak vor dem kleinen Mäuschen wie ein junges Mädchen und ließ die Beute gleich wieder los. Von den toten Tieren, mit denen sie bislang gefüttert worden war, kannte sie ja das Schreien nicht. Sogar der riesige Nachtjäger muß also erst lernen, seine Angst vor lebender Beute zu überwinden, und wenn diese auch noch so klein ist.

Insgesamt erhielt der Junguhu in der »Schule der Freiheit« vier Wochen Unterricht im Überleben. Dann ließ Dr. Berndt ihn in einem als Lebensraum gut geeignet erscheinenden Wald bei Walkenried frei. Doch schon tags darauf war er unauffindbar verschwunden. Vier Monate später kam ein Brief aus Halle an der Saale in der DDR. 56 Kilometer vom Ort der Freilassung entfernt hatten Tierfreunde den Vogel gefunden und an der Beringung identifiziert. Er war völlig erschöpft und abgemagert.

Was damals noch unbekannt war: Wenn Junguhus von ihren Eltern in die weite Welt entlassen werden, begeben sie sich ein halbes Jahr lang auf die Wanderschaft in die Ferne. Es hatte also gar keinen Zweck gehabt, dem Vogel bei Walkenried einen für ihn hervorragend geeigneten Lebensraum anzubieten. Erst will er die Welt sehen. Für die Artenschützer ist das eine gefährliche Zwickmühle: Einmal können sie den Uhu nur als Jungtier in Überlebenskunde unterrichten. Denn er lernt nur im ersten Lebensjahr, ganz beschränkt noch im zweiten, dann aber überhaupt nicht mehr. Umweltgefahren, die er bis dahin noch nicht kennengelernt hat, versteht er später nie mehr zu meiden.

Um genau zu sein: Vom achtzigsten Lebenstag an lernt der Jungvogel normalerweise von seinen Eltern, Kleintiere zu schlagen. Vom 110. bis 150. Tag an geht er auch dazu über, ihm bisher unbekannte Tiere im Selbstunterricht auf ihre Jagdbarkeit hin zu überprüfen. Aber sobald er mit ein bis zwei Jahren fortpflanzungsfähig ist, begreift er nichts Neues mehr. Das Lernvermögen der angeblich so »weisen Eule« mit dem Habitus eines Stubengelehrten folgt in Wirklichkeit also recht sklavisch dem Spruch: »Was Hänschen nicht lernt, lernt Hans nimmermehr.«

Zum anderen aber darf man den Lehrling nach bestandener Prüfung auch nicht, wie es Dr. Berndt zuerst getan hat, gleich in die Freiheit entlassen, sondern erst dann, wenn sein Drang in die Ferne erloschen ist, also im kommenden Frühjahr. Er trifft sonst heutzutage kaum noch ein Gebiet an, in dem er gut leben kann.

Wie die Geschichte weiterging? Die Hallenser Tierfreunde pflegten den Uhu den Winter über wieder gesund und ließen ihn im Frühjahr in der Nähe ihrer Stadt frei. Verblüffenderweise kehrte der Vogel nach zweimonatiger Reise wieder in seine Heimat bei Walkenried zurück. Doch hier geriet er mit seinen 1,70 Meter weit spannenden Flügeln an eine Hochspannungsleitung und verschmorte. Wieder waren alle Mühen vergebens gewesen.

Vogelfreunde, die den Uhu in unseren Wäldern wieder heimisch machen wollen, müssen also mit großen Anfangsverlusten unter den Jungvögeln rechnen. Deshalb begannen sie um 1972 mit Auswilderungsversuchen im großen Stil:

Erst, so konstatiert Peter Mannes vom Deutschen Bund für Vogelschutz, muß ein kopfstarker Zuchtstamm in Käfigen aufgebaut werden, dessen Kinder dann alljährlich in Freiheit gesetzt werden. Ein Weibchen legt im Jahr zwei bis drei Eier. Wenn die Jungen flügge sind, bringt sie der Vogelwart zu fünft oder sechst in großen Flugvolieren zusammen und erteilt ihnen dort vier Wochen lang Jagdunterricht. In die Freiheit werden sie aber erst im nächsten Frühjahr entlassen, und zwar mindestens zehn Tiere zugleich in ein und demselben Gebiet, bis dort ein stabiler Bestand von zehn bis fünfzehn Brutpaaren eine für die Zukunft gesicherte Basis bildet.

Diese Regionen müssen von Fachleuten zuvor genau ausgesucht werden. Sie sind in unserer Industrielandschaft so selten geworden, daß der Uhu selbst schon längst verhungert wäre, bevor er aus eigener Kraft einen Lebensraum findet, der seine Existenz sichert. Im wesentlichen eignen sich felsenreiche Waldgebiete mit vielen Lichtungen, angrenzenden Feldern und vor allem auch Gewässern, auf denen der Uhu im Winter Bleß- und Teichhühner sowie Enten und im Sommer Bisamratten jagen kann.

Einzelheiten der Wohnortwahl überlassen die Helfer jedoch dem Uhu selbst, wobei gelegentlich groteske Bevorzugungen gemeldet wurden. Ein Uhupärchen erwählte im Harz ausgerechnet einen Steinbruch als Nistplatz, ohne sich um den Arbeitslärm und die vielen Lastwagen zu kümmern. Wenn das Hornsignal des Sprengmeisters ertönt, ziehen beide nur etwas den Kopf ein und lassen den Explosionsknall über sich ergehen, ohne aufzufliegen. Ein anderes Pärchen fand eine Müllkippe am lukrativsten, kein Wunder bei den vielen Ratten, die dort hausen!

Diese mühsame, unendlich viel Tierliebe erfordernde Auswilderung trägt gegenwärtig reiche Früchte. Nicht nur im Harz, sondern auch im Weserbergland, in der Eifel und in Baden-Württemberg laufen Uhu-Wiederansiedlungsprojekte großen Stils.

In Bayern ist die Situation etwas anders. Hier überlebten zwar etwa fünfzig Paare das Ausrottungsmassaker. Dennoch steht hier nicht alles zum besten, weil zu viele private und halboffizielle Stellen Uhuschutz höchst dilettantisch betreiben, gegeneinander rivalisieren und jede Zusammenarbeit mit erfahrenen Experten ablehnen.

Im Harz ließen Mitarbeiter vom Deutschen Bund für Vogelschutz von 1967 bis 1981 insgesamt 115 in Volieren gezüchtete Junguhus frei. Bereits 1973 konnten sie beobachten, wie das erste Pärchen in freier Wildbahn selber Junge aufzog. 1981 waren es schon sechs Paare, denen die Aufzucht von insgesamt fünfzehn Jungvögeln gelang. Doch dann ging es erst richtig los. 1983 brüteten sogar schon 36 Uhupaare und setzten mehr als achtzig Junge in die Welt. Somit sind seit 1973 insgesamt 148 erfolgreiche Bruten mit 404 ausgeflogenen Jungvögeln in freier Wildbahn zu verzeichnen.

Ein erfolgversprechender Anfang wurde gemacht. Aber es wird noch viel Zeit, Mühe und Geld kosten, ehe wir sagen können: Die Zukunft des Uhus ist gerettet!

Bewunderung rettet dem Biber das Leben

Aus wasserwirtschaftlichen Gründen sollte 1975 ein Bach am Rande des Nürnberger Reichswaldes durch einen kleinen Damm zum Preise von 120 000 DM aufgestaut werden. Eine Bürgerinitiative erhob Einspruch. Das Genehmigungsverfahren zog sich in die Länge. Da meldete der Förster seiner Behörde: »Der Damm ist bereits fertiggestellt. Die Baumeister waren unsere Biber. Sie arbeiteten kostenlos.«

Im Jahre 1970 waren hier einige Biberpaare angesiedelt worden als Teil eines großangelegten Planes, die auf dem Gebiet der Bundesrepublik schon seit 1860 völlig ausgerotteten Biber wieder bei uns einzubürgern.

Am Anfang war die Enttäuschung groß. Diese bewundernswerten »Wasserbauingenieure« bauten weder Dämme noch Burgen. Auch ausdauerndste Beobachter bekamen sie niemals zu Gesicht. Nur am Ufer kündeten gefällte Bäume von ihrer Existenz. Hatten die aus Schweden in Deutschland eingeführten Tiere das Bauen verlernt?

Auch im Berliner Zoo versuchte Direktor Professor Heinz-Georg Klös, diese mit legendären Fähigkeiten begabten Tiere wieder zu Wasserbaukünsten anzuregen. Er leitete einen Bach durch das Gehege und warf ihnen reichlich Äste und Zweige als Baumaterial ins Wasser. Doch die Biber dachten gar nicht daran, eine Talsperre zu errichten.

Da hatte der schwedische Verhaltensforscher Dr. Lars Wilson eine Idee: Die Tiere würden sicherlich nicht an jeder beliebigen Stelle ein Wehr errichten, zum Beispiel nicht dort, wo es sehr tief ist und das Bauwerk gar nicht verankert werden kann. Könnte es deshalb nicht das Strudelgeräusch über untiefen Felsen sein, das den Nagern signalisiert: Hier ist ein solides Fundament! Der Forscher verlegte einen Lautsprecher, im wasserdichten Behälter versiegelt, in den durch das

Zoogehege fließenden Bach. Jedesmal, wenn er das Geräusch eines Wasserstrudels vom Tonband abspielte, fingen seine Biber wie auf Befehl an, einen Staudamm zu errichten, just über die Stelle, unter der jener Lautsprecher verborgen lag.

Allerdings mühten sich die Tiere vergeblich ab, obwohl sie in ihrem Eifer nicht nachließen. Immer wieder spülte der Bach die Holzkonstruktionen fort. Erst als Dr. Wilson mehrere schwere Felsbrocken in den Bach legte, gelang das Werk. Die Biber knoteten die Zweige dicker Äste um die Steine und flochten weiteres Material in die »Anfangsmaschen«, bis der Damm fertig war.

Seither wissen wir auch, was wir im Freiland überall dort, wo wir die Biber wieder ansiedeln wollen, tun müssen, damit sie ihre großartigen Bauwerke errichten. Auch hierin erweist sich die Verhaltensforschung als unerläßliche Hilfe bei allen Bemühungen, Tieren wieder ein naturgemäßes Dasein zu ermöglichen.

Wenn der Anfang erst einmal gemacht ist, kann die Arbeitsleistung dieses zweitgrößten Nagetieres der Welt (nach dem südamerikanischen Capybara oder Wasserschwein) nur als gigantisch empfunden werden. Ein einziges kanadisches Biberpärchen schaffte in fünfzehn Monaten folgendes Arbeitspensum: Es fällte 270 Bäume, darunter Riesen bis 39 Meter Höhe und 1,60 Meter Stammdurchmesser. Aus dem gewonnenen Material stapelte es drei Dämme von 40, 45 und 60 Meter Länge quer durch drei Flußarme eines kleinen Deltas und staute einen See auf, in dessen Mitte es dann die Biberburg errichtete.

Die Schnitzmesser der Nagezähne hobeln pro Sekunde bis zu drei Späne aus dem Holz. Einen Stamm von 8 Zentimeter Durchmesser legen sie innerhalb von 5 Minuten um. Für einen halbmeterdicken Stamm braucht ein Tier aber schon drei Tage. Natürlich nutzen sich die Zähne dabei stark ab. Dafür besitzen Biber die beneidenswerte Eigenschaft, daß ihre Zähne lebenslang pausenlos nachwachsen.

Weist sich der Biber damit aber nicht als horrender Waldvernichter aus? Nein, denn er nimmt nur wertlose, schnellwachsende Laubweichhölzer wie Pappeln und Weiden. Eichen, Buchen und Nadelhölzer rührt er nicht an. In den Donau-Auen bei Neustadt, wo die Tiere auch wieder angesiedelt werden, haben ehrenamtliche Helfer des bayrischen Bundes Naturschutz in Zusammenarbeit mit dem WWF und der Zoologischen Gesellschaft deshalb 30 000 Pappeln und Weiden gepflanzt und damit den Tieren ein Paradies geschaffen.

Um die Holzfällerarbeit der Biber rankt viel Dichtung und Wahrheit. Die gefällten Stämme stürzen nämlich meist ins Wasser. Daraus hatten Beobachter geschlossen, das Tier könne wie ein gelernter Holzfäller die Bäume gezielt umlegen. Genaue Forschungen in Kanada haben aber folgendes ergeben: Mit Sicherheit stürzen nur jene Bäume ins Wasser, die direkt am Ufer stehen und ohnehin flußwärts geneigt sind. Weiter landein ist die Fallrichtung rein zufällig. Das beweist auch die Tatsache, daß alle in der Nähe befindlichen Biber fix ausreißen, sobald sie einen Baum knirschen hören. Trotzdem geschehen gelegentlich Unfälle, bei denen unvorsichtige Biber von umstürzenden Bäumen erschlagen werden – wie unaufmerksame Menschen auch.

Anschließend entrinden die Tiere den Stamm, entfernen das Astwerk und zerlegen das Schwergut in transportable Stücke von etwa 1,50 Meter Länge. Je weiter der Landweg zum Wasser ist, desto kleiner schneiden sie die Einzelteile zu. Ist der Weg zu weit, legen die Biber zuvor Kanäle an, auf denen sie das Holz zur Baustelle flößen. Die Kanäle können bis zu 100 Meter lang sein. Wenn nötig, werden sie streckenweise sogar als Wassertunnel unter steinigen Hügeln hindurchgeführt.

Einmal beobachtete ein Forscher aus einem Tarnzelt, wie ein Biberkind allein im Wald umherbummelte, als plötzlich ein großer Wolf zwischen ihm und dem rettenden Ufer stand. Es schien, als hätte die letzte Stunde des Kleinen geschlagen. Doch, anstatt zu fliehen, sprang er immerzu auf und nieder und quiekte ganz fidel, als wolle er dem Wolf auf der Nase herumtanzen. Doch dieser kam näher und näher, bückte sich zum Sprung und ... genau in diesem Augenblick war der kleine Springteufel wie vom Erdboden verschluckt. Während der Wolf noch verdattert nach ihm schnupperte, erklang vom See her ein dreimaliges Wasserklatschen. Der Forscher riß sein Fernglas herum: Da schwann doch tatsächlich das Biberkind! Wie war es nur dahin gekommen? Des Rätsels Lösung wurde nach längerem Suchen am Tatort gefunden: Hier führte, von Zweigen gut getarnt, ein unterirdischer Geheimgang in den See. Solche Fluchttunnel bauen Biber oft, um besonders »kluge« Feinde, die ihnen den Weg zum See abschneiden wollen, ihrerseits zu überlisten.

Die Dammbauten sind mit wohlüberlegter Ingenieurarbeit zu vergleichen. Konstruktionen von 150 Meter Länge sind in Kanada keine Seltenheit. Den Rekord hält ein Staudamm im Staat Montana (USA):

Er ist 640 Meter lang und 4 Meter hoch! Mehrere Bibergenerationen haben hier einen kleinen Wald verarbeitet.

In schwacher Wasserströmung eines träge dahinfließenden Flusses bauen die Biber den Damm geradlinig, wie mit dem Lineal gezogen. Gegen stärkeren Wasserdruck aber wählen sie eine bauchig gebogene Grundlinie, als wüßten sie um die Gesetze der Hydrostatik. In übermäßig reißenden Flüssen legen sie zum Zähmen des Wassers oberhalb des eigentlichen Staudammes einen oder zwei Fangdämme an. Nötigenfalls leiten sie Bäche oder schmale Flüsse in ein neues Bett.

Die Technik, Pfähle einzurammen, beherrschen die Biber nicht. Mit ihren fünffingrigen vorderen Greifhänden (die Hinterfüße haben Schwimmhäute) verflechten sie statt dessen die Äste mit schweren Steinen auf dem Flußbett. Sie tun es mit Hilfe von einzelnen Zweigen, die sie zu diesem Zweck am Ast belassen haben. Zwischenräume in der Holzkonstruktion dichten sie mit einem »Mörtel« aus Lehm und Laub ab.

Gegen den Strom schichten die Biber einen Böschungswinkel von 45 Grad, während der Damm flußabwärts deutlich steiler abfällt. Sogar die Hochwassergefahr kalkulieren die Tiere ein: Sie bauen Sicherheitsablässe in den Damm ein, Siele, die nur behelfsmäßig mit Zweigwerk versperrt sind und sich schnell öffnen lassen, sobald das Wasser steigt und die Biberburg im Stausee zu überfluten droht.

So kunstvoll uns dieses regulierbare Wehr erscheint, so bildet es doch die Schwachstelle in dem sonst so raffinierten System. Der Wasserstandsregulator kann nämlich durch Eisschollen zunichte gemacht werden. Das ist hin und wieder im Frühjahr der Fall, wenn große Schmelzwassermengen aus den Bergen talwärts strömen und Eisbrocken die Schleusen im Damm blockieren.

Während die zwei oder drei Biberkinder im Wohnkessel der Burginsel bleiben, schuften die Eltern mit den Kräften der Verzweiflung. Wie sie gefällte Baumstämme in transportable Teile zerlegen, so versuchen sie jetzt, die Eisschollen in so kleine Stücke zu zernagen, daß sie diese forträumen können. Das Schreien ihrer Jungen im Bau treibt sie dabei zu Höchstleistungen. Denn im Wohnkessel der Burg steigt langsam das Wasser. Wenn ihre Füße überspült werden, stellen sich die Jungen aufrecht in die Kammer und nagen am hölzernen Deckengewölbe. Aststücke fallen nach unten. Dadurch hebt sich der Fußboden. Und so kann das Unheil abgewendet, manchmal aber nur ein wenig hinausgezögert werden.

Spätestens in dem Augenblick, in dem die Biberkinder das Dach ihrer Burg nach oben durchbrechen, ist ihr Schicksal besiegelt. Denn nun haben sie keinen warmen Unterschlupf mehr und sind Greifvögeln wehrlos ausgeliefert. In der Tat sind in jedem Frühjahr mit Überschwemmung und Eisgang die Verluste unter jungen Bibern besonders hoch. Das ist auch der Grund, weshalb die Naturschützer in allen neuangelegten Biberreservaten besonders hohe Rettungsinseln aufbaggern. Hier finden ihre Schutzbefohlenen Deckung, Wärme, Unterschlupf und Baumrinde als Nahrung zum Überleben.

Hieraus wird schon ersichtlich, wie existenzwichtig der Dammbau für diese Tiere ist. Er dient dem Schutz der Inselburg. Die Konstruktion dieser Wohn- und Zufluchtsstätte ist jedoch noch bewundernswerter als der »Pyramidenbau« der Talsperre:

Inmitten ihres Stausees sucht sich das lebenslang miteinander lebende Pärchen ein noch aus dem Wasser ragendes Buschwerk als Verankerung für das Fundament. Ein Felsen tut es auch. In den neuen Schutzgebieten werden Betonblöcke zu diesem Zweck versenkt. Dies wird die Basis zu einer Art »Stahlbeton«-Konstruktion, sofern wir statt des Eisengeflechts Buschwerk setzen und an die Stelle von Beton festgestampften Lehm, festgestampft vor allem mit Schlägen der breiten Schwanzkelle. So entsteht zunächst eine Plattform mit einem Durchmesser von etwa 5 Metern, die als künstliche Insel 20 Zentimeter hoch über den Wasserspiegel ragt.

Hierüber errichten die Biber zunächst einen Dom aus fest ineinandergesteckten Ästen. Dann nagen sie ein Loch als vorübergehenden Arbeitseingang in das Innere und beginnen dort, die Kuppel zum Anlegen von Wohnraum auszuhöhlen. Vom überflüssigen Holz verspeisen sie in kurzen Arbeitspausen gleich die Rinde, die ja ihr Hauptnahrungsmittel ist (das Holz selbst ist für sie kein Futter, sondern nur Baumaterial). Auf diese Weise entstehen in einer Biberburg mehrere Räume. Wir kennen sogar Bauwerke mit vier oder fünf Zimmern in zwei Etagen.

Zuletzt verrammeln die Tiere den Arbeitseingang wieder fest. Von da an findet der Ein- und Ausschlupf nur noch durch zwei Geheimgänge statt. Diese führen durch das Lehmfundament etwa einen Meter tief unter die Wasseroberfläche und von dort in den selbstgeschaffenen Stausee.

Diese Gänge dürfen auch im Winter nicht zufrieren. Biber halten keinen Winterschlaf und tauchen von Zeit zu Zeit aus der Burg unter die Eisdecke, um sich Nahrung von einem im Herbst angelegten Holzvorrat am Grunde des Sees zu holen.

Wenn das Elternpärchen allerdings Junge hat, überläßt es diese mit Steinen am Grund verankerte Winterspeisekammer nahezu vollständig dem Nachwuchs. Die Kleinen dürfen sooft davon fressen, wie sie mögen. Sie nehmen während des Winters sogar an Körpergewicht zu. Die Eltern hungern derweil und magern stark ab, um die Nahrungsreserve für ihre Kinder nicht vorzeitig aufzubrauchen, falls der Winter länger dauern sollte. Sie zehren in dieser Zeit vom eigenen Körperfett.

Die Lage der Winterspeisekammer erkennt man leicht an einem Loch im Eis. Die Tiere können nämlich nur 15 Minuten lang tauchen. Die Jungen naschen aber oft erheblich länger am Baumrindenvorrat. Dann schwimmen sie zum Luftholen nicht bis zur Burg zurück, sondern schnappen im Eisloch nach Luft. Überflüssig zu erwähnen, daß die Eltern dieses Loch mit ihren Zähnen durch das halbmeterdicke Eis nagen.

Doch zurück zum Bau der Biberburg. Weshalb führen zwei Geheimgänge nach draußen? Genügt denn nicht einer? Der eine ist der Zugang für die Bewohner und der andere der Transportweg für Holz. Der »Wirtschaftseingang« hat einen besonderen Sinn: Bei Gefahr muß immer ein Fluchtweg frei von sperrigem Material sein. In der Burg selbst ist der Biber praktisch vor allen Feinden sicher. Nur Bären haben die Kraft, die viele Zentner schwere Holzkuppel aufzureißen. Aber ehe sie die Wohnkammern erreicht haben, sind die Insassen längst auf und davon. Befinden sich gerade ganz junge Kinder im Bau, die noch nicht laufen und schwimmen können, wenn der Einbrecher kommt, nimmt jedes Elterntier ein Baby quer auf beide Vorderbeine und trägt es, aufrecht nur auf den Hinterbeinen laufend, in Sicherheit.

Wie mögen die Biber zu dieser Erfindung des »Blockhauses« auf der künstlichen Insel im künstlichen See gekommen sein? Überall dort, wo die Biber und ihre Feinde weniger zahlreich sind, können wir interessante Vorstufen beobachten:

Die primitivste Biberwohnung ist eine einfache Erdhöhle mit unterseeischem Eingang in der Erdböschung eines See- und Flußufers. Wir finden sie zunächst auch überall dort, wo jetzt Tierfreunde Biber in Schutzgebieten neu ansiedeln. Wenn nun aber Hochwasser kommt, nagen die Tiere ihre Höhle von innen immer weiter nach oben, bis sie schließlich die Erdoberfläche durchbrechen und schutzlos sind. So beginnen sie in der zweiten Entwicklungsphase, diese Löcher durch Astgeflecht zu überdachen. In der dritten Phase wird diese Konstruktion auf den künstlichen Inselbau übernommen und mit der Regulierung des Wasserstandes durch einen eigenen Staudamm gekrönt.

Die Bauarbeiten sind ein ewiger Kampf gegen das schnelle Verlanden der flachen Stauseen. Ständig muß das Biberpärchen die Dämme erhöhen oder andernorts neue errichten. Während des Sommerhalbjahres scheint es 24 Stunden lang pro Tag ohne Pause und Schlaf zu schuften.

So haben die sechzig bis hundert Millionen Biber, die früher Nordamerika besiedelten, im Laufe der Jahrtausende das Gesicht der Erde verändert. Wenn »Marsmenschen« mit riesigen Fernrohren die Oberfläche des Planeten Erde nach Veränderungen absuchen würden, könnten sie nur zweierlei feststellen: Die Bauwerke der Menschen und den Landschaftswandel, den Biber verursacht haben.

Wie das beim Biber vor sich ging, beschreiben die Professoren John Coles von der Universität Cambridge und Bryony Orme von der Universität Exeter so: Als die Eiszeit vor etwa 10 000 Jahren zu Ende ging, breiteten sich in Eurasien und Nordamerika wieder ungeheure Wälder aus. Doch bereits zwischen 7 000 und 3 000 v. Chr. war schon wieder ein dramatischer Rückgang der Bewaldung zu verzeichnen. Die beiden Forscher haben archäologische Anhaltspunkte, nach denen dies weniger auf Kahlschlag durch Steinzeitmenchen zurückzuführen ist als vielmehr auf die bäumefällenden Biber. Wo diese Tiere lichten Auenwald geschaffen hatten, wo ihre Stauseen verlandet und zu Wiesen geworden waren, zog es dann auch die Menschen mit ihrem Vieh hin.

Auch verwandelten die Nager Nadel- in Laubwald. Flußauf stauten sie ihre Talsperren bis in die Fichtenwälder hinein. Diese vertrugen die Überschwemmung nicht und gingen ein. Aber zu Anfang fanden die Biber nicht genug weiche Laubhölzer. Als deren Bestand abgeerntet war, verließen sie das Gebiet wieder. Der Damm verkam und brach zusammen. Ein Schlickbecken blieb zurück, der ideale Lebensraum für Pappeln und Weiden. Sobald diese groß waren, kehrten die Biber zurück, nunmehr für immer. So schufen sie sich als echte

Die Wiederansiedlung des Bibers in Europa

In *Schweden* wurde der Biber auch völlig ausgerottet. Neuansiedlungen mit Tieren aus *Norwegen* hatten so guten Erfolg, daß bereits 1979 und 1980 insgesamt zwanzig Biber an den Bund Naturschutz in Bayern abgegeben werden konnten. Den Betrag von 50 000 DM für Fang und Lufttransport stellte der WWF-Deutschland zur Verfügung.

Die Tiere wurden in der *Bundesrepublik* im Naturschutzgebiet »Unterer Inn« sowie im Altwasserbereich der Donau bei Neustadt ausgesetzt. 1982 hatten sie sich schon aufs Doppelte vermehrt. Der Bestand kann somit als gesichert gelten. Weitere Auswilderungsgebiete sind der Nürnberger Reichswald, der Nationalpark Bayerischer Wald, das niederbayrische Rottal sowie der Schalsee südlich Lübeck. Auch in der Eifel wurden 1981 sechs Tiere, die aus der Zuchtstation der Polnischen Akademie der Wissenschaften am Spirdingsee in Ostpreußen stammen, mit gutem Erfolg ausgesetzt. 1983 planten Umweltschützer, weitere Kolonien im Mündungsgebiet der Isar in die Donau und im unterfränkischen Schondratal zu gründen.

In *Österreich* leben Biber seit 1978 im Almtal, wo Nobelpreisträger Professor Konrad Lorenz ihr Sozialverhalten erforscht.

In der *DDR* hielten sich kleine Bestände in den Elbeauen zwischen Wittenberg und Dessau sogar über den Krieg. 1948 wurden dort noch 107 Biber gezählt und 1954 unter Schutz gestellt. Jeder Bau ist von einer Bannzone umgeben, um die Tiere vor Störungen durch Wasserbauer, Bisamjäger, Angler, Fotografen und Spaziergänger zu schützen. Obwohl sich in der Nähe große Industriegebiete befinden, hatten sich die Biber bis 1977 wieder auf 750 Tiere vermehrt.

Pioniere ihre eigenen Lebensräume. Auch aus den Steingerölltälern der Rocky Mountains wurden allmählich fruchtbare Auenwälder. – Kein Wunder, daß in den Sagen und Legenden der Indianer der Mensch nicht vom Affen abstammt, sondern vom Biber.

Dann kam jedoch der weiße Mann ins Land. Er hatte es auf den prachtvollen Pelz und auf eine Naturarznei abgesehen, auf das sogenannte Bibergeil. Dieser einer Drüse entstammende Sexuallockstoff enthält tatsächlich ein Medikament, nämlich wesentliche Bestandteile des Aspirin.

Der Massenmord an den Bibern durch Trapper und von ihnen mit Schnaps bezahlten Indianern war ungeheuerlich. Allein die Hudson's Bay Company führte um 1875 alljährlich bis zu 270 000 Biberfelle nach Europa aus. Um 1900 waren die Nager in den USA fast ganz ausgerottet und in großen Teilen Kanadas auch.

Die Dämme verfielen. Die Bergflüsse bekamen wieder eine reißende Geschwindigkeit. Das Erdreich wurde fortgeschwemmt; das einst so fruchtbare Land wandelte sich zurück in steinigen Karst. Tausende von Farmern mußten ihre Ländereien aufgeben. So rächte sich auch hier der Mord an den Tieren auf gänzlich unerwartete Weise und bedrohte die Existenzgrundlage des Menschen.

Das brachte die Barbaren endlich zur Besinnung: 1903 stellten die Regierungen beider nordamerikanischen Staaten den Biber unter Schutz und siedelten ihn an vielen Orten, wo er ausgerottet worden war, wieder an. Sogleich vermehrten sich die Tiere wieder in sehr erfreulichem Umfange.

Doch was dann geschah, zeigt, wie wenig die Jagd- und Forstverwaltungen damals von den ganzen Zusammenhängen begriffen hatten. Im Jahre 1917 schalteten sie von völligem Schutz abrupt wieder auf hemmungslose Jagd um. Abermals gerieten die Tiere binnen weniger Jahre an den Rand der Ausrottung, bis 1925 wiederum ein absolutes Fangverbot erlassen werden mußte.

Es blieb bis 1961 in Kraft. Erst von da an wurden die Biberbestände genau gezählt, alljährlich Fangquoten festgelegt und deren Einhaltung streng überprüft. In diesem Rahmen können nun endlich Mensch und Biber in ausgewogener Koexistenz miteinander leben.

In Europa war das Bibermassaker aus Pelzgier noch nachhaltiger. 1822 war das Tier in Sachsen ausgerottet, 1840 im Rheinland, 1850 in Bayern, 1854 in Württemberg, 1856 in Niedersachsen und 1877 in Westfalen. Bis heute überlebte es nur in den Elbeauen zwischen Torgau und Magdeburg in der DDR, im Rhonedelta der südfranzösischen Camargue, in Norwegen, Polen und der Sowjetunion.

Daß der Biber nun im Gebiet der Bundesrepublik wieder angesiedelt wird, hat er keinerlei wirtschaftlichen, landschaftsgestalterischen oder anderen auf Profit ausgerichteten Überlegungen zu verdanken, sondern nur der Bewunderung, die der Mensch seinen wasserbautechnischen Hochleistungen entgegenbringt. Wir empfinden es als Schande, solch ein staunenswertes Wesen der Schöpfung ausgerottet zu haben, und setzen gegenwärtig unsere ganze Kraft daran, diesen Makel wiedergutzumachen.

Vom Leben und Sterben der Graureiher

Mit ohrenbetäubendem Krach donnerte ein Düsenjäger im Tiefflug über die Kolonie der Graureiher in einer alten Eiche. In kopfloser Flucht suchten alle dort brütenden Stelzvögel das Weite. Als sie nach 15 Minuten wieder heimkehrten, hatte bereits ein Schwarm Saatkrähen die Horste besetzt, die Eier zerstört und die Jungen getötet. Nur sechs der 32 Reiherpaare gelang es, ihr altes Heim zurückzuerobern. Von Krähennachbarn ständig belästigt, wurde kaum ein Jungvogel groß. Im Winter darauf fielen sieben Reiher dem Frost zum Opfer, fünf emigrierten nach Spanien. Sie kamen auch im nächsten Frühjahr nicht mehr wieder.

Ein Jahr nach dem Überfliegen durch einen einzigen Düsenjäger war die gesamte Reiherkolonie erloschen. Eine winzig erscheinende Unbedachtheit löste eine Kette unvorhersehbarer Folgen aus und führte zum Untergang der Brutkolonie.

Dabei war noch kurz zuvor von Forellenteichbesitzern gefordert worden, die unter Schutz stehenden Reiher wieder abzuschießen, um ihrer »ins Maßlose gestiegenen Bevölkerungsexplosion« Einhalt zu gebieten. Wo liegt nun die Wahrheit? Sind die Graureiher schutzbedürftig, oder muß wieder Krieg gegen sie geführt werden?

1972 standen diese prächtigen, bis zu 1,06 Meter großen Vögel in der Bundesrepublik unmittelbar vor dem Aussterben – wegen veränderter Umweltbedingungen, wie die Behörden bequemlichkeitshalber unbewiesen behaupteten. Dann wurden die letzten »grauen Ritter« unter Schutz gestellt.

Drei Jahre darauf, als die Jungen des ersten geschützten Jahrgangs fortpflanzungsreif wurden, setzte eine sehr erfreuliche Vermehrung ein. Die Schutzmaßnahmen trugen reiche Früchte. Ein Beweis dafür, daß noch vor kurzem der erschreckende Rückgang keineswegs auf

»veränderte Umweltbedingungen« zurückzuführen gewesen war, sondern ganz simpel auf den »Ausrottungsabschuß«.

Und nun, 1982, dieses Desaster mit dem Düsenjäger. Wer weiß schon, an welch seidenem Faden die Existenz gerade eben vor dem Aussterben geretteter Tiere derzeit hängt? Kürzlich fast ausgerottet, heute wieder »maßlos übervermehrt« und morgen schon wieder am Rande der Vernichtung!

Doch Wissenschaft und Forschung sind inzwischen nicht untätig gewesen: Seit 1979 untersucht der Vogelforscher und Diplombiologe Hans Utschik von der Universität München mit über hundert freiwilligen Helfern die hochempfindlichen Wechselwirkungen von Umwelt, Jagd und Leben am Musterbeispiel des Graureihers in Bayern. Es ist die erste, jeden Einzelvogel erfassende Untersuchung über die Populationsdynamik und die Verflechtung einer Tierart mit Veränderungen der Umwelt, die je durchgeführt wurde. Diese Arbeit sollte ein Vorbild für die Erfassung der Abhängigkeiten des Graureihers von den Lebensbedingungen in anderen Ländern sein wie auch ganz allgemein für die Erarbeitung wissenschaftlicher Grundlagen über die Problematik beim Schutz gefährdeter Tierarten. Die Resultate zwingen alle Teichwirte und Jäger wie auch die Naturschützer zum Umdenken. Sie sind ein Schlüssel zum Verständnis der Regulatoren in der Schöpfung, die viel besser funktionieren als alle Eingriffe der menschlichen »Vernunft« und Gewalt.

Zunächst einige Beispiele für die hochempfindliche Umweltabhängigkeit der Bevölkerungsdichte der Graureiher:

- In Niedersachsen wurden um 1900 mehrere Flüsse begradigt, kanalisiert und einbetoniert. Nur aufgrund dieser Bauten ging die Zahl der Graureiher in diesem Gebiet von 5000 Brutpaaren auf 3500 zurück und blieb dann bis 1950 im Mittel konstant. Dann wurden weite Feuchtgebiete trockengelegt. Die Folge: ein Rückgang auf 2000 Paare.
- 1970 wurde die Aller bei Verden südlich von Bremen »reguliert«. Daraufhin erlosch dort eine achtzigköpfige Reiherkolonie, ohne daß auch nur ein Vogel geschossen worden wäre. Sie sind alle verhungert, im Winter elend umgekommen oder weggezogen. Es ist die erste, jeden Einzelvogel erfassende Untersuchung über die Populationsdynamik und die Verflechtung einer Tierart mit Ver-

änderungen der Umwelt, die je durchgeführt wurde. Diese Arbeit sollte ein Vorbild für die Erfassung der Abhängigkeiten des Graureihers von den Lebensbedingungen in anderen Ländern sein wie auch ganz allgemein für die Erarbeitung wissenschaftlicher Grundlagen über die Problematik beim Schutz gefährdeter Tierarten.

- In der Po-Ebene wächst oder sinkt die Zahl der Graureiher stets im exakten Verhältnis zur Ausdehnung der Reisfelder.
- Um 1970, als die Themse unterhalb von London mehr eine Kloake als ein Fluß war, gab es dort kaum noch Fische und infolgedessen auch keine Reiher mehr. Seit sich aber die Abwässerverhältnisse durch Anlage von Klärbecken bessern, nimmt auch in genau gleichem Maße die Anzahl der Reiher wieder zu.

Allein schon hieran erkennen wir die unschätzbare Bedeutung der Graureiher als Bioindikatoren, also als Anzeiger für den Grad der Verschmutzung oder der Reinheit unserer Gewässer.

Nirgends auf der Welt beobachten wir eine uferlose Massenvermehrung dieser Vögel. Es ist eben nicht so, wie viele Teichwirte glauben, daß nur intensive Bejagung einer uferlosen Massenvermehrung dieser Vögel Einhalt gebieten kann. Eine schier grenzenlose Bevölkerungsexplosion gibt es nur bei Lemmingen, Wanderheuschrecken, Ratten sowie Forellen und Karpfen im Fischteich und bei Menschen. Bei allen anderen Lebewesen reguliert sich die Kopfzahl stets auf einem ganz bestimmten Niveau von selber ein.

Dessen Höhe ist im wesentlichen nur von drei Faktoren abhängig:

a) von der erreichbaren Nahrungsmenge während der Aufzucht der Jungen,
b) von klimatischen Verhältnissen und
c) vom Feinddruck.

Zu a: Sobald sich die Graureiher eines Gebietes wie Bayern auf 1500 Brutpaare vermehrt haben, ist nicht mehr genug Futter für alle da. Dann geschieht zweierlei:

Der Hunger der meist fünf Jungen im Horst heizt bei ihnen, sobald sie drei Wochen alt sind, die Aggression so stark an, daß sich die Geschwister im Horst gegenseitig mit den scharfen Schnabelspitzen erdolchen oder über den Rand des Nestes drängen. Dieser »Kainismus«, wie der Fachausdruck heißt, läßt dann nur zwei oder drei Nestlinge am Leben.

Der Graureiherbiotop in Bayern

1979, sieben Jahre nach Schutzbeginn, zählten Hans Utschick und hundert seiner Mitarbeiter in Bayern siebzig Kolonien mit 1 170 Brutpaaren. Dabei wurden sechzehn bisher unbekannte Kolonien mit insgesamt 200 Brutpaaren entdeckt. Alle Kolonien befinden sich durchweg längs der großen Flüsse Donau, Isar, Iller, Lech, Inn und Main. An kleineren Flüssen und an Talsperren konnten nur kleine, bis zehn Paare umfassende Kolonien entstehen.

Sobald in einer großen Kolonie (zwanzig bis siebzig Brutpaare) Nahrungsmangel einsetzt, wandern einjährige Jungtiere aus und gründen, oft nur zu drei oder vier Paaren, eine neue Kleinkolonie. Sofern sich diese in einer ungünstigen Region befindet, was in der Regel zwangsläufig der Fall ist, erlischt diese Kolonie bald wieder, etwa in einem strengen Winter, durch Pestizidvergiftung oder am Hunger. Allenfalls hält sie sich auf dem kleinen Stand wie zu Gründungsbeginn. Einen Beitrag zur Vermehrung des gesamten bayrischen Bestandes kann sie im harten Existenzkampf nicht leisten. Derartiges geht nur von den großen Kolonien aus.

Die Vögel legen ihre Kolonie möglichst im Zentrum ihres Nahrungsgebietes an. Flüge zur Futtersuche dehnen die Vögel nur bis zu 20 Kilometern, in Ausnahmefällen bis 30 Kilometer weit aus. Als Teichwirte die Horstbäume fällten, zogen die Reiher innerhalb der erwähnten Reichweite um. Einmal führten Teichwirte totalen Kahlschlag durch. Erst daraufhin verzogen sich die Vögel in andere Gebiete.

Ferner sterben viele der einjährigen, schon allein auf sich gestellten Jungvögel den Hungertod. Das hängt mit der »Anglermentalität« des Graureihers zusammen: Wehe, es kommt ihm einer zu nah und verscheucht ihm die Fische! Dann beginnt ein Kampf mit bis zu 4 Meter hohen Luftsprüngen, in dessen Verlauf der Jüngere den kürzeren zieht und in unergiebige Fischgründe ausweichen muß, wo er am Hunger oder an Pestizidvergiftung stirbt.

Der Abstand, der beim Fischen von Reiher zu Reiher eingehalten werden muß, hängt ganz vom Fischreichtum und von der Wassertiefe ab. An seichten, vollbesetzten Forellenteichen stehen sie mitunter in hellen Scharen dicht an dicht und richten erhebliche Schäden an. Sonst sieht man sie aber nur an Uferböschungen in weiten Abständen und in Wassertiefen von höchstens 40 Zentimetern. Bis zur Brust im Wasser zu stehen ist nicht ihre Sache.

So betreiben diese Tiere ihre eigene Regulation der Bevölkerungsdichte. In Zahlen sieht das so aus: In günstigen Zeiten, zum Beispiel beim Wiederaufbau einer Kolonie nach einem mörderisch kalten Winter, erreicht die jährliche Zuwachsrate höchstens 22,2 Prozent. Wenn also während einer Frostperiode von 900 Paaren nur noch 500 am Leben bleiben, braucht es drei Jahre, bis sich der Bestand wieder erholt hat. Folgen aber drei harte Winter aufeinander und sinkt die Zahl auf nur noch hundert Paare, dauert es volle zehn Jahre! Reiher sind eben keine Kaninchen.

Hat sich die Population aber auf den selbstregulierten Normalbestand eingependelt, findet überhaupt keine Vermehrung mehr statt. Seltsamerweise kommen die Teichwirte immer hauchdünn vor dem Ereichen dieses natürlichen Sättigungsgrades zu der Ansicht, nun müsse endlich dazwischengeschossen werden, um eine weitere Massenvermehrung zu verhindern.

Sinkt die Zahl der Reiher jedoch unter den kritischen Punkt des Existenzminimums für die Gemeinschaft, etwa weil zu viel geschossen wird, bricht die gesamte Population zusammen. Die Vögel können keine Kolonien von lebensfähiger Größe mehr bilden, sind Feinden wie den Saatkrähen wehrlos ausgeliefert und sterben in dem betreffenden Gebiet aus.

Ein Kuriosum sei noch unter der Rubrik »Nahrungsangebot als Regulator der Kopfzahl der Reiher« erwähnt: Mitunter bekommen es diese Vögel spitz, daß sie ihren Lebensunterhalt bequem, sicher und gefahrlos bestreiten können, indem sie in zoologischen Gärten einfliegen und sich bei der Fütterung anderer Tiere als Mitesser einfinden. So entstanden die großen Reiherkolonien an oder in den Zoos von London, Amsterdam und Stockholm.

Zu b, den klimatischen Einflüssen, war schon einiges über mörderisch kalte Winter gesagt worden. Genaue Zählungen haben ergeben, daß in extrem frostigen Wintermonaten bis zur Hälfte aller Graureiher dahingerafft wird. An Hand der mittleren Temperatur des kälte-

Die Sterblichkeit der Graureiher

Von tausend geschlüpften Jungreihern erreichen nur 178 die Brutreife im Alter von drei Jahren. Die Todesrate der Erwachsenen beträgt ohne Bejagung und extreme Frostwinter 20,5 Prozent pro Jahr. Nach zehn Jahren leben also nur noch 35, nach zwanzig Jahren nur noch vier. Das Höchstalter von 24 Jahren erreicht nur einer.

In einem extrem kalten Frostwinter erreicht die Sterblichkeit bis zu 50 Prozent. Nach Erreichen der oberen Grenzkapazität steigt die dichteabhängige Todesrate, vor allem bei den einjährigen Tieren, so stark an, daß keine Vermehrung mehr stattfindet. Um einen Bestand auf gleicher Höhe zu halten, müssen in drei Horsten mindestens sieben Junge aufwachsen.

sten Wintermonats kann Hans Utschick voraussagen, wie viele dieser Vögel das Frühjahr noch erleben werden.

Es kann sich katastrophal auswirken, wenn die Möglichkeit dieser einschneidenden Winterverluste bei der amtlichen Festlegung von Abschußquoten, wie seit 1981 in Bayern, nicht berücksichtigt wird. Folgen zwei oder drei extrem kalte Winter aufeinander, unterschreitet die Zahl der überlebenden Reiher den kritischen Grenzwert, und die Tiere sterben aus.

Exakt hat Hans Utschick folgenden kritischen Grenzwert für Bayern ermittelt: Sollten in einem Herbst die Abschüsse die Kopfzahl der in Bayern brütenden Reiher auf weniger als 800 Paare herabsetzen, kann deren Population durch drei aufeinanderfolgende harte Winter auf unter 150 Paare absinken. Und schon ist der kritische Grenzwert unterschritten. Der Graureiher wäre zum Aussterben verurteilt. Jahrzehntelange Schutzbemühungen wären für die Katz.

Zu c, dem Feinddruck: Im Herbst 1982 rief mich ein norddeutscher Forellenzüchter an: »Mit einem Schlage sind alle Graureiher von meinen Fischteichen verschwunden!« Ein neues Wundermittel? »Nein. Aber seit einigen Tagen kreisen hier zwei Seeadler!«

Die Folge: Die überaus ängstlichen und vorsichtigen Reiher (»an jeder Feder ein Auge«!) verziehen sich tagsüber in Verstecke und kommen nur nachts zum Fischen an die Teiche, wenn es viel schwerer ist, die Beute im Wasser zu erkennen und richtig zu zielen. Die Menge der erreichbaren Nahrung verringert sich, und die Größe der Reiherkolonie nimmt ab.

Genau dieselbe Wirkung hat auch der Feinddruck durch den Jäger. Dabei kommt es weniger auf die Abschußzahlen an (wie ja auch nicht auf die Zahl der von Seeadlern erlegten Reiher) als vielmehr auf die Vertreibung von den Fischteichen am Tage.

Anstatt die ökologischen Zusammenhänge zu berücksichtigen, geschehen in Bayern seit 1981 groteske Dinge. Obwohl die ganze umfangreiche Untersuchung im Auftrag des Staatsministeriums für Landesentwicklung und Umweltfragen erstellt wurde, nahmen die Behörden die Resultate überhaupt nicht zur Kenntnis und gaben die Jagd im 200-Meter-Bereich um alle Fischteiche während des September und Oktober frei, und zwar in unbeschränkter Höhe.

Obwohl kurz zuvor nur ein Bestand von 1050 Brutpaaren gezählt worden war, schossen Jäger im ersten Jahr 805 und 1982 wieder 663 Reiher ab. Mit recht ist die Erbitterung unter den hundert Mitarbeitern Hans Utschicks groß, die alle viel Zeit, Idealismus und Geld aufgewendet haben, um ganz exakte und faire Resultate zu erarbeiten.

Mit der Jagdstrecke von 1468 Reihern wurde eine neue Ausrottungskatastrophe bereits eingeleitet. Schon in sieben bayrischen Landkreisen sind die Graureiher-Brutbestände erloschen.

Außerdem traf es viele »Zugereiste«. Im Oktober ziehen nämlich zahlreiche Graureiher aus Schweden, dem Baltikum und Polen nach Bayern, während die süddeutschen Vögel fast alle im Lande bleiben. So sind auch in Osteuropa bereits mehrere Kolonien durch deutsche Schuld erloschen. Vogelschützer in jenen Ländern vergleichen den bayrischen Reihermord mit dem Storchenmassaker im Libanon und mit dem Zugvogelmord in Italien. Und den bayrischen Teichwirten ist damit auch nicht geholfen.

Nicht weniger empörend als der Abschuß der 1468 Graureiher mitten in einer Phase aufwendigsten und engagiertesten Naturschutzes ist die Tatsache, daß unter den Opfern auch Purpur- und Nachtreiher sowie Rohrdommeln sind, also Vögel, die auf die ersten Plätze der »Roten Liste« der unmittelbar vor der Ausrottung stehenden Tiere placiert wurden. Ein Zeichen für den »Sachverstand«, mit dem hier vorgegangen wird. Was behaupten die Waidmänner immer: »Jagd ist angewandter Naturschutz.« So jedenfalls nicht!

Bestandsentwicklung der Graureiher in Bayern

1900 brüteten hier zwischen 2 000 und 3 000 Paare.

1950 war die Zahl auf 780 Brutpaare abgesunken.

1959 und 1960 dezimierten zwei extrem kalte Winter diese Anzahl auf 250 Brutpaare. Wären es fünfzig tote Paare mehr gewesen, wäre der Graureiher damals ausgestorben.

Bis 1972 erholten sich die Bestände sehr langsam auf 400 Paare. In diesem Jahr wurde das Schießverbot erlassen.

1975 schritten die dreijährigen Jungvögel erstmals zur Brut. Die Bestände begannen sich zusehends zu vermehren.

Zwischen 1977 und 1979 pendelte sich die Zahl um 1 300 Brutpaare ein und stand kurz davor, den oberen Grenzwert von 1 500 Paaren zu erreichen.

Da warf ein mäßig starker Winter 1980 die Zahl auf 1 050 zurück. Trotzdem begann die Bejagung im Herbst 1981.

Als Fazit regt Hans Utschick folgendes an, um auch den berechtigten Interessen der Teichwirte entgegenzukommen: Statt der bisherigen anderthalbmonatigen, mengenmäßig unbegrenzten Schußzeit eine Kontingentierung der Abschußzahlen für die einzelnen Fischzuchtbetriebe wie derzeit schon in Schleswig-Holstein. Sie muß als Resultat genauer Bestandszählungen und unter Berücksichtigung aller hier erwähnten Umstände alljährlich neu festgesetzt werden, um eine Ausrottung unter allen Umständen zu verhindern. Diese Forderung ist im Prinzip die gleiche, wie sie schon seit eh und je für das Schalenwild gilt.

Nicht nur so ganz nebenbei geht es auch um die Existenz der Jägerschaft. In Zukunft wird sie ihre Daseinsberechtigung nur durch aktive Mitarbeit im Umwelt- und Artenschutz nachweisen können. Das heißt, sie muß sich nicht nur für die Erhaltung jagdbaren Wildes einsetzen, sondern im gleichen Maße auch für den Fortbestand aller anderen Tiere in Feld, Wald und Flur. Graureiher, Habicht und Bussard sollten den Jägern also ebenso am Herzen liegen wie der Rothirsch und das Reh.

Ein Rudel männlicher Steinböcke in der Gipfelregion der Alpen. *Foto: Okapia*

Unübersehbare Flamingoscharen im ostafrikanischen Natronsee. Werden sie bald Opfer eines Massensterbens?
Fotos: Okapia

)ben: Der Rotfuchs überlebte jahrzehntelange Ausrottungsbemühungen.
Jnten: Ein Königstiger im Angriffssprung auf seine Beute. Inder retteten ihn. *Fotos: Okapia*

Ein Uhu (oben) im Anflug auf das Nest mit seinem hoffnungsvollen Nachwuchs (unten).

Fotos: Okapi

:in Kanadischer Biber (unten) mit seinem Staudamm und seiner Burg (im Hintergrund oben).
Fotos: Okapia

Von der Massenvermehrung zur Ausrottung ist es nur ein Schritt: der Graureiher.

Foto: Bavaria, Joachim Kanke

ach dem Tauchangriff unter der Eisdecke eines Sees verzehrt der Fischotter seine Beute.
Foto: Okapia

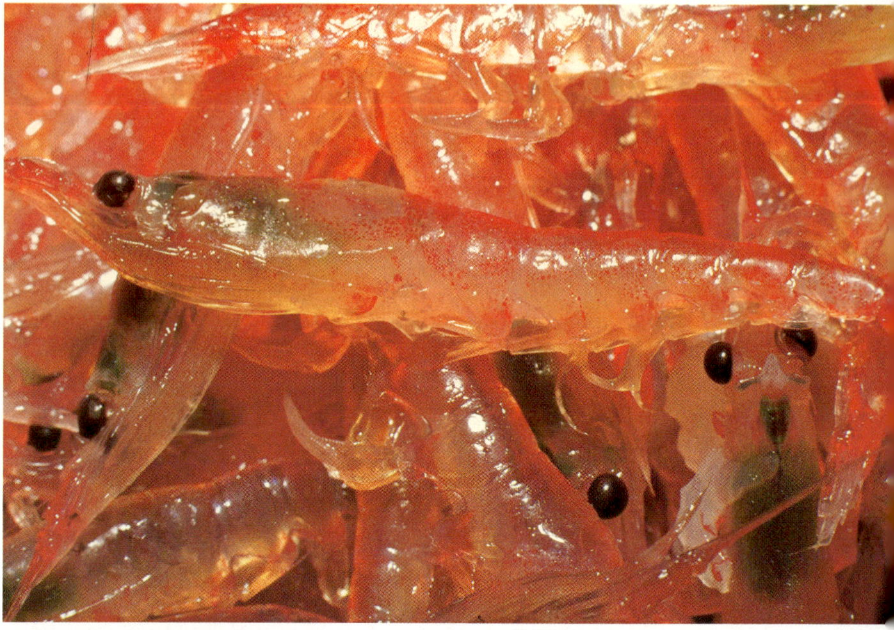

Oben: Krill, der »Drehpunkt« allen Lebens in der Antarktis, in vierfacher Vergrößerung.

Unten: Ein Heringsschwarm in Marschformation. Seiner Dezimierung folgte eine Wirtschaft-katastrophe.

Fotos: Okap

III. Am Rande der Hoffnungslosigkeit

Das Requiem wurde zur Ouvertüre: Der Wanderfalk

So jagt der Wanderfalk: Tempogeladen zieht das Weibchen in seinem typischen Langstreckenjagdflug über die Felsen und Schluchten der Schwäbischen Alb elegante Kurven in etwa 100 Meter Höhe. Gerade hat es ein Dorf überflogen, da bemerkt es in 2 500 Meter Entfernung einen kleinen Schwarm verwilderter Haustauben.

Sein sprichwörtlich scharfes Falkenauge hat die Beute sofort erspäht. Es besitzt so phänomenale Sehkräfte, daß wir Menschen es nur nachempfinden könnten, wenn wir immerzu mit einem achtfach vergrößernden Fernglas vor Augen durch die Welt liefen.

Schwungvoll zieht der Wanderfalk hoch, legt die 1,10 Meter spannenden sichelförmigen Flügel an und schießt in idealer Tropfen-Stromlinienform mit einer Sturzgeschwindigkeit von 350 Stundenkilometern auf die Tauben zu.

Doch diese »Friedenssymbole« besitzen nicht minder scharfe Augen. Fast zur gleichen Zeit haben sie auch den Angreifer bemerkt. Wie Steine lassen sie sich vom Himmel fallen. Einige Tauben stürzen sich mit selbstmörderisch erscheinender Geschwindigkeit in enge Felsspalten, in denen sie sich geschickt abfangen. Mit Recht, der größere Greif wagt nicht, ihnen dorthin zu folgen.

Mitten im Sturz erwählt er sich eine Taube, die etwas abseits der übrigen eine einzeln stehende Buche zu erreichen versucht. Doch noch Bruchteile einer Sekunde, bevor er sein Opfer erreicht, fetzt dieses mitten in die Zweige des Baumes. Die Taube nimmt das Risiko eines Flügelbruchs in Kauf, denn andernfalls wäre sie mit Sicherheit verloren.

Doch so muß der Wanderfalk seine Jagd erfolglos abbrechen. Gegen Abend entdeckt er über dem Schilf eines kleinen Sees einen Schwarm von einigen zehntausend Staren und greift ihn sofort an.

Doch da zuckt es wie elektrisiert durch den Riesenschwarm. In Richtung auf den Falken verdichtet sich der Pulk der kleinen Singvögel wie der Kopf eines Kometen zu einer fast kompakt erscheinenden, kugelförmigen Masse. Der Falk stutzt und dreht ab.

Und dann sind es die Stare, die angreifen. Die Masse der Davids stürzt sich auf den Goliath, verschluckt ihn förmlich im dicht schwirrenden Gedränge und fliegt mit unverminderter Geschwindigkeit weiter. Eine Sekunde später fällt der Falk wie abgeschossen aus dem Schwarm und schlägt im hohen Gras der Wiese neben dem See auf. Er hat großes Glück gehabt, denn wenn er ins Wasser gestürzt wäre, hätte das seinen Tod bedeutet. Erst als der Starenschwarm sich wieder entfernt hat, startet er zu neuem Pirschflug.

Kurz darauf streift der Falk an einem Waldrand entlang, als er auf einem Zweig eine Amsel gewahrt, die gerade ihr Abendlied flötet. Mit unglaublicher Geschwindigkeit schießt er heran, will den Sänger regelrecht vom Baum »pflücken«, aber es stieben nur ein paar Federn. Bei diesem Tempo hat der Griff nicht exakt genug gesessen. Die Amsel trudelt nach unten. Aber in einem wilden Looping reißt sich der Greif herum und faßt die Beute, noch ehe sie den Erdboden erreicht. Ein Biß mit dem »Falkenzahn«, einer zahnähnlichen Verformung des Schnabels, und schon hat er dem Opfer den Halswirbel gebrochen. Es braucht nicht lange zu leiden.

Trotz Falkenauge und Blitzgeschwindigkeit ist das Luftjägerleben also kein reines Honigschlecken. Von zehn Angriffen, so haben Vogelforscher ermittelt, führt nur einer, selten noch ein zweiter zum Erfolg. Vor allem die Tauben sind gar keine so »bereitwilligen Opferlämmer«, wie viele Menschen glauben. Da ein Wanderfalk täglich eine Fleischmenge von 200 Gramm zum Leben benötigt, bedeutet dies, daß er täglich fünfzig bis hundert Angriffe fliegen muß, um satt zu werden.

Nichts ist also mit der »alles zerreißenden, mordgierigen Bestie«, wie die Brieftaubenzüchter den Wanderfalk zu verleumden versuchen! Diese »Tierfreunde« beklagen sich, der Greif fange ihnen ausgerechnet immer die teuersten, preisgekrönten Brieftauben weg und wüte ganz gewaltig unter ihrem Eigentum. Daran ist etwas Wahres und viel Falsches.

Zunächst sollte man vermuten, daß sich der Falk an langsamere, schwächere und auf der Flucht nicht so reaktionsschnelle Beute halten sollte und nicht gerade an die besten »Heimkehrer«. Das entspricht auch den Tatsachen. Der Fehlschluß liegt aber darin, anzunehmen, die preisgekrönten Brieftauben wären auch auf der Flucht vor dem Falken die geschicktesten. Dem ist jedoch nicht so, und zwar aus folgendem Grund: 1977 haben Verhaltensforscher herausgefunden, was die Siegervögel bei Brieftauben-»Wettrennen« von den Spätheimkehrern unterscheidet: nicht etwa ein besseres Orientierungsvermögen und nicht die stärkeren Flugmuskeln, sondern einzig der Wille, in den heimatlichen Schlag zurückzukehren, also die Fähigkeit zur Bindung an ihre Heimat.

Viele normal veranlagte Brieftauben erliegen während des Fluges, wenn sie unter sich auf den Feldern Scharen verwilderter Haustauben beim Futterpicken sehen, der Versuchung, sich zu diesen zu gesellen, zu fressen und zu rasten. Das gefällt vielen so gut, daß sie für immer in der Freiheit bleiben und gar nicht daran denken, in den Schlag ihres Herrn zurückzukehren. Von ihnen heißt es dann auch: »Die hat der Falk gefressen!«

Um den Heimkehrwillen ihrer Vögel anzustacheln, greifen einige Züchter sogar zu fragwürdigen Methoden. Bevor sie etwa einen Täuberich in die Frachtkiste packen, gestatten sie ihm ein ausgiebiges Liebesspiel mit einem Weibchen. Doch vor dem Höhepunkt der Balz reißen sie das Pärchen auseinander, zeigen dem Täuberich noch einmal, wie ein anderes Männchen zu der Geliebten in den Käfig gesetzt wird, und verfrachten ihn dann zum Auflaßort. Solch ein seelisch gemartertes Tier hat tatsächlich nichts anderes im Sinn, als so schnell wie möglich zu seinem Weibchen zurückzukehren. Aber voller Eifersucht und Heimkehrwillen achtet es nicht auf Falken, ist in seiner Fluchtreaktion gehemmt und fällt leicht dem Greif zum Opfer.

Die Schuld daran trägt dann jedoch nicht der verteufelte Wanderfalk, sondern der Mensch, der durch seine Manipulation das natürliche Verhalten der Taube pervertiert hat.

Andererseits darf auch nicht übersehen werden, daß der schlaue Greif schnell herausfindet, wo sich volkreiche Taubenschläge befinden, und dort den vom strapaziösen Fernflug ermattet heimkehrenden Vögeln auflauert. Im Zweiten Weltkrieg setzte deshalb die deutsche Spionageabwehr Wanderfalken gegen den Brieftauben-Nachrichtendienst ein, den die französische Widerstandsbewegung mit England auf der Strecke von Calais nach Dover betrieb.

Die Beutetiere des Wanderfalken

1970 wurden im Land Baden-Württemberg aus den Gewöllen von Wanderfalken folgende Beutetiere ermittelt:

551 Drosseln (Wacholder-, Schwarz-, Sing-, Mistel- und Rotdrosseln); zahlenmäßig stehen sie also an erster Stelle der Beutetiere und nicht etwa die Tauben; diese folgen erst auf Platz zwei;

503 Tauben (Haus-, Brief-, Felsen-, Türken- und Ringeltauben);

364 Stare;

119 Eichelhäher;

ferner 101 Feldlerchen, 77 Buch- und Grünfinken, 56 Goldammern, 23 Buntspechte, 20 Mauersegler, 20 Kohlmeisen, 16 Feld- und Haussperlinge, 15 Rabenkrähen sowie 49 Vögel von 10 anderen Arten.

Vereinzelt greift der knapp halbmeterlange und bis zu 900 Gramm schwere Wanderfalk sogar die großen Reiher an. In Arabien wird er zur Jagd auf die gut metergroße Riesentrappe abgerichtet.

Sieht man alle diese Zusammenhänge, so ist der Massenmord, den Brieftaubenzüchter unter Wanderfalken angerichtet haben, durch nichts zu rechtfertigen. Obwohl sich diese Vögel nie weiter als 50 Kilometer von ihrem Horst entfernen, haben sie nicht nur in der Nähe der Taubenschläge, sondern praktisch überall die Gelege der Wanderfalken geplündert, Nistplätze in der Felswand gesprengt, Horste verbrannt, die Vögel geschossen, vergiftet, geleimt und in Fallen gefangen, als gelte es, Hexen zu jagen.

Wann endlich werden sie lernen, daß sich nicht derjenige als Tierfreund bezeichnen darf, der nur eine Tierart liebt, hier also ausschließlich die Brieftauben, von denen es in der Bundesrepublik fünf Millionen gibt, und gleichzeitig egoistisch alle anderen Geschöpfe, die den eigenen Interessenbereich nur ein wenig beeinträchtigen wie die paar Dutzend noch überlebenden Wanderfalken, auszurotten trachtet. Wer die Gaben der belebten Natur nutzt, sollte sie als

Ganzheit lieben, auch mitsamt all dem, was den Eigennutz ein wenig schmälert.

Doch sind die Brieftaubenzüchter tatsächlich die einzigen, denen nach dem Zweiten Weltkrieg die Fast-Ausrottung des Wanderfalken zuzuschreiben ist?

Der Rückgang der Falkenbestände war erschreckend: In der Bundesrepublik hatten etwa 500 Brutpaare den Zweiten Weltkrieg überlebt. 1950 waren es nur noch 380 Paare, bis 1965 sank die Zahl weiter auf 120, bis 1970 auf 80 Paare und 1975 auf 55 Paare. Und das, obwohl der Wanderfalk seit 1965 unter Schutz steht und Brieftaubenzüchter nur noch selten eine illegale Nacht-und-Nebelaktion durchführen. Die völlige Ausrottung des prächtigen, staunenswerten und zugleich schnellsten Jägers der Lüfte schien nur noch eine Frage von wenigen Jahren zu sein.

Niedergeschlagenheit breitete sich unter den Vogelschützern aus. Da die Brieftaubenzüchter nun als Bedrohung nicht mehr in nennenswertem Umfang in Betracht kamen, wurde um 1964 als Hauptursache des Falkensterbens die Vergiftung der Tiere durch Pflanzenschutzmittel angesehen. Und auch 1984 ist folgendes nicht zu bestreiten: Mit DDT, weiteren chlorierten Kohlenwasserstoffen und anderen Chemikalien werden Insekten vernichtet. Kleinvögel fressen diese vergifteten Tiere. In ihnen reichert sich das Gift an. Dann erjagt ein Wanderfalk jenen geschwächten Vogel. Und in ihm bewirkt das Gift, daß er, wenn er ein Weibchen ist, nur sehr dünnschalige Eier legt, die während des Brütens zerbrechen. An Nachwuchs ist nicht mehr zu denken.

Da ereignete sich im Frühjahr 1964 etwas, das zum Wendepunkt im ganzen Wanderfalkenschutz werden sollte.

Die Geschichte der Rettung des Vogels beginnt kurioserweise mit einem Verbrechen: Der Vogelforscher Dr. Dieter Rockenbauch wollte damals mit Helfern des Deutschen Bundes für Vogelschutz Beobachtungen an einem der letzten Nistplätze des Wanderfalken in der Schwäbischen Alb durchführen, als er in seinem Zelt gegen vier Uhr morgens hochgeschreckt wurde.

Steinschlag prasselte die steile Felswand herab, in der ein Paar Wanderfalken seinen Horst hatte. Im ersten Dämmerlicht erkannten die Männer, wie sich ein Bergsteiger von oben zur Niststätte abseilte

Die Bestandsentwicklung in anderen Ländern

Der Wanderfalk war einst in der ganzen Welt mit Ausnahme der Sand- und Eiswüsten sowie der Hochgebirge und tropischen Regenwälder zahlreich. Ebenso weltweit waren jedoch auch Verfolgung und Ausrottung. In den *USA* lebten 1978 nur noch zwanzig Paare.

In *Finnland* wurden die Vögel innerhalb weniger Jahre von etwa tausend auf zwanzig Paare vermindert, in *Schweden* sogar nur noch auf vier Paare. Ausgerottet wurden sie bereits in *Dänemark, Holland, Belgien, Österreich* und der *DDR*.

In *England* schmolz der Bestand bis 1964 auf 350 Paare zusammen. Vorbildliche Schutzmaßnahmen ließen ihn bis 1983 wieder auf über tausend Paare anwachsen. Guter Wanderfalkenschutz wird ebenfalls in *Alaska, Kanada* und an den Küsten *Grönlands* betrieben.

Aus *Spanien* beschrieb Dr. de la Fuente noch 1969 »phantastische Wanderfalkenbestände«. Sie sind aber bevorzugtes Ziel der internationalen Falkenklau-Mafiosi und seither auch stark zusammengeschmolzen.

und trotz heftiger Luftangriffe der beiden Elternvögel die Jungen aus dem Horst nahm.

Die sofort alarmierte Polizei verhaftete den Verbrecher. Ein Gericht verurteilte ihn zu einer Strafe von 3 000 DM. Entscheidend aber war, daß die Vogelschützer in dem Verurteilten einen Falkner erkannten, der auf Tierschutzkongressen immer lauthals verkündet hatte, am Aussterben des Wanderfalken seien allein die Pestizide schuld.

Nun kam Dr. Rockenbauch ein schrecklicher Verdacht: Sollten die Insektenvertilgungsmittel, deren Anwendung inzwischen auf Betreiben der Naturschützer stark eingeschränkt worden war, vielleicht gar nicht die einzige Ursache für das Aussterben des Wanderfalken sein? War man zu sehr im »Denken an Pestizide eingefroren«? Hatte man es sich zu einfach gemacht, nur die anonyme Macht der chemischen Industrie anzuklagen? War nicht eine andere Ursache viel schwerwiegender, nämlich der Raub von Eiern und Jungvögeln aus den Horsten durch Falkner, die diese Tiere für die Beizjagd abrichten wollen?

Der Forscher gründete innerhalb des Deutschen Bundes für Vogelschutz die Arbeitsgruppe Wanderfalk. Er versammelte 150 ehrenamtliche Helfer um sich, die seit 1965 Frühjahr für Frühjahr jeden Falkenhorst während der zwei- bis dreimonatigen Brutzeit rund um die Uhr bewachen. An jedem der letzten Horste leisten diese Idealisten pro Saison 1 800 Wachestunden!

Das Schlimme ist nur folgendes: Einerseits unterstützen auch Jäger, Förster und auch der Deutsche Falkenorden diese Bemühungen. Andererseits aber gibt es unter den Falknern zahlreiche »schwarze Schafe«, denen kein Trick zu gemein ist, um dennoch die Eier und Nestlinge der Wanderfalken zu rauben. Sie werden fast immer erwischt, aus dem Falkenorden ausgeschlossen, vom Gericht mit 3 000 DM bestraft, machen aber trotzdem auf eigene Faust unbelehrsam weiter. Das ist allerdings kein Wunder, wenn man weiß, daß arabische Ölscheichs bis zu 25 000 DM für einen einzigen zur Beizjagd abgerichteten Wanderfalken bezahlen!

Inzwischen haben sich die »schwarzen Schafe« zu einer intereuropäischen Falkenklau-Mafia organisiert, die vor nichts zurückschreckt. Alljährlich im März beginnen zwei Spezialistentrupps mit ihrer »Arbeit«. Der eine startet in Sizilien, der andere in der Türkei, wo dann gerade die Wanderfalken ihre Eier gelegt haben. Von dort führt ihre Spur der Vernichtung nordwärts exakt im gleichen Tempo, in dem in den nördlicher gelegenen Regionen die Brut beginnt. Die einen durchqueren Italien und Mitteleuropa bis hin zu den Steilküsten Nordnorwegens. Die anderen ziehen von der Türkei durch Griechenland und Jugoslawien und wechseln dann zu den Britischen Inseln über, wo sie allein 1982 nicht weniger als siebzig Aushorstungen vorgenommen haben. Anschließend beginnen sie noch einmal von vorn, um auch noch die Nachgelege der Falken mitzunehmen.

In der übrigen Jahreszeit spezialisieren sich diese Verbrecher auf den nächtlichen Greifvogeldiebstahl aus zoologischen Gärten und Wildgehegen. Von 1975 bis 1983 wurden allein in Deutschland 25 Zoos ihrer Falken beraubt. Der Duisburger Tierpark erhielt in dieser Zeit sogar sechsmal »Besuch«.

Der neueste Gangstertrick, wenn die Diebe an bewachte Horste nicht herankommen, ist folgender: Sie nehmen einen gezähmten Milan, nähen ihm die Augen zu und binden ihm einen Tennisball mit haardünnen Nylonschlingen an die Füße. So warten sie in den von Falken beflogenen Gebieten, bis sie eines ihrer Opfer im Flug erblikken. Dann werfen sie den Milan einfach in die Luft. Das geblendete Tier bekommt Angst, irgendwo anzustoßen, und steigt schnell in die Höhe, wo es sogleich vom Wanderfalken angegriffen wird, der ihm die »Beute«, also den Tennisball, entreißen will. Dabei vertakelt er sich in den Nylonschlingen und stürzt, mit dem Milan verknäuelt, zu Boden, wo er von dem Vogeljäger gleich aufgegriffen wird. Daß nun im Horst elternlos gewordene Jungvögel hilflos zurückbleiben, kümmert diese Barbaren nicht. Menschen, die Tiere ausrotten, schrecken auch vor keiner Tierquälerei zurück.

Die Aushorster arbeiten mit perfekten Brutapparaten im Kofferraum ihres Autos. Eier und Jungvögel gehen auf schnellstem Wege an Brut-, Zucht- und Dressuranstalten des Mafiaringes, deren Kunden keineswegs nur arabische Ölscheichs sind. Hier werden die Wanderfalken auch »gewaschen«, das heißt, ihre Herkunft aus einem kriminellen Akt wird verschleiert. In den Papieren steht dann, daß sie irgendeiner Zuchtstation entstammen.

Allein in Deutschland gibt es 6 000 Falkner, die mehr als 20 000 Greifvögel besitzen. Irgendwo müssen diese vielen Tiere ja herkommen! Weitere Abnehmer sind auch Präparatoren. Im bayrischen Amberg entdeckte 1983 ein Zollfahnder bei einem Präparator die ausgestopften Bälge von 37 geschützten Greifvögeln. Und, wie Professor Grzimeks Zeitschrift »Das Tier« berichtet, geniert sich zum Beispiel die Gebhard Sonntag GmbH nicht, in Zeitungsanzeigen »Weihnachtsüberraschungen« anzubieten: den ausgestopften Seeadler zu 4 000 DM, Stein- und Fischadler ab 3 000 DM und einen Uhu für 1 800 DM.

So arbeitet der allmächtige Feind, mit dem es die 150 Wanderfalkenhelfer vom Deutschen Bund für Vogelschutz zu tun haben. Kein Wunder, daß ihre Posten an den Falkenhorsten alles andere als eine langweilige Wache zu »schieben« haben. Auch die Vogelschützer müssen in einem Kleinkrieg ohnegleichen ständig neue Abwehrmethoden gegen die immer raffinierter vorgehenden Mafiosi ersinnen.

Sie spannen Stolper- und Alarmdrähte in Horstnähe, installieren Infrarot-Videokameras, die ihnen die Nacht zum Tage machen. Sie verstecken hochempfindliche Mikrophone, die jedes Geräusch melden, sogar das eines sich an das Nest anschleichenden Steinmarders.

Des Nachts ist ein spezielles Parabolspiegel-Richtmikrophon auf den Felsvorsprung gerichtet, auf dem der Terzel, also das Falkenmännchen, Wache hält. Sollten alle Alarmeinrichtungen der Menschentechnik nicht genügen, so bemerkt doch dieser Vogel die nahende Gefahr und alarmiert durch helles Geschrei nunmehr nicht nur sein Weibchen, sondern auch die Vogelschützer.

Manchmal aber versagt unsere Vorstellungskraft vor der Rücksichtslosigkeit der Falkengegner. Im Frühjahr 1983 übte sich eine Gruppe »harmloser Bergsteiger« im Klettern an einem Felsen der Schwäbischen Alb bei Weilheim/Teck. Als sie einem Falkenhorst zu nahe kamen, forderten die Bewacher sie auf, sich zu entfernen, was sie auch bereitwillig taten.

Doch plötzlich entstand am Horst ein großes Geschrei. Der brütende Falk schlug mit den Flügeln. Federn stoben. Kurz darauf war er tot und das Gelege zerstört. Was war geschehen? Die »harmlosen Bergsteiger« hatten von oben mehrere Liter einer flüssigen Klebemasse, sogenannten »Picoplast«, in den Horst gegossen. Es waren Brieftaubenzüchter gewesen.

Um auch bei solchen Gemeinheiten und Überraschungen jetzt nicht völlig wehrlos zu sein, bewachen die Vogelschützer seither auch alle Feldwege in der Nähe eines Horstes und notieren dort jede Autonummer.

Nur bei Prozessen gegen Wanderfalkendiebe ist es leider immer wieder dasselbe: Der Richter hat volles Verständnis für den Naturschutz. Aber vom Gesetzgeber sind ihm die Hände weitgehend gebunden. Tiere gelten als tote Sache, diese Delikte als einfacher Diebstahl. Die Höchststrafe dafür beträgt 3 000 DM. Mehr, als diese zu verhängen, kann der Richter nicht tun. Aber diese im Vergleich zum Gewinn geringe Geldbuße hält natürlich keinen Falkenklau davon ab, weiter seinem schändlichen Gewerbe nachzugehen. So fühlen wir uns vom Gesetzgeber im Stich gelassen. Hier muß sehr bald etwas geschehen!

In den USA, Kanada und den Ostblockstaaten können Richter so drakonische Strafen für Vergehen gegen die Naturschutzgesetze verhängen, daß den Übeltätern die Lust zu weiteren Aktionen vergeht.

Doch immerhin bringen die enormen Anstrengungen der Mitarbeiter des Deutschen Bundes für Vogelschutz bereits einen gewissen Erfolg. Durch die ständige Bewachung aller Horste konnten sie den weiteren Rückgang der Zahl der Wanderfalken nicht nur stoppen,

Todesursachen bei Wanderfalken

Die natürliche Sterblichkeit der Jungtiere ist im ersten Lebensjahr mit 70 Prozent außergewöhnlich hoch und erklärt sich daraus, daß die Vögel die extrem schwierige Jagdtechnik nicht perfekt genug erlernt haben. Im zweiten und jedem folgenden Lebensjahr beträgt die Todesrate je 25 Prozent der jeweiligen Bestände. Nur die wenigsten erreichen das Höchstalter von etwa 25 Jahren.

Als Todesursachen der zweijährigen und älteren Vögel wurden 1960 von Vogelwarten in Baden-Württemberg und Bayern die folgenden ermittelt:

41 Falken von Jägern erschossen, die sie »mit Mäusebussarden verwechselt« hatten;

23 Falken tot aufgefunden; Ursache unbekannt;

12 Falken schwerverletzt geborgen nach Verteidigungskämpfen gegen Steinmarder oder Habichte sowie nach Revierkämpfen mit rivalisierenden Wanderfalken; sie wurden in menschlicher Obhut wieder gesund gepflegt und in die Freiheit entlassen;

7 Falken an Hochspannungsleitungen verbrannt;

5 Falken von Wilderern gefangen und für eigene Zwecke mißbraucht.

sondern bis 1984 bereits eine leichte Vermehrung des Bestandes erreichen. Pro Jahr fliegen etwa sechzig junge Falken aus ihren Horsten in die Welt. Damit ist die unmittelbare Gefahr des Aussterbens dieses Wunderwerkes der Schöpfung erst einmal abgewendet worden.

Doch leider vermehren sich diese edlen Greifvögel nur sehr langsam. Von zehn Jungtieren, die den Horst verlassen, sterben im ersten Lebensjahr nicht weniger als sieben. Nur zwei kommen im Alter von drei Jahren zur Fortpflanzung.

So wären all die vielen Mühen der Vogelschützer vergebens, wenn nicht gleichzeitig versucht würde, von bereits seit langer Zeit gefangen gehaltenen Wanderfalken vermehrt Nachwuchs zu züchten und in die Freiheit zu entlassen. Auf diesem Gebiet unterstützt nunmehr der Deutsche Falkenorden den Deutschen Bund für Vogelschutz in vorbildlicher Weise. Aus Feinden von gestern wurden Freunde für die Zukunft. Die Erfolge sind großartig.

Das erste Problem, das gemeistert werden mußte, war die Befruchtung der Eier. Denn Wanderfalken sind in Gefangenschaft nicht zur Paarung zu bewegen. Sie brauchen dazu unbedingt die Freiheit und ihre gewaltigen Balzspiele in atemberaubender Flugakrobatik. Mitten in den tollkühnsten Kurven werfen sich beide Partner ein totes Beutetier zu. Der andere muß es auffangen, aber nicht, um es zu fressen, sondern um dem Geliebten damit eine noch schwierigere flugartistische Aufgabe zu stellen. So geht das immerzu hin und her, bis im Gleichtakt der rhythmischen Kapriolen auch die volle Harmonie der Liebesgefühle beider erreicht ist und daraufhin die Vereinigung stattfinden kann. »Zu Fuß« im Käfig oder in einer Flugvoliere, auch wenn sie noch so geräumig ist, kann dies niemals erreicht werden. So gibt es hier leider nur eine Lösung: die künstliche Befruchtung.

Das zweite Problem lautet: Wie erzielt man möglichst viel Nachkommenschaft? Ein Falkenweibchen legt höchstens vier Eier pro Brut. Aber wenn ihm der Falkner diese vier Eier wegnimmt, sobald das letzte gelegt ist, beginnt das Weibchen zwei Wochen später, noch einmal vier Eier zu produzieren. Während es dies Nachgelege ausbrütet und danach die Nestlinge aufzieht, übernimmt bei den ersten vier Eiern jene Aufgaben ein Brutapparat und anschließend der Mensch, indem er die Küken mit Spatzenfleisch füttert.

Das schwierigste Problem aber besteht darin, diese Jungen so aufwachsen zu lassen, daß sie aus eigener Kraft überleben können, wenn sie in die Freiheit entlassen werden. Hierbei beschreiten die Vogelschützer zwei verschiedene, hochinteressante Wege.

Einmal werden die Wachtposten befragt, in welchen Horsten sich nur ein oder zwei Jungtiere befinden. Dann setzen die Helfer einfach noch drei oder zwei künstlich erbrütete Küken hinzu, sobald diese, ebenso wie die Nestlinge, acht bis zwölf Tage alt sind. Die winzigen Gäste werden von den Wanderfalkeneltern in jedem Fall adoptiert und ebenso liebevoll aufgezogen wie die leiblichen Kinder.

Die Helfer achten allerdings darauf, daß im Horst möglichst zwei »Knaben« und zwei »Mädchen« liegen. Denn sobald sie im Alter von fünf bis sechs Wochen flügge sind, setzt bei den Eltern eine merkwürdige Arbeitsteilung ein: Der Vater betreut nur die Knaben und die Mutter nur die Mädchen.

Wanderfalken werden Großstädter

Im Frühjahr 1979 versuchte der Ornithologe Klaus Döhring, junge Wanderfalken in einem Kunsthorst auf dem Kölner Dom auszuwildern. Sie sollten dort helfen, die Taubenplage zu mindern. Die Falken suchten sich jedoch schon nach wenigen Tagen ein anderes Jagdrevier weitab der Großstadt.

Mehr Glück hatten Vogelfreunde in New York. Dort gelang es 1981 tatsächlich, ein Pärchen auf einem Sims im 43. Stock eines Wolkenkratzers an der 57. Straße nahe am Central Park heimisch zu machen.

Von Erfolg gekrönt wurden auch Versuche, Wanderfalken auf mehreren Flughäfen in Europa (so in Mailand und Venedig) und Amerika anzusiedeln. Dort vertreiben sie die Schwärme der Möwen und Krähen, die für landende und startende Flugzeuge zur ernsthaften Gefahr geworden sind.

Ihre Überlebensschule dauert volle zwei Monate. Das Hauptunterrichtsfach heißt natürlich: das Fangen fliegender Beute. Erst fliegt der Lehrer etwas vor und über dem Schüler und läßt einen toten Vogel nur einfach fallen, und das Kind muß ihn auffangen. Wenn das klappt, vergrößert Vater oder Mutter die Entfernung und legt wachsende Schwierigkeitsgrade in die Kurventechnik und die Fluggeschwindigkeit.

Die letzte Lektion heißt: Jagd auf lebende Beute. Der Elternvogel geht auf einen Langstreckenjagdflug, dicht gefolgt von ein oder zwei Kindern. Dann stürzt er sich mit Höchstgeschwindigkeit auf ein Opfer, rast aber dicht darüber hinweg, ohne zuzuschlagen, denn das sollen jetzt die Kinder üben.

Nach insgesamt zwei Monaten Jagdunterricht werden die Jungen dann allein in die Welt entlassen. Waren sie schlechte Schüler, müssen sie bald verhungern. Das sind jene Tiere, die dann vom Vogelwart als »tot aufgefunden« registriert werden.

Hieraus ergibt sich, daß die zweite Auswilderungsmethode ungleich schwieriger ist. Sie muß immer dann angewendet werden, wenn in den natürlichen Wanderfalkenhorsten keine »freien Plätze«

für Adoptivkinder mehr zu vergeben sind. Dann müssen die Vogelschützer Kunsthorste an einer mardersicheren Felswand errichten, und zwar in einer Region, in der zur Zeit keine Wanderfalken mehr leben. Falken bauen ja nie ihre Nester selber. Entweder legen sie ihre Eier auf einen nackten Felsvorsprung, oder sie enteignen die Horste von anderen Vögeln.

In diesen Neubau setzen die Helfer ältere Jungtiere aus einer Zuchtstation kurz vor dem Flüggewerden hinein. Der Nachteil: Hier bekommen die Jungfalken keine Pflegeeltern und müssen vier bis sechs Wochen lang täglich mit toten, später mit lebenden Haussperlingen gefüttert werden. Zwischendurch muß man sie auch ein wenig hungern lassen, damit sie ausfliegen und ihr Glück im Selbstunterricht auf der Jagd versuchen. Erst wenn sie nicht mehr zum Horst zurückkehren, um sich ihr Futter zu holen, können wir sicher sein, daß sie inzwischen ihr »Überlebensabitur« bestanden haben.

Mit diesen beiden Methoden werden in der Bundesrepublik seit 1980 jährlich etwa siebzig Wanderfalken als Nachkommen gefangener Tiere an die freie Natur zurückgegeben.

Der verzweifelte Kampf um den Fischotter

Morgens gegen halb fünf Uhr sprang die Holztür des Bootshauses, in dem ich als siebenjähriger Junge in den großen Ferien schlief, mit lautem Krach auf. Ich schreckte hoch. Da stand ein zweibeiniger, etwa einen Meter hoher Schatten vor meinem Bett und schaute mich an. Plötzlich pfiff dieses »Gespenst« so schrill, daß ich wiederum zusammenzuckte.

Ich stieß den Fensterverschlag auf. Erstes Dämmerlicht schien herein, und ich erblickte ... »Charlie«, den Fischotter, mit dem ich in den Tagen zuvor Freundschaft geschlossen hatte. Er gehörte dem Zoologieprofessor Richard Woltereck, auf dessen »Werklandhof« bei Seeon im Chiemgau ich zu Gast war.

Charlie lebte nach eigenem Gutdünken in diesem Haus oder in freier Wildbahn am nahegelegenen Bullensee. So verstand er es, mit gezieltem Sprung jedwede Tür zu öffnen und hernach die Wohnräume des Professors zur Wildnis zu machen.

Was Charlie so früh am Morgen von mir wollte, begriff ich schon damals als kleiner Junge. Der Pfiff ist bei Fischottern eine Spielaufforderung. Um dies zu unterstreichen, hielt er ein kleines Brett unter der Achsel eines Vorderbeins geklemmt. Das Spielen mit Gegenständen ist eines der Hauptvergnügen dieser intelligenten Tiere.

Nach kurzem Spaziergang mußte ich das Brett einen Steilhang hinab in den See werfen. Charlie spurtete hinterher, warf sich platt auf den Bauch und rodelte auf taufeuchtem Gras abwärts. Da Fischotter, anders als Hunde, nicht apportieren, mußte ich, mehrmals ausrutschend, mühselig hinterdrein und ihm nach ins Wasser springen.

Dort übte er nach Luftsprüngen klatschende Bauchlandungen auf meinem Rücken, kitzelte mich an den Füßen und trieb allerlei Schabernack.

Als ich nach fünfzehn Minuten total erschöpft an Land stieg, konnte ich Charlie nur mit Hilfe meiner »Geheimwaffe« aus dem Wasser locken: Aus der Hosentasche holte ich drei Tischtennisbälle hervor. Auf dem Strand bolzte er nun alle drei Bälle gleichzeitig vor sich her wie ein Super-Pelé, und ich hatte die Aufgabe, ihm wenigstens einen Ball wegzunehmen. Es gelang mir kein einziges Mal. So reaktionsschnell sind diese Tiere.

Völlig ermattet, suchte ich Erholung im Angelsport. Charlie schaute mich an, als hätte ich einen geistigen Defekt, und wußte lange Zeit nicht, was das sollte: einen Faden ins Wasser hängen lassen! Daß in der Nähe eines badenden Otters kein Fisch beißt, wurde mir erst allmählich klar. Als nach einer Stunde aber doch ein Winzling von Elritze am Haken hing und von mir an Land gezogen wurde, begriff Charlie sofort, was ich wollte: Nahrung beschaffen!

Ein Sprung, und er war im See verschwunden. Plötzlich erschien er wieder und legte mir sein Fangergebnis zu Füßen: erst einen Frosch, dann einen Salamander und eine Ringelnatter und schließlich noch eine fette Wasserratte. Das war sicherlich mehr sein als mein Geschmack, aber er hatte es doch so gut gemeint, daß ich deswegen einen Fischotter als Haustier jedem Hund vorziehen würde.

Nur leider stehen diese possierlichen, liebenswerten und intelligenten Tiere heute unmittelbar vor ihrer Ausrottung. Ihr Leidensweg begann um die Jahrhundertwende, als es in Deutschland noch einige hunderttausend Fischotter gab. Als gelte es, den Teufel auszutreiben, so jagten Spezialisten das Tier: Eine Meute von drei bis fünf eigens dafür abgerichteten Hunden spürte den Otter auf und kreiste ihn ein. Dann stieß der Jäger mit einem langen Dreizack tiertötend, aber pelzschonend zu. Doch auch mit Gewehr, Gift und Fallen rückte man dem Otter buchstäblich auf den wertvollen Pelz. So wurde die Jagd ein doppelt einträgliches Geschäft: Neben dem beträchtlichen Verkaufserlös für ein Fell zahlte der Staat auch noch stattliche »Kopfprämien«.

Allein im Jahre 1914 wurden in Deutschland 10 000 Fischotter erlegt. 1983 lebten in Schleswig-Holstein nur noch achtzig Tiere, in Niedersachsen 110, im Bayrischen Wald sechs »böhmische Grenzgänger« und bei Regensburg zwei ausgewilderte Exemplare. Und auch die werden trotz verzweifelter Rettungsversuche bald vom Antlitz der Erde verschwunden sein, falls nicht noch in letzter Stunde ein Wunder geschieht.

Woran erkennt man einen Fischotter?

Was Spaziergänger für einen schwimmenden Otter halten, ist oft eine Bisamratte, nämlich wenn der Schwanz aktiv mitrudernd weit hin und her pendelt. Beim Otter sind die Schwanzbewegungen, außer wenn er sie als Steuer gebraucht, passiv und weit weniger heftig. An Land erkennt man den bis zu 85 Zentimeter langen (mit Schwanz etwa 1,30 Meter) und bis 15 Kilogramm schweren Otter daran, daß er etwa so groß wie ein Dackel ist. Seine Bewegungen sind jedoch viel temperamentvoller und reaktionsschneller.

Dabei war der ganze Ausrottungsfeldzug nur ein Mißverständnis auf seiten der Menschen, die nichts vom Fischotter wußten. Wieso, das wurde mir bei meiner zweiten Begegnung mit Fischottern Jahrzehnte später klar:

Silbern glitzerte der Mond über den Wassern der Wümme, einem kleinen Fluß östlich von Bremen. Seit zwölf Tagen warteten wir Nacht für Nacht vergeblich an einem sogenannten »Otterstieg«, einem von diesen Tieren ausgetretenen Pfad, auf dem sie vom Land ins Wasser wechseln. Plötzlich stieß mich mein Begleiter in der Beobachtungskanzel an: »Mensch, eine Riesenseeschlange! Mindestens zehn Meter lang!«

Da wußte ich, daß sich das lange Warten auf das seltenste Tier Europas, das kaum ein Mensch in freier Wildbahn zu Gesicht bekommen hat, gelohnt hatte. Denn wenn eine Fischottermutter mit ihren drei oder vier Jungen auf die Jagd geht, schwimmen sie in Kiellinie und schlängeln sich im Rhythmus so exakt, daß man sie in der Dunkelheit für ein einziges Tier halten kann, für eine große Schlange, also für eine »Otter«. So entstand einst der Name (wobei ein Ursprung aus dem Althochdeutschen mitgewirkt hat, »ottar« hieß so viel wie »zu Wasser«).

Mit einemmal pfiff Mutter Fischotter schrill: das Startsignal zur Kesselschlacht gegen Fische. Der ultrafeine Vibrationssinn in den »Schnurrbarthaaren« hatte ihr die Anwesenheit von Beutetieren gemeldet. Sofort schwärmte die kleine Schar zur Treiberkette aus, umzingelte die Fische und trieb sie in eine kleine Bucht.

Dann begann eine regelrechte Arbeitsteilung der Jäger. Während die Kinder versuchten, die Fische am Ausbrechen und Entfliehen zu hindern, stieß die Mutter in die Masse der Beute hinein, griff nach Fischotterart von unten an, faßte ein Opfer mit dem Gebiß am Bauch, trug es aufs Ufer, schüttelte es tot und ließ es dann liegen, um das nächste zu holen.

Als sie ein gutes Dutzend Fische gefangen hatte, hielten es ihre Kinder vor Gier nicht länger aus. Immer mehr Fische entkamen durch ihre Sperre. Und plötzlich hechteten sie alle an Land, um an Mutters »gedecktem Tisch« mit dem Mahl zu beginnen.

Dies ist das ganz normale Jagdverhalten der Fischotter. Unter natürlichen Bedingungen richten sie damit überhaupt keinen Schaden an. Ein einsam jagendes Männchen oder eine Mutterfamilie verteidigt nämlich ein riesiges Revier als höchst privaten Grundbesitz gegen Artgenossen: entweder ein 20 Kilometer langes Teilstück eines Flusses oder eine 7 bis 10 Quadratkilometer große Seenfläche.

Welche Nahrungsmenge verspeist ein Otter aus diesem riesigen Gebiet? Seine Tagesration beträgt höchstens 700 Gramm. Davon sind im Durchschnitt aber nur 60 Prozent Fische. Der Rest besteht aus Mäusen, Bisamratten, Schnecken, Schlangen, Fröschen, Insekten und Regenwürmern. Unter den Fischen, die er frißt, besteht mindestens die Hälfte aus für uns Menschen wertlosen Weißfischen. Somit bleibt kaum ein halbes Pfund Edelfisch, das er sich aus einem 20 Kilometer langen Flußabschnitt holt. Hier von einem Schaden zu reden ist entweder Ignoranz oder Dummheit!

Nicht so jedoch, wenn der Mensch der Natur ins Handwerk pfuscht, etwa durch die Anlage von Fischteichen. Hier schwimmen in ganz unnatürlicher Weise Forellen oder Karpfen dicht an dicht. Bricht hier nur ein einziger Otter ein, findet er eine Situation vor, wie er sie sonst nur von seinen Kesselschlachten her kennt. Ein Instinkt zwingt ihn mit Urgewalt, immer und immer wieder in den Teich zu tauchen und Fisch um Fisch an Land zu schleppen. Keine freßgierigen Jungtiere lassen die Masse der Fische entkommen. Das immerwährende »Schlaraffenland« befriedigt den Jagdtrieb nicht. Und hernach liegt der ganze Teichrand voll toter Fische, die der Otter nicht annähernd alle selber futtern kann. Und die Forellenzüchter sagen dann: »Der Otter räumt einen Teich aus.«

Die Situation in anderen Ländern

Soviel Fischotter lebten 1982 noch in

Österreich:	weniger als 50, kurz vor dem Aussterben,
der *Schweiz:*	weniger als 15, unmittelbar vor dem Aussterben,
der *DDR:*	etwa 800,
Niederlande:	etwa 600, stark abnehmend,
Dänemark:	etwa 1 000, stark abnehmend,
Schweden:	etwa 1 500, stark abnehmend,
Finnland:	etwa 400,
Italien:	weniger als 100,
Spanien:	etwa 200.

So gelangte das Tier in den Ruf, ein teuflischer, blutrünstiger Massenmörder zu sein, der wegen seiner sinnlosen Lust am Töten ausgerottet werden müsse. Völlig irrigerweise verallgemeinerten Angelsportler die Massaker im Fischzuchtteich mit dem Verhalten des Otters in natürlichen Seen und Flüssen. Das war das fatale Mißverständnis, das zur Ursache der Fast-Ausrottung des Fischotters wurde.

Sogar noch am 25. Mai 1983 meldete der Bayerwald-Bote: »Fischotter bedrohen die Fische in Niederbayern. Kormorane und Fischotter sind die größten Feinde der Fischer.« Kein Wort jedoch über die 96 großen Fischsterben, die Industrieabwässer im Jahre 1982 in Bayern verursacht haben. Der Schaden an Fischen betrug 133 000 DM. Und deshalb soll nun zur Treibjagd geblasen werden, nicht auf die Fabrikbesitzer, sondern auf die letzten sechs Fischotter, die von Böhmen in den Bayerischen Wald herüberwechseln!

Zum Glück stehen die Bayerwäldler heute isoliert da. Unter dem Eindruck der eben dargelegten Dinge wurde 1968 die »Aktion Fischotterschutz«, großzügig vom WWF-Deutschland unterstützt, ins Leben gerufen. Hier arbeiten nicht nur passionierte Artenschützer, sondern auch, und das ist das Schöne, Förster, Jäger, Wildbiologen, Bauern, ja, sogar auch Sportangler und Teichwirte unter der Schirmherrschaft staatlicher Behörden gemeinsam an der Rettung dieses Tieres.

Ab sofort wurde der Fischotter unter Schutz gestellt. Im Rahmen des Washingtoner Artenschutzabkommens darf auch kein Handel mehr mit den Fellen dieses Tieres getrieben werden. Die »Motoren« dieses Unternehmens sind Oberförster Claus Reuther, der in Oderhaus bei St. Andreasberg im Harz ein Fischotter-Forschungsgehege mit fünf Tieren betreibt, und der Braunschweiger Zoologieprofessor Otto v. Frisch. Das Forstamt Schleswig legte 1982 im Bereich der Treene acht Fischteiche speziell nur zur Selbstbedienung für Fischotter an, damit die Tiere die Forellenzüchter nicht schädigen.

Doch die Hiobsbotschaft kam schon Anfang der siebziger Jahre: Trotz Schießverbot und umfassender Schutzmaßnahmen gingen die Fischotterbestände weiterhin in erschreckendem Ausmaß zurück. In vielen Gebieten Schleswig-Holsteins, in denen um 1970 noch Otter lebten, waren 1981 ihre Bestände erloschen. In jenem Jahr gab es dort noch neunzehn Orte, die von diesen Tieren spärlich besiedelt waren. Bis auf eine einzige Stelle sind sie überall so stark gefährdet, daß sie das Jahr 1987 wohl kaum überleben werden. Oberförster Reuther: »Es stellte sich leider heraus, daß die Jagd nicht die einzige Ursache des Rückgangs ist, sondern auch die Technisierung der Umwelt. Damit wird das Problem viel schwieriger, als wenn wir es nur mit Schießern zu tun gehabt hätten.«

Wie ist dieses Unglück zu erklären? Welches sind die so katastrophal veränderten Umweltbedingungen? Was können wir tun, um den Fischotter trotz allem noch zu retten?

Zum schlimmsten Feind der Otter ist derzeit etwas völlig Überflüssiges geworden: die Begradigung und »Regulierung« von Flüssen und Bächen, deren Einbettung in Beton und die Befestigung der Uferböschungen. Da gibt es keine Pflanzen mehr, weder über noch unter Wasser. Nirgends haftet mehr Laich von Fischen, nirgends kann Leben gedeihen. Der Fluß stirbt, seine organische Selbstreinigungskraft erlischt. Statt des klaren Quells wird der Lauf zu einer stinkenden Brühe, einer Kloake – und zwar auch ohne daß Abwässer in ihn eingeleitet werden.

Daß unsere Wasserbauer nicht begreifen können, daß ein Fluß oder Bach eine harmonische Lebensgemeinschaft ist und nicht nur eine tote Wasserleitung!

Der Fischotter aber braucht dichten Uferbewuchs als Versteck vor Feinden, als Tarnung für die Luftlöcher seines Erdbaues im Steilhang einer Uferböschung und als Ruheplatz. Und er braucht auch unter Wasser eine lebende Welt aus Pflanzen und den für seine Ernährung

Ratschläge für Teichwirte

Wie Fischteiche vor dem Ausgeräumtwerden durch den Otter geschützt werden können, teilt Betroffenen Oberförster Claus Reuther, Forsthaus Oderhaus, D-3424 St. Andreasberg im Harz, Tel.: 0 55 82/5 61, auf Anfrage mit.

Claus Reuther erprobt auch eine neue Aalreuse, aus der sich gefangene Fischotter selber befreien können, ohne die Anlage zu zerstören oder zu plündern. In Kunstfasernetzen des bisherigen Typs gefangene Otter mußten immer ertrinken.

richtigen Fischen. Nimmt man ihm diese, stirbt er wie der Fluß, oder er wandert aus.

1981 plante das Land Niedersachsen, den Lauf der Wümme zwischen den Orten mit den bezeichnenden Namen Ottersberg und Fischerhude, eine der letzten Zufluchtstätten der Fischotter, zu begradigen. Das wäre sein endgültiges Aus gewesen. Doch nun zeigte sich, was die Aufklärungsarbeit des WWF zu leisten vermochte. Ein Sturm der Empörung brach unter der einheimischen Bevölkerung los. Naturschützer, Grüne, Lehrer, Schüler, Eltern protestierten. Sie erstellten eine Dokumentation und sammelten 16 000 Unterschriften. Das zeigte Wirkung. Die Wümme darf weiter ein verträumtes, sich malerisch dahinschlängelndes, idyllisches Flüßchen bleiben, der Fischotter seine Heimat behalten.

Doch in dieser Stunde der Hoffnung kommt eine neue Alarmmeldung. Für den Fischotter ist ein weiterer unbezwingbarer Feind erschienen: das Auto.

Und dies kam so: Bei der geringen Kopfzahl derzeit noch lebender Otter haben diese Tiere akute Heiratssorgen. Die Männchen finden keine Weibchen mehr, obwohl diese in der Nähe ihres Erdbaues in einem Steiluferhang ihre Paarungsbereitschaft mit einem früher sehr wirksamen Werbemittel plakatieren. Sie scharren mehrere Grashäufchen zusammen und setzen ein weithin duftendes Kotkügelchen oben darauf. Aber trotzdem können Männchen und Weibchen gegenwärtig kaum noch zusammenkommen. 1981 entdeckten Mitarbei-

Otter als Helfer beim Fischfang

Statt den Otter auszurotten, arbeiten die Flußfischer im Gangesdelta von Bangladesch schon seit Jahrhunderten mit diesem Tier zusammen. Sie haben die Otter wie Haushunde gezähmt und nutzen ihren Trieb zum Kesseltreiben gegen Fische aus. Bis zu sechs Otter jagen die Beute in das Netz eines Bootes. Damit verhelfen sie den Menschen zu einem reichen Fang und werden dafür mit Fischen gut belohnt.

ter der Aktion Fischotterschutz im gesamten Wümmegebiet nur an zwei, 20 Kilometer weit auseinanderliegenden Orten Fußspuren von Jungtieren. Nur zwei Weibchen hatten also noch Kinder kriegen können!

Auf der Suche nach solch einem Stelldichein rennen die Männchen pro Nacht bis zu 20 Kilometer weit. Um sich das Laufen zu erleichtern, benutzen sie ein Zivilisationsprodukt des Menschen: Autostraßen ... und werden, wenn sie hier auf Freiersfüßen wandeln, überfahren.

Um das künftig zu verhindern, erforschen derzeit zahlreiche freiwillige Helfer des WWF die Aufenthaltsgebiete der Fischotter, zeichnen Karten über die günstigsten Verbindungslinien und legen hier regelrechte Wanderwege für diese Tiere an, damit sie das Ziel ihrer Liebessehnsüchte schnell und sicher erreichen können, ohne Straßen benutzen zu müssen.

Ein weiterer Rückschlag ließ nicht lange auf sich warten. In Bayern hatten Tierfreunde im Gehege eines Tierparks acht Fischotter gezüchtet und wollten sie nun in freier Wildbahn auswildern. Sie suchten nach Flußläufen, die ihnen noch idyllisch genug erschienen, um die Tiere dort ansiedeln zu können.

1967 setzten sie drei Paare bei Neustadt an der Donau aus, dort, wo neuerdings die Biber so gut gedeihen, und 1972 ein Paar an der Donau bei Regensburg. 1980 lebte nur noch das Regensburger Pärchen. Alle anderen waren zugrunde gegangen. Seither wurden alle weiteren Auswilderungsversuche erst einmal eingestellt – so lange, bis wir wissen, wie der Lebensraum für Fischotter beschaffen sein muß. Eine idyllische Flußlandschaft genügt offenkundig nicht. Claus Reuther: »Wir sind fieberhaft bei der Arbeit, die Ansprüche herauszufinden, die der Otter an seinen Lebensraum stellt. Aber wenn wir es herausgefunden haben, fürchte ich, daß es in Deutschland kaum noch Gegenden geben wird, die diese Forderungen erfüllen.«

Ein Kampf auf verlorenem Posten? Doch aufgegeben hat bis jetzt noch keiner der vielen freiwilligen Mitarbeiter der »Aktion Fischotterschutz«.

Adebar darf nicht sterben

Anfang Juni 1976 in dem schleswig-holsteinischen Storchendorf Bergenhusen: Gerade schlüpfen die ersten Babys, die die »Klapperstörche« sich selbst gebracht haben, aus den 67 Eiern, die in den 22 belegten Horsten ausgebrütet werden. Da überstürzen sich die Alarmmeldungen:

Der Storch von Bauer Sendel schnappt eines seiner drei Tage alten Kinder am Flügelchen und schleudert es aus dem Horst. Ein zweites Küken fliegt hinterher. Die Kleinen trudeln das Dach hinab und schlagen auf das Straßenpflaster. Kurz darauf sind sie tot.

Gegen Mittag findet Bauer Reimann ein Storchenküken leblos in der Dachrinne: von seinen Eltern über »Bord« geworfen. Noch am gleichen Tage beobachtet Bauer Carstensen, wie »sein« Storch ein Junges im Horst mit dem Schnabel erdolcht, in Stücke reißt und an die anderen Nesthocker verfüttert.

In den nächsten Tagen werden bei Tierarzt Dr. Wulf Hansen im nahegelegenen Dorf Süderstapel nicht weniger als 21 Jungstörche eingeliefert. »So etwas haben wir hier noch nie erlebt!« berichtet seine Frau Eva, die es sich zum Ehrenamt gemacht hat, alle diese Waisenkinder in ihrem Garten so gesund zu pflegen, daß sie Ende August in Richtung Bosporus und weiter nach Südafrika fliegen können.

Ist Deutschlands Nationalvogel, der Weißstorch, der legendäre Kinder- und Glücksbringer, auch »Adebar« genannt, plötzlich zu einem Kannibalen und abscheulichen Monster geworden, das sich selber ausrottet? Storchenvater Rudolf Wendt entrüstet sich: »Diese schlimmen Dinge sind nur die Folge höchster Verzweiflung und Existenzangst der großen Stelzvögel; und die Schuld daran trägt einzig und allein der Mensch.

Was nun folgt, ist jedoch nicht die sattsam bekannte Tirade gegen anonyme Mächte der Naturverpestung, sondern ein Musterbeispiel konstruktiver Heilung einer bislang im Sterben liegenden Landschaft – ins Werk gesetzt fast durchweg von einfachen Menschen, von Bauern, Gemeindehelfern, Einzelhändlern, die sich noch ihre Naturverbundenheit erhalten haben und seit 1975 mit durchschlagendem Erfolg Umweltbewältigung betreiben. Unterstützt werden sie vom Deutschen Bund für Vogelschutz und vom World Wildlife Fund (WWF). In diesem Sinne sollte Bergenhusen für ganz Europa Schule machen.

Wie extrem die Notlage der Störche ist, beobachtet Rudolf Wendt auf täglichen Fahrten durch die Marschlandschaft in den Niederungen der Alten Sorge. So heißt der Nebenfluß der Eider bei Bergenhusen. Vereinzelt zwischen den Kühen umherstelzende Störche, die selten oder nie mit dem Schnabel nach unten picken, zeigen ihm an: Die Vögel suchen Futter, finden aber keines.

Frösche gab es hier schon lange nicht mehr, seit alles mit Kanälen durchzogen und trockengelegt wurde. Mäuse waren 1976 sehr selten. Heuschrecken, Käfer und andere Insekten wurden mit Chemikalien vergiftet. So blieben allenfalls ein paar Würmer. Aber die kamen bei der damals herrschenden Hitzewelle auch nicht heraus. Es ist also nur die panische Angst, in einer unnatürlich gewordenen, durchrationalisierten Landschaft selbst zu verhungern, die den Weißstorch so weit treibt, seine Jungen aus dem Horst zu werfen.

Deshalb führte Rudolf Wendt 1976 zum erstenmal den Versuch durch, die Störche zu füttern. An anderen Orten hatte man damit noch nie Erfolg gehabt, denn Störche nehmen so ohne weiteres keine toten Beutetiere wie etwa Fische an. Doch könnte man vielleicht den großen Vögeln mit einem Trick beibringen, trotzdem tote Fische zu fressen? Die wären nämlich in großen Mengen gratis zu erhalten. Die Verbände der Sportangler hatten sich bereit erklärt, für sie wertlose Weißfische, die von Zeit zu Zeit aus den Teichen abgefischt werden, kostenlos zu liefern.

Könnte jener Lehrmeister der Storch von Bergenhusens Elektrohändlerin Rita Lorentzen (den man deshalb »Lorentzi« nannte) sein? Seit Jahren ist er es gewohnt, sich jeden Nachmittag ein paar Fische aus dem Garten zu holen. Zwar vertreibt er jeden anderen Artgenossen aus seinem Privatgrundstück. Aber draußen auf dem Land könnte er den anderen Störchen zeigen, daß Fische bekömmlich sind.

Also hielten die Bauern Ausschau, welche Weiden Lorentzi am

häufigsten besuchte. Anderntags wurden zwei Zentner Fisch dorthin gekippt. Und das Wunder geschah: Keine drei Stunden später standen nicht weniger als 22 Störche auf dieser Weide und schlangen die Fische in sich hinein. Einige futterten sogar so viel, daß sie nicht mehr starten konnten und erst ein bis zwei Stunden stehend oder gar liegend verdauen mußten.

Von dieser Stunde an wurde kein einziges Storchenkind mehr aus dem Horst geworfen. Im Gegenteil: Jetzt kannte die Liebe und Aufopferung der Elternvögel für ihre Jungen keine Grenzen mehr. In der Mittagshitze flogen sie sogar aus, um Wasser zu holen. Im Horst stellten sie sich dann wie eine Badezimmerbrause über die Kinder und gaben ihnen eine wohltuende Dusche.

Wie aber konnte Lorentzi so vielen Störchen in so kurzer Zeit mitteilen, daß tote Fische die Rettung bedeuten? Freund Adebar verfügt über ein soziales Signalsystem, das ebenso perfekt wie simpel ist: Nach dem Start vom Horst zieht ein Weißstorch weite Schleifen über das Land und beobachtet erst einmal seine Artgenossen. Sieht er einen auf einer Wiese häufiger picken, muß es dort etwas Freßbares geben. Picken mehrere dicht beieinander, wird sehr viel zu holen sein. Also gesellt er sich schnell hinzu, frißt das gleiche wie die anderen und macht den Ort dadurch für Neuankömmlinge noch attraktiver.

Die Möglichkeit, über dieses soziale Signalsystem schnell eine lohnende oder überhaupt eine Futterquelle zu finden, ist einer der Gründe, weshalb ein Weißstorchenpaar mehr Junge aufziehen kann, wenn es mit mehreren anderen Paaren im gleichen Dorf horstet statt allein. Wir beobachten es immer wieder: In den Dörfern, in denen die Anzahl der Brutpaare auf nur noch drei oder zwei zurückgegangen ist, verschwinden die letzten dann auch sehr schnell, weil sie wegen der fehlenden Futterfundort-Meldungen von anderen Artgenossen kaum noch etwas zu fressen finden.

Hinzu kommt ein physiologisches Zeitgefühl, das so exakt arbeitet, als trügen die Störche Armbanduhren: Jeden Tag kurz vor siebzehn Uhr, noch ehe der Trecker mit dem Futter über die Feldwege tuckert, finden sie sich in hellen Scharen am Futterplatz ein: manchmal bis zu fünfzig Störche auf einem Platz, ein Bild wie aus dem Paradies!

Neben den Ernährungssorgen ist das Storchenproblem Nummer zwei die Wohnungsnot. 1976 gab es in Bergenhusen 22 Horste, die alle von je einem Pärchen belegt waren. Anfang April kamen aber noch erheblich mehr Störche aus dem südafrikanischen Winterquartier, konnten aber keine Bleibe finden.

Das hätte man voraussehen können, und zwar aus folgender Rechnung: 1972 war ein gutes Jahr mit vielen Feldmäusen als Futter und also auch mit reichem Kindersegen im Hause Adebar gewesen. Siebzehn Pärchen hatten nicht weniger als 43 Junge zur Zugreife gebracht. Die ersten drei oder vier Jahre ihres Lebens sind Störche aber noch nicht geschlechtsreif und bleiben daher im südafrikanischen Winterquartier. Mit etwa vier Jahren zieht es sie jedoch wieder an den Ort ihrer »Geburt«. Vier Jahre nach einer kinderreichen Saison ist in der Regel mit einer Storchenschwemme zu rechnen – eine gute Chance, den Bestand wieder zu vergrößern. Bis 1976 wurde sie jedoch immer verpaßt.

Finden die jungen Erstsiedler keinen leeren Horst, wird »Putz gemacht«. Als sogenannte »Rocker« versuchen sie, in erbitterten Kämpfen auf dem Dach oder in der Luft, sich ihr Recht zu erobern. Hierbei fließt oft Blut; hin und wieder gibt es sogar Tote. Lorentzi mußte 1976 allein gegen vier Eroberer kämpfen, blieb schließlich aber doch der Sieger.

Das Schlimmste kommt aber erst nach dem Kampf. Wenn sie irgend können, werfen die Rocker sämtliche Eier oder Jungvögel aus dem Horst. Gelingt ihnen das nicht und bleiben die alten Horstbesitzer Sieger, ist ihre Aggression noch so »überdreht«, daß diese den Brutpflegetrieb verdrängt und sich gegen das richtet, was eigentlich geschützt werden sollte: gegen den eigenen Nachwuchs. So werfen die Storcheneltern ihre eigenen Eier auch auf die Dorfstraße und sind hernach unfähig, im selben Jahr noch eine zweite Brut zu beginnen. Vermenschlichend mag man das für eine hysterische Überreaktion halten, aber es ist nun einmal eine Tatsache, mit der wir rechnen und die wir durch den Neubau von künstlichen Horsthilfen verhindern müssen.

Außerdem ist es für den Nachwuchs meist tödlich, wenn altbewährte Elterntiere (Weißstörche werden bis zu zwanzig, manchmal 25 Jahre alt) von Brutanfängern, sogenannten Erstbrütern, vertrieben werden, denn letztere haben wirklich keine Ahnung von Babypflege. Sie scheinen nicht einmal zu wissen, was es mit diesen etwa 112

Gramm schweren, weißen Dingern auf sich hat, die sie sich da selbst in den Horst legen, und werfen sie vor lauter Angst vor dem seltsamen Unbekannten hinaus. Sie zahlen ihre »Miete«, sagen die Bergenhusener. Desgleichen werfen sie auch ein oder zwei ihrer Jungen über »Bord«, und zwar selbst dann, wenn gar keine Hungersnot herrscht. Erst im darauffolgenden Jahr verstehen sie es besser, mit ihren Kindern umzugehen.

Um diese unschönen Dinge zu verhindern, hat Storchenvater Wendt seit 1976 mit Unterstützung der Elektrizitätsgesellschaft Schleswig siebzehn neue Horst gebaut. Früher montierten Bauern, die sich ein Storchenpaar auf ihrem Haus wünschten, ein Wagenrad auf den First, in der Hoffnung, die Vögel würden es als Horstbasis annehmen und darauf zu bauen beginnen. Aber die Störche tun sich sehr schwer damit. Viel bereitwilliger akzeptieren sie aus Weidenzweigen geflochtene nestähnliche Flachkörbe von etwa 1,50 Meter Durchmesser. In sie flechten die Vögel dann weiteres Nestbaumaterial ein, bis ihr Horst zur Brut geeignet ist.

In Bergenhusen wurden die neuen Kunsthorste in der Nähe der alten angebracht: im Zentrum des 800 Einwohner zählenden Dorfes. Dort wohnen die Störche lieber zu zwei Paaren auf einem Dach als allein am Ortsrand. Vor Jahren hatte ein Bauer einen Horst auf einem Mast außerhalb des Dorfes auf einer Weide montiert. Bis heute haben ihn die Störche keines Blickes für würdig befunden. Sie fühlen sich nur inmitten der menschlichen Siedlung sicher und wohl.

Daß diese einstmals auf Bäumen horstenden Vögel zum Kulturfolger des Menschen wurden also am liebsten nur in der Mitte unserer Dörfer wohnen, hat seinen Grund darin, daß sie sich hier relativ sicher vor Feinden fühlen, also vor großen Greifvögeln, Mardern und Raubkatzen. Allerdings ist der Steinmarder, ein gefürchteter Eier- und Jungvogelräuber, inzwischen auch zum Dorfbewohner geworden. Folglich müssen in Horstnähe Marderabwehrbleche angebracht werden, die dem Eier- und Jungvogel-Räuber den Zugang zum Horst unmöglich machen.

Allzu intimer Kontakt zum Menschen wirkt sich hingegen sehr nachteilig aus. Das mußte die Frau des Tierarztes Dr. Hansen erfahren, als sie begann, Störche zu betreuen. Sie hatte sich in ihre kleinen Patienten verliebt. Am ersten Tag nach der Einlieferung in ihre Auffangstation mußte sie den aus dem Horst geworfenen Jungen nach der ärztlichen Behandlung durch ihren Mann das Fleisch noch in die

Die Todesursachen flügger Weißstörche

Nach einer Untersuchung der deutschen Ornithologen Max Riegel und Dr. Wolfgang Winkel hielt der Tod in den Jahren 1972 bis 1977 unter den Störchen eine besonders grausige Ernte. Es starben in Schleswig-Holstein und Niedersachsen 226 Störche am »elektrischen Stuhl« der Überlandleitungen. Berühren Flügel und Beine gleichzeitig zwei elektrische Pole, steht der Storch meist sofort lichterloh in Flammen. Baumt er auf einem Mast auf und entläßt einen etwa 2 Meter langen flüssigen Kotstrahl, der eine Starkstromleitung berührt, ist der Vogel sofort tot.

Sechzehn Weißstörche starben trotz strengsten Schießverbots durch die Flinten von Jägern, sechzehn Vögel töteten sich gegenseitig im Rivalenkampf, elf wurden vom Blitz erschlagen, neun erhängten sich an Fernsehantennen, acht stießen mit Autos zusammen, sieben rutschten bei der Landung in einen Schornstein, einer wurde von einem Greifvogel erbeutet, bei 35 blieb die Todesursache unbekannt.

Schnäbel stopfen. Nach zwei bis drei Tagen erkannten sie aber ihre neue »Mutter« schon von weitem und begrüßten sie mit kindlichem Wispern und Flügelschlagen als Zeichen der Freude. So wurden die Jungvögel immer zutraulicher, verloren jegliche Fluchtdistanz zu allen Menschen, landeten, als sie frei umherfliegen konnten, auf der Dorfstraße, am überfüllten Badestrand der Eider und in den Vorgärten der Nachbarn.

Vor allem aber erlosch ihr Zugtrieb. Ende August blieben sie im Lande, statt mit den anderen Jungvögeln (die Erwachsenen folgen erst Anfang September nach) auf die Reise nach Afrika zu gehen. Frost und Schnee des Winters haben sie im Freien zwar gut überstanden, aber sie mußten natürlich ständig gefüttert werden. Störche wünscht man sich anders.

So schwer es ihr auch fällt, vermeidet Frau Hansen deshalb jetzt den engen Kontakt. Etwa zehn Tage vor dem Flüggewerden setzt sie die Jungen in reguläre Horste, in denen nur ein oder zwei etwa gleichaltrige Kinder hocken. Das Merkwürdige ist, daß die Storcheneltern überhaupt nicht merken, daß statt des einen, leiblichen Jungen plötzlich drei oder gar vier im Horst nach Futter verlangen. Alle werden gleichermaßen versorgt. Widerstand gegen den Zuwachs kommt zunächst nur von den rechtmäßigen, horstbewohnenden Jungstörchen. Aber der ist mit Menschenlist leicht zu brechen. Wenn die Feuerwehrleiter zum Horst emporgekurbelt ist, wirft Frau Hansen erst ein paar Pfund Fische in die Horstmulde. Die Insassen stürzen sich auf das Futter und bemerken gar nicht, daß ihnen Ziehgeschwister zugesellt werden. Wenn sie satt sind, werden sie friedlich, finden sich mit dem Zuwachs ab und gewöhnen sich schnell an deren Gegenwart. Alles Weitere verläuft dann auch bei diesen »Auswilderungen« voller Harmonie.

Zehn Tage später, wenn der erste Start zum Flug ins Leben stattfindet, fliegen die Zugesetzten mit, fühlen sich nur noch den Störchen zugehörig und ziehen einige Wochen darauf zusammen mit den natürlich aufgewachsenen Jungvögeln nach Afrika. Aus Krankenhauspatienten sind richtige Wildstörche geworden!

Das ständige Zufüttern von zwei Zentnern Fisch am Tag durfte ebenfalls kein Dauerzustand werden, so gern die Anglerverbände auch geholfen haben. Daher begann Bergenhusens Bürgermeister Hermann Schriever 1976, eine größere, früher einmal trockengelegte Weide in ein Feuchtgebiet mit Froschteichen zurückzuverwandeln.

Die Bundeswehr sprengte Teiche und Tümpel in die Ebene. Bagger versahen die Feinarbeit. Wasser wurde künstlich herangeführt. Ein sehr kostspieliges Unternehmen, bei dem wiederum der WWF, der Deutsche Bund für Vogelschutz und Professor Bernhard Grzimeks Frankfurter Zoologische Gesellschaft mit Geld geholfen haben. Rudolf Wendt setzte schließlich Laich von Grasfröschen in den romantischen Wasserzügen aus. Die Kaulquappen gediehen prächtig, und heute ist hier nach vielen Jahren des »stummen Frühlings« wieder ein gewaltiges Froschkonzert zu hören.

Künden die Lurche damit, daß in Bergenhusen die Umwelt dank der enormen Anstrengungen der Tierfreunde wieder in Ordnung ist, daß Freund Adebar wieder sein täglich »Brot« in Fülle findet? Leider schleicht sich herbe Enttäuschung in die Reihen der Storchenschützer. Von der erhofften Zunahme der Anzahl der belegten Horste ist bis 1983 noch nichts zu spüren. Im Gegenteil, der Rückgang hält an, wenngleich wenigstens in merklich verlangsamter Tendenz.

Alles nur Menschenmögliche wurde getan, riesige Opfer an Idealismus, Zeit und Geld gebracht – und doch ist die Situation so, daß der Kampf um die Erhaltung des Weißstorchs mit unverminderter Kraft weitergeführt werden muß, wahrscheinlich über Jahrzehnte hinaus. Auch in Zukunft werden uns Vogelschützern noch schwere Rückschläge ins Haus stehen. Aber wir dürfen uns nicht entmutigen lassen, sonst wird alles vergebens gewesen sein und Freund Adebar doch ausgerottet werden. Das ist derzeit das harte Los all jener, die sich der Erhaltung bedrohter Tierarten verschrieben haben.

1936 brüteten in Bergenhusen 59 Paare, 1976 waren es nur noch 22 und 1983 sogar nur noch 18. Doch sollte zum Trost festgehalten werden, daß ohne die Schutzanstrengungen die Störche in Schleswig-Holstein bereits im Jahre 1984 ausgestorben wären, hätten wir nicht so viel für sie getan.

Aber warum sinkt die Zahl trotz aller Bemühungen? Eindeutige Antwort: weil in jedem Frühling weniger Störche von der weiten Afrikareise heimkehren. Die Gefahren, die unsere Glücksvögel auf dem Zug bedrohen, werden von Jahr zu Jahr größer. Hierzu einige Beispiele:

Am 27. 3. 1978 schossen palästinensische Freischärler in Beirut mit Raketen, Kalaschnikows und Maschinengewehren in Storchenschwärme, die jene Stadt überflogen, und töteten nach libanesischen Angaben mindestens 500 dieser, dem Koran heiligen Vögel.

Am 29. 3. 1980 und im September 1982 wiederholte sich das Massaker über Beirut trotz weltweiter Proteste. Diesmal wurden 800 Störche getötet.

Im März 1976 steuerte ein Geschwader von 120 drei- und vierjährigen Jungstörchen zur Erstbrut einen falschen Kurs. Aus der Gegend von Port Elisabeth, Südafrika, kommend, hatten sie zunächst noch ganz richtig den Nil nördlich von Luxor verlassen, die Wüste in Richtung Nordost überquert und bei Hurghada die Küste des Roten Meeres überflogen. Bei Kap Ras Muhammad erreichten sie die Südspitze der Halbinsel Sinai, wo sie vier Stunden lang unschlüssig kreisten.

Die Unerfahrenen, die zum erstenmal diese Strecke in jener Richtung flogen und weitgehend darauf angewiesen sind, sich mit ihrem phänomenalen Ortsgedächtnis an Landmarken zu orientieren, waren

Bestandsentwicklungen des Weißstorchs

In *Schleswig-Holstein:*

1936: 2 200 Paare
1960: 1 100 Paare
1970: 600 Paare
1976: 440 Paare
1981: 403 Paare

In *Niedersachsen:* Seit im 17. und 18. Jahrhundert viele Wälder gerodet wurden, siedelten sich hier viele Störche, von Spanien kommend, an.

1900: 4 500 Paare
1934: 1 925 Paare
1977: 406 Paare
1982: 333 Paare

In *Baden-Württemberg:*

1934: 186 Paare
1977: 16 Paare
1982: 4 Paare

In *Bayern:*

1934: 119 Paare
1977: 82 Paare

In *Hessen:*

1948: 130 Paare
1968: 16 Paare
1982: 2 Paare

In der *DDR:*

1934: 4 628 Paare
1974: 2 940 Paare

Seit 1970 wieder Zunahme der Bestände im Raum Leipzig/Magdeburg und in der Oberlausitz

Im *Elsaß:*

1948: 173 Paare
1977: 13 Paare

Züchtungs- und Wiederansiedlungsversuche durch Alfred Schierer und Jacques Renaud

In *Schweden:*
seit 1957 ausgestorben

In *Holland:*

1977: nur noch 6 freilebende Paare

In *Dänemark:*

1850: etwa 10 000 Paare
1977: nur noch 35 Paare

In der *Schweiz:*
seit 1949 ausgestorben

Seit 1948 züchtet Max Bloesch in Altreu bei Selzach mit marokkanischen Störchen. 1983 nisteten bereits 135 Paare. Die meisten sind allerdings Gehegestörche oder besitzen keinen Zugtrieb.

In *Österreich:*

1975: 402 Paare

Vor allem im Burgenland und in der Steiermark; leichte Zunahme der Bestände auch in der Weststeiermark, wo es vor 1939 noch nie Störche gegeben hat.

In *Polen,*
dem »großen Storchenland Osteuropas«:
1934: 37 049 Brutpaare
1974: 33 900 Brutpaare, also noch 91,5 Prozent des Bestandes von 1934 (!)

Seit 1965 Abnahme in den westlichen Gebieten sowie um Warschau und Danzig, aber Zunahme im südschlesischen Hügelland und in den Tälern der Karpaten und der Tatra.

In *Ungarn* ein erfreulicher Anstieg:

1978: 4 060 Paare
1979: 4 760 Paare

In *Spanien:*

1980: ca. 80 000 Paare

Auf dem *Balkan:*

1980: ca. 65 000 Paare

In *Marokko, Algerien* und *Tunesien:*

1980: ca. 95 000 Paare

In der *Türkei:*

1980: ca. 80 000 Paare

Die Art ist weltweit also noch nicht vom Aussterben bedroht. Es geht aber um ihre regionale Erhaltung in Mitteleuropa.

unsicher, ob sie an der Küste des Golfes von Akaba entlangfliegen sollten oder am Ostufer des Golfes von Sinai. Sie taten das letztere. Und das war ihr tödlicher Fehler. (Irren ist nicht nur menschlich, sondern auch tierlich, sofern das Gedächtnis mit im Spiele ist.) Als das Storchengeschwader bis etwa zu den Erdölfeldern von Abu Rudeis gelangt war, drängte sie ihr Instinkt auf Nordostkurs quer durch den Glutofen der Wüste Sinai. Als sie 100 Kilometer von der Küste entfernt waren, brach ein Sandsturm über sie herein. Wochen später fand eine Karawane die mumifizierten Kadaver der 120 Störche im Sand.

Überall in Afrika dehnen sich die Wüsten aus, Jahr für Jahr um 20 Kilometer! Die lebensbedrohenden Durststrecken auf der 22 000 Kilometer langen Hin- und Rückreise werden jedes Jahr länger, die Strapazen größer.

Deshalb haben israelische Vogelschützer in der Wüste Negev Auffangstationen für Störche eingerichtet. Sie bieten den nach langem Wüstenflug total erschöpften Tieren Nahrung, Wasser und eine wohlbehütete Erholungspause. So muß echter Artenschutz heute aus der regionalen Perspektive heraus global gesehen und weltweit in Zusammenarbeit mehrerer Nationen betrieben werden.

Doch auf dem Storchenzug lauern noch weitere Gefahren. Seit 1979 haben es die über Gibraltar nach Westafrika ziehenden sogenannten »Weststörche« gelernt, »Segnungen« der Zivilisation für sich zu nutzen. Als überwiegende Segelflieger müssen sie sich (von Spanien bis Nigeria!) von thermischen Aufwinden in die Höhe tragen lassen, um von dort oben zur nächsten Thermik zu gleiten. Da es über der Wüste aber nachts keine Aufwinde gibt, konnten sie bislang nur am Tage fliegen.

Aber 1979 entdeckten sie die Ölfelder inmitten der algerischen Sahara, wo riesige Mengen überflüssiger Gase abgefackelt werden. Diese Flammen leuchten nachts nicht nur über 100 Kilometer weit, sondern erzeugen auch sehr starke Aufwinde. Diese haben die Störche nunmehr für den Nachtflug zu nutzen gelernt, indem sie von einem Ölfeld zum nächsten segeln.

Doch unerfahrene Jungstörche gleiten oft zu tief in die gigantischen Fackeln hinein und verbrennen dann zu Dutzenden.

Auch in Südafrika kommt es schon zu Dürrekatastrophen, die sich verheerend auf das Leben der Störche in ihrem Winterquartier auswirken. Zum Beispiel sind dort 1972 viele Störche verhungert. Ande-

Der Schwarzstorch

Dieser »Bruder« des Weißstorchs ist der seltenste Vogel Deutschlands. Schon im 19. Jahrhundert kam es zu einem starken Rückgang der Bestände mit zunehmendem Eindringen des Menschen in die immer kleiner werdenden Wälder. Im Gegensatz zum Weißstorch ist er sehr menschenscheu und horstet tief in absolut ungestörten Wäldern.

Der Horst muß 14 bis 18 Meter hoch liegen und noch von einer schattenspendenden Baumkrone überdeckt sein. Da es solche Bäume kaum noch gibt, montieren freiwillige Helfer der »Aktion Schwarzstorch« Kunsthorste im Wald – ein Unternehmen, das unter strengster Geheimhaltung arbeitet, da schon ein einziger Fotograf oder Wanderer das Storchenpaar für immer vergrämen kann.

Dreißigjährige Schutzarbeit beginnt, durch Erfolge belohnt zu werden. Im Sommer 1983 haben sich diese Vögel in den Wäldern der Lüneburger Heide auf 57 Stück vermehrt.

Der Schwarzstorch zieht übrigens auf den gleichen Wegen wie seine östlichen weißen Verwandten nach Afrika, nur nicht ganz so weit. Er bleibt den Winter über im südlichen Sudan.

re waren so unterernährt und geschwächt, daß sie ihre Reise in die Brutgebiete auf der nördlichen Erdhalbkugel nicht antreten konnten und in Südafrika geblieben sind. Seit 1964 haben einige dieser Vögel sogar damit begonnen, in der Kap-Provinz und in Zimbabwe Brutkolonien zu gründen. Ihr Zugtrieb ist in der Hungersnot erloschen.

So müssen wir uns jedes Jahr, wenn unsere Störche Ende August, Anfang September nach Afrika ziehen, voller Sorge fragen: Wird all die viele Mühe, um das Leben jedes einzelnen Vogels gekämpft zu haben, nicht in fremden Ländern zunichte gemacht worden sein? Wird Freund Adebar im nächsten Jahr, oder wenn es ein Jungstorch ist, wird er in drei oder vier Jahren auch tatsächlich zu uns zurückkehren?

IV. Nur ein Wunder kann sie noch retten

Saure Zeiten für den Hering

Die ersten Alarmzeichen wetterleuchteten bereits im Herbst 1967. Die riesigen Heringsschwärme, die alljährlich von der norwegischen Küste über den Nordatlantik bis Island schwammen, um dort zu überwintern, blieben in jenem Jahr erstmalig aus. Eine schwere Wirtschaftskrise erschütterte die Fischerinsel.

Statt nach Island waren die Heringe nach Spitzbergen und in die Barentssee gezogen. Isländische Zeitungen hielten das für eine »üble Laune der Natur«. Fischer meinten, der Hering »spiele verrückt«. Nach der biologischen Ursache fragte keiner. Dafür nahmen die Fangflotten aller nordeuropäischen Länder mit vielen werftneuen Konservenfabrikschiffen und tödlicher Elektronik an Bord die Verfolgung in Richtung Spitzbergen auf.

Der Erfolg: ein Fangrekord von fast zwei Millionen Tonnen. Aber bereits drei Jahre später schwärzte sich das Registrierpapier der Echographen, die jeden Fischschwarm präzise orten und so schön aufzeichnen, nur noch selten. Ein Meeresbiologe spottete: »Da waren mehr Fischdampfer als Heringe!«

In einem Raubbau ohnegleichen, der allenfalls mit der Ausrottung des nordamerikanischen Bisons oder der Blau- und Finnwale zu vergleichen ist, wurde seither ein Fischgrund nach dem anderen von Heringen »gesäubert«.

Jenes Volksnahrungsmittel, zu Kaisers Zeiten um 1900 als »Proletenfisch« für zehn Pfennig das Kilogramm auch für die Ärmsten erschwinglich und dann in Imageaufbesserung zum »Bismarckhering« geadelt, war auf dem besten Wege, als Superdelikatesse nur noch in Schlemmerlokalen nebst Austern und Kaviar für viel Geld zu haben zu sein und so an den Rand zur Ausrottung zu geraten.

Nach einer scharf formulierten Dokumentation, die ich in der Wochenschrift »Die Zeit« veröffentlichte, verhängte der EG-Ministerrat zunächst bis zur weiteren Überprüfung der Situation ein totales Fangverbot für Heringe von Juni bis Oktober 1977. Die Untersuchung ergab, daß jenes Fangverbot auf fünf Jahre bis einschließlich 1982 ausgedehnt werden mußte, wenn der Nordseehering vor der völligen Ausrottung bewahrt werden sollte. So geschah es dann auch.

Eine weitere Hiobsbotschaft förderte in jenen Tagen die Entschlußfreudigkeit des EG-Ministerrats: Vor den norwegischen Lofoteninseln, bei denen schon seit 1969 kein Hering mehr gefangen werden konnte, hatten sich bis 1977 die Bestände überhaupt noch nicht wieder erholt. Es schien, als sei hier der Hering für alle Zeiten ausgerottet.

Am Rande spielte sich eine weitere Tragödie ab. Auf der Lofoteninsel Røst brüten alljährlich 650 000 Paare der wie bunte Clowns aussehenden Papageientaucher in einer riesigen Kolonie. Die Elternvögel füttern ihre Kinder seit Urzeiten mit jungen Heringen. Aber seit 1969, als die modernen Fangflotten des Menschen in diesem Seegebiet keinen Hering mehr aufspüren konnten, widerfuhr den Papageientauchern das gleiche Schicksal wie ihren Beutetieren. Wie Vogelwarte gezählt haben, mußten dort von 1969 an alljährlich etwa 500 000 Jungvögel im Nest verhungern. Ihre Eltern fanden nur noch wenige Sprotten und Sandaale. Zum Leben zu wenig, zum völligen Aussterben noch etwas zu viel.

Erst seit 1983 fand der Massenhungertod der Vogelkinder im Nest nicht mehr statt. Ein Zeichen dafür, daß die Heringsbestände von 1969 bis 1983, also vierzehn Jahre, benötigt hatten, um sich wenigstens halbwegs zu erholen.

Schuld am Sterben der Heringe war das »Wachstum« der Fischereiflotten nach Zahl der Schiffe, vor allem aber nach technischer Innovation. Wahrhaft massenmörderisch wirkte die moderne »Kriegstechnik«, mit der die Fischer seit 1962 im Großeinsatz in See stachen.

Früher hing der Erfolg vom Geheimwissen des Fischdampferkapitäns um die Wanderwege der großen Schwärme ab. Wo sie gerade standen, mußte er »riechen«. Klar erkennen konnte er die Masse der Hunderttausende oder Millionen, aus denen ein Schwarm bestand, nur daran, daß abends das Wasser »kochte«. Dieses Phänomen hat folgende Ursache: Heringe sind Augentiere und können ihre Beute, zumeist kleine Planktonkrebse, nur aus 5 Zentimeter Entfernung sehen. Das hängt mit dem Dämmerlicht zusammen, das in etwa 100 Meter Meerestiefe dringt, wo sich die Krebschen aufhalten. Bei Anbruch der Abenddämmerung müssen sie daher das Fressen einstellen. Dann kommen die Heringe aus der Tiefe nach oben und verbringen die Nacht bei etwa 30 Meter Tiefe in Schlafstellung.

Wie die Sowjets mit Forschungs-U-Booten festgestellt haben, schweben sie dann alle bewegungslos in Schräglage durcheinander, bis sich beim ersten Morgenlicht der Schwarm von neuem formiert. Beim abendlichen Erreichen der Schlaftiefe lassen die Millionen Tiere eines Schwarmes Luft aus ihren Schwimmblasen ab, um nicht bis an die Oberfläche getragen zu werden. Diese Luftblasen verursachen das verräterische »Kochen« des Wassers, in das hinein die Kapitäne früher ihre Netze auswarfen.

Heute werden die Schwärme wie feindliche U-Boote mit Horizontal- und Vertikalecholoten schon von weitem präzise geortet. Tiefenschleppnetze, die sich mit einer weiteren Echolotsonde genau auf die Schwimmhöhe der Heringe einsteuern lassen, erfassen den Schwarm zentral, bis sie prall gefüllt sind.

Einen weiteren Trick haben die Sowjets den Delphinen abgelauscht. Wenn ein Rudel dieser Meeressäuger einen Heringsschwarm angreift, stoßen sie ein lautes Zischen aus. Damit imitieren die Delphine wiederum die Sprache der Heringe. Bei diesen heißt das Zischen so viel wie: »Alle zum dichten Pulk zusammenschließen!« Dann können die Delphine aus dem vollen schöpfen.

Ebendieses Zischen senden die sowjetischen Fischkonserven-Fabrikschiffe aus, wenn das Netz geschlossen und an Deck gehievt werden soll. Zuvor entkamen dabei viele Heringe durch Flucht vom Schwarm weg. Wenn sie jetzt aber das Zischen hören, sammeln sie sich genau dort, wo der Fischer sie haben will: im Netz.

Das schlimmste Vernichtungsmittel ist jedoch eine isländische Erfindung: die sogenannte Ringwade. Mit einem riesigen Netz, das wie eine Gardine von Bojen nach unten hängt, wird ein ganzer Schwarm umzingelt. Dann wird der untere Rand wie ein umgekehrter Sack zugeschnürt. Die Menge der Fische, die hierin gefangen wird, ist so gewaltig, daß sie nicht mit einem Hol an Deck gehievt werden kann. Deshalb stoßen die Rüssel riesiger Saugbagger in die Masse hinein und pumpen die Heringe durch Rohrleitungen in die Kühlräume. Vom Millionenschwarm kann kein Hering mehr entkommen.

Die Vernichtung der Heringe

a) Anlandungen in deutschen Häfen:
   1955: 334 000 Tonnen Heringe = Rekordjahr.
   1959: 260 000 Tonnen Heringe.

Von Jahr zu Jahr wurden es immer weniger.
   1961: 123 000 Tonnen Heringe.

b) Fangmengen norwegischer Schiffe:
   1965: 1,9 Million Tonnen vor der norwegischen Küste.
   1969: nur noch 20 000 Tonnen dort,
   1975: nur noch 17 000 Tonnen dort.

Dann fuhren die Norweger in die Nordsee:
   1970: 1,0 Million Tonnen Heringe,
   1976: nur noch 200 000 Tonnen Heringe.

Dann fuhren die Norweger in die Barentssee:
   1973: fast 2 Millionen Tonnen Heringe,
   1977: lohnte sich der Fang dort nicht mehr.

Deutscher Erfindergeist war auch nicht müßig. Als ob das alles noch nicht ausreichen würde, und als ob man in Bonn von der katastrophalen Fischvernichtung noch gar nichts gehört hätte, so wurde noch 1970 ein neues Projekt, vom Bundesforschungsministerium mit 5,5 Millionen Mark finanziert, in Arbeit genommen: das IFFS, das »Integrierte Fischfangsystem«, bei dem modernste Ortungstechnologie mit Computern gekoppelt, Schwärme wie Netz auf einem dreidimensionalen Bildschirm sichtbar gemacht und alle Instruktionen zum optimalen Fang automatisch von einem elektronischen Schreibautomaten ausgeworfen werden. Seit 1978 ist IFFS im Einsatz.

Alle diese Technologien, verbunden mit ungehemmtem wirtschaftlichen Wachstumsstreben im Westen wie im Osten, haben zwischen 1969 und 1977 zum völligen Zusammenbruch der Heringsfischerei und zur Semiausrottung einer Tierart geführt. Erst kam die Rationalisierung. Jetzt haben wir die Rationierung!

Derjenige, der den biologischen Begriff des Wachstums so von Grund auf verfälscht in die Volkswirtschaft eingeführt und zur unabdingbaren Forderung erhoben hat, wußte nicht, was er tat. Er verwechselte die Unersättlichkeit menschlichen Besitzstrebens mit einem natürlichen Vorgang. Zum echten Wachstum gehört die Reife, das Alter, das Vergehen. Die Schöpfung hat dafür gesorgt, daß die Bäume nicht in den Himmel wachsen. Überfall dort, wo in der Natur Lebenserscheinungen dicht an die Grenze der Unermeßlichkeit stoßen, etwa bei den Milliardenschwärmen der Wanderheuschrecken oder bei den Lemmingen, endet die Entwicklung im ebenso unermeßlichen Massentod.

Daß dies auch für den Menschen gilt, wird an unserem Umgang mit der belebten Natur deutlich. Das Wachstum der Walfangflotten führte zum Massentod und Semiaussterben der großen Meeressäuger und damit zur weitgehenden Selbstvernichtung der Walindustrie. Bei der Heringsfischerei ist es genau dasselbe. Insofern ist die Heringskatastrophe zugleich ein Modell wie ein Menetekel für die Zerstörung unserer Zukunft.

Schuld an dieser Entwicklung sind gerade diejenigen, die es eigentlich hätten vorhersehen müssen: die Meeresbiologen. Sie haben es versäumt, rechtzeitig und eindringlich zu warnen. Aber ihr Brötchengeber ist nun einmal die Fischindustrie.

Nur zu oft verbinden sich noch mit dem Massenfisch Hering völlig falsche, inflationistische Vorstellungen über die Überlebenskraft dieser Tierart. Noch der berühmte englische Biologe Professor Sir Julien Huxley hielt die Heringsvorräte der Meere für unerschöpflich. Aber Heringe vermehren sich nicht wie Ratten. Wer macht sich schon klar, daß ein Hering bis zu 25 Jahre alt wird? Daß er erst im dritten oder vierten Lebensjahr die Geschlechtsreife erlangt?

Aber die Fangflotten, vor allem der Dänen, fischten ohne Skrupel auch die Schwärme der Jungheringe weg, um sie zu Fischmehl, also zu Hühner- und Schweinefutter, zu zermahlen. Vierzig bis fünfzig Gewichtsprozente aller Heringsfänge gingen ausgerechnet in den Krisenjahren um 1977 in die Fischmehlfabriken. Aber als danach keine großen Heringe mehr nachgewachsen waren, haben die Fischer sich gewundert!

Verheerend für den Bestand wirkte sich außerdem das Schwarmverhalten dieser Fische aus. Die soziale Ordnung der Heringe ist die zwar anonyme, aber doch perfekt organisierte Masse. Alle Tiere

Der Lebenslauf des Norwegerherings

Drei Wochen nach dem Laichen schlüpfen die Larven. Sie sind 5 bis 7 Millimeter lang, durchsichtig und schlank, ernähren sich von Planktonkrebschen und wachsen bei Wassertemperaturen zwischen 6 und 15 Grad am schnellsten.

Im ersten Lebensjahr bleiben die Jungtiere in dem Fjord, in dem sie zur Welt gekommen sind, erreichen im Alter von einem Jahr eine Länge von 5 bis 10 Zentimetern und sind dann von einer Sprotte kaum zu unterscheiden.

Im Laufe dieses Jahres entwickelt sich langsam die Fähigkeit zur Schwarmbildung. Bis zu 7 Millimeter lange Fische stoßen sich noch gegenseitig ab. 8 und 9 Millimeter lange Jungtiere schwimmen, wenn sie sich begegnen, schon zu zweit eine kurze Strecke nebeneinander her, trennen sich aber bald wieder. Mit 10 Millimetern beginnen sie sich zu versammeln und in kleinen Gruppen parallel zu schwimmen. Von 12 Millimetern an können sie sich innerhalb weniger Sekunden, wenn sie das Fressen abbrechen, zu einem großen Schwarm formieren.

Im zweiten Lebensjahr schwimmt der Schwarm aus dem Fjord ins Nordmeer, wo er bis zum dritten oder vierten Jahr und bis zum Erreichen einer Körperlänge von 20 Zentimetern bleibt. Er überwintert bei Island.

Im vierten Lebensjahr zieht der Hering, wenn er geschlechtsreif ist, in die Laichgründe zurück. Er kann ein Alter bis zu 25 Jahren erreichen.

schwimmen parallel, außer wenn sie fressen; alle Köpfe zeigen in dieselbe Richtung; alle halten die gleichen Abstände ein; alle tun das gleiche zur gleichen Zeit.

Zwar hat der Schwarm keinen Anführer, aber doch eine Art »Massenseele«. Wie auf Kommando zerstreuen oder sammeln sich die Fische, je nachdem, welcher Feind angreift. Schwimmt ein Schiff über sie hinweg, schießt der Schwarm sofort geschlossen 50 Meter tiefer. Vom Hubschrauber aus gesehen, wirkt er wie ein einziges, organisches, sich wie eine Amöbe fortbewegendes Wesen.

Die ursprünglich sehr vielen Schwärme, die von den zahlreichen Laichgründen der Nordsee und des Atlantik kamen, trafen im Verlauf ihrer weiten jahreszeitlichen Wanderungen oft zusammen. Dann blieb alles, was gleich schnell schwamm (mit 2 bis 6 Kilometern pro Stunde, je nach Alter, ist der Hering ein sehr langsam schwimmender Fisch), beieinander. So sortieren sich die Verbände immer neu nach gleicher Größe.

Als in den siebziger Jahren die Heringsbestände so enorm dezimiert wurden, sammelten sich trotzdem die wenigen Überlebenden immer wieder erneut zu Schwärmen ... und bildeten wiederum lohnende Ziele zum Auswerfen der Netze. Nicht die Stückzahl pro Schwarm nahm ab, sondern die Zahl der Schwärme. Das war es, was fast zur Vernichtung führte.

Den Kurs, den ein Schwarm einschlägt, bestimmt gleichsam die »demokratische« Mehrheit. Haben sich zum Beispiel wenige überlebende isländische Heringe einem großen Spitzbergenschwarm angeschlossen, ziehen eben alle zusammen nach Spitzbergen. Das also war die wirkliche Ursache der Abwanderung nach Spitzbergen: das Zusammenschmelzen der isländischen Bestände durch Überfischen zur Minderheit in den Schwärmen und nicht etwa eine »üble Laune der Natur«, wie die isländischen Fischer meinten.

Noch kritischer spitzt sich die Frage des Überlebens am Laichgrund zu. Ein Weibchen legt jedes Jahr je nach Alter und Größe 22 000 bis 70 000 Eier. Früher, als sich noch die Millionen im flachen, höchstens 15 Meter tiefen Küstengewässer rings um die englische Insel oder in den Fjorden Norwegens versammelten, bedeckte schließlich ein mehrere Zentimeter dicker Rogenteppich Tausende von Quadratmetern Stein- oder Kiesboden. Das klingt nach einem gigantischen, schier unerschöpflichen Vermehrungspotential.

Doch bereits dann, wenn die Heringe über Sand oder Schlick laichen würden, wären sie allein deswegen schon längst ausgestorben. Denn dort würden Schollen, Butt und andere Plattfische die gesamte Brut vernichten. Über Stein und Kies bleiben aber immerhin noch Dorsch, Schellfisch und Kamm-Muscheln als nicht zu unterschätzende Eiräuber.

In der Kieler Förde, wo Ostseeheringe laichen, spielt sich ein interessantes ökologisches Phänomen ab. Untersuchungen von Meeresbiologen ergaben: Die Wasserverschmutzung durch Abwässer ist noch nicht so schlimm, daß Jungheringe dort zugrunde gehen würden. Dennoch ging ihre Zahl 1979 drastisch zurück. Die Ursache? Die Abwässer überdüngten die Förde. In der Folge davon wuchs die Zahl der Ohrenquallen, die sich dort ebenfalls fortpflanzen, ins Astronomische. Und diese Jungquallen waren es, die nun die 6 Millimeter kleinen Jungheringe massenweise fraßen. So führte eine »noch nicht tödliche Wasserverschmutzung« auf zunächst ungeahnten Wegen indirekt dennoch zum Tod.

Hinzu kommen die Feinde der »fließenden Heringe«. So nennt man diejenigen, die gerade am Laichplatz im exstatischen Hin und Her, aber ohne partnerbezogenes Liebesspiel, ihren Rogen und ihre »Milch«, also den Samen, abströmen lassen. Ihre Feinde sind die Schwärme der Dorn- und Katzenhaie. Sie unternehmen weite Wanderungen, nur um an den Laichgründen der Heringe zur Stelle zu sein, wenn sich diese fortpflanzen. Sie vertilgen ernorme Heringsmassen.

Wenn es jetzt statt der Millionen nur noch wenige tausend Heringe sind, die hier laichen, gibt es unter ihnen ein Gemetzel, in dem kaum noch ein Hering überleben, geschweige denn laichen oder »milchen« kann. Das bißchen, das dann noch als befruchteter Rogen übrigbleibt, fällt alsbald den Quallen, Pfeilwürmern, Muscheln und anderen Fischen zum Opfer.

Das ist der Grund, weshalb es bei den Lofoten vierzehn Jahre dauerte, ehe sich dort die Heringsbestände wieder halbwegs erholt hatten – trotz der ungeheuren Fruchtbarkeit von 22 000 bis 70 000 Eiern pro Weibchen und Jahr!

Die Einfallslosigkeit der Vorschläge, die Meeresbiologen 1977 den Fischern unterbreiteten, hat die Hoffnungslosigkeit der Lage noch vervollständigt. Statt der Heringe sollten von da an Grenadierfische, Blauwittlinge, Pilchards und Sardinopse gefangen werden.

Der Grenadier muß aus 300 Meter Tiefe heraufgeholt werden, ist so häßlich, daß Seeleute ihn »Rattenschwanz« nennen, hat so viele Gräten, daß die Fischmühlen streiken, und läßt sich nur als Filet an den Kunden bringen. Der Blauwittling läßt sich wiederum überhaupt nicht filetieren, und die beiden anderen Arten müssen von den Küsten Südamerikas und Westafrikas herangeschafft werden. – Und so etwas soll jenen Fisch ersetzen, der früher als Salz-, Brat-, Bismarck- oder Grüner Hering, als Matjes, Rollmops oder Bückling, in Gelee, in Öl oder Gewürztunke oder als Salat eine ebenso vorzügliche wie billige Delikatesse war?

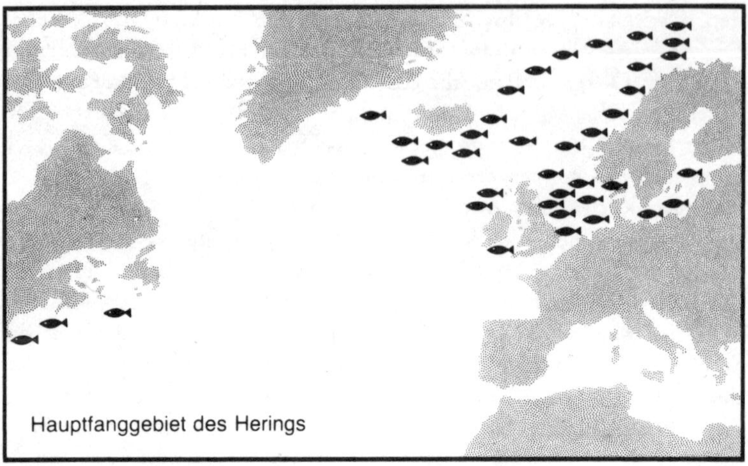

Auch der Rat, Massenfang auf Ersatzfische zu betreiben, löst das Problem nicht dauerhaft. Er ist nur eine Aufforderung, weitere Fischarten binnen kurzem auszurotten.

Haben die Verantwortlichen 1983, als sich die Heringsbestände wieder ein wenig erholt hatten, aus den schlimmen Erfahrungen gelernt? Lassen wir die Fakten antworten:

Der EG-Ministerrat beschloß, für 1983 wieder 84 300 Tonnen Nordseeheringe zum Fang freizugeben. Die Vertreter Hollands, Belgiens, Englands, der Bundesrepublik, Dänemarks und Norwegens forderten jedoch aus ökonomischen Gründen das Doppelte. Über die Aufteilung der Fangquoten entbrannte ein Kampf aller gegen alle nach dem Prinzip: »Nimm, was du kriegen kannst.« Fischer protestierten und sperrten mit ihren Schiffen die Häfen. Vorab zugestandene Quoten für das ganze Jahr waren bereits im Mai ausgeschöpft. Aber eine Einigung darüber konnte am Verhandlungstisch in Brüssel erst am 15. Dezember erzielt werden, nachdem der Ministerrat weich geworden war und für 1984 155 000 Tonnen und für 1985 nicht weniger als 251 000 Tonnen in Aussicht stellte.

Fangverbote, Fangquoten, Subventionierung eines vor dem Ruin stehenden Wirtschaftszweiges, Proteste und Hafensperrungen – das alles sind doch nur Ohnmachtserscheinungen, mit denen sich die Zukunft nicht meistern läßt.

Warum hat niemand daran gedacht, eine Art »Fischfarming« für Jungheringe zu betreiben, etwas aufzubauen, etwas zu säen, bevor man erntet?

Krill – Schicksal der Wale und der Erde

Von der Antarktis kommend, hatte der Blauwal nach 8 000 Kilometern weiter Reise den Äquator überquert und das Seegebiet der Kapverdischen Inseln vor der Atlantikküste Westafrikas erreicht, als ein Rudel von 32 Schwertwalen angriff. Der Verfolgte, ein etwa achtzigjähriger Gigant von 33 Meter Länge und 136 Tonnen Gewicht, fast so groß wie ein kleines U-Boot des Zweiten Weltkrieges, ebensoviel wiegend wie vier der riesigsten Dinosaurier oder wie 150 Rinder, peitschte mit einer Kraft von 525 PS seine Schwanzflosse, die sogenannte Fluke, auf und ab und schoß mit einer Geschwindigkeit von 50 Kilometern pro Stunde davon.

Um das gleiche Tempo zu erreichen, benötigen die heutigen U-Boote einen Atomreaktor von 25 000 PS Leistung. So strömungstechnisch miserabel arbeitet noch die Technik des Menschen. Der Blauwal wäre seinen Verfolgern auch davongeschwommen, wenn nicht noch sechs weitere Schwertwale von vorn angegriffen hätten. Drei rammten ihn. Einer schnappte nach der Schwanzflosse, wurde aber 10 Meter hoch in die Luft geschleudert. Ein zweiter verbiß sich in einer Seitenflosse und bremste die Fahrt. Ein dritter schoß auf das Maul des Opfers zu, das dieses drohend aufriß. Ein »Saal« tat sich auf, so groß, daß zwanzig Menschen darin eine Stehparty hätten feiern können. Aber der Schwertwal wußte, daß der Blauwal im Gegensatz zu ihm keine Zähne besaß, also weder beißen noch kauen konnte, und schwamm furchtlos in das »Scheunentor« hinein.

Dort riß der mit 9 Meter Länge auch nicht gerade kleine Räuber die Zunge heraus, einen Fleischbrocken von der Masse eines ausgewachsenen Elefanten. Damit war der Blauwal nicht mehr lebensfähig.

Dieser Riese, das größte Lebewesen aller Zeiten auf unserem Pla-

ben: Eine Sattelrobbenmutter mit ihrem Kind – ein Opfer für die Damenmode?

nten: Profaner Tod in der Konservendose: das unerforschte Wundertier, die Suppenschildkröte.
Fotos: Okapia

Ein Foto mit Seltenheitswert: Zehn Andenkondore und ein Rabengeier warten in der Nähe ein Kadavers, bis die Luft rein ist. *Fotos: Okap*

ben: Von Zoos vor dem Aussterben gerettet und heute wieder in Freiheit: der Wisent.
Foto: Klaus Paysan

nten: Auch der Urahn unserer Hauspferde wurde von Zoos gerettet: Przewalskipferde.
Foto: Okapia

Oben: Feldhasen beim Liebesspiel.

Unten: Ein Igel in typischer Igelstellung. *Fotos: Okapi*

neten, an dem alles gigantisch ist, ernährt sich seltsamerweise von Tieren, die nur 1,7 Gramm wiegen, von streichholzlangen, garnelenartigen Leuchtkrebsen, die als »Krill« bezeichnet werden.

Jene Winzlinge schwimmen nahe der antarktischen Treibeisgrenze jedoch in Superschwärmen umher, die einen Durchmesser von mehreren Kilometern und eine Dicke von 5 bis 10 Metern haben, je etwa 2 000 Milliarden Tiere umfassen und ein Gesamtgewicht von mehreren Millionen Tonnen besitzen – alles astronomische Ausmaße!

Solch einen Superschwarm weiß der Blauwal mit einer Art Ultraschallecholot in den unermeßlichen Weiten des Südpolarmeeres zu orten und anzusteuern. Mit einem einzigen Happen nimmt er gleich zwei Zentner oder 60 000 Krillkrebse samt mehreren Kubikmetern Wasser in sein Riesenmaul.

Dort muß die feste Nahrung von der Flüssigkeit getrennt werden. Das geschieht in einer einzigartigen Filtrieranlage: Der Oberkiefer stülpt einen doppelten Vorhang, bestehend aus etwa 700 »fischbeinernen«, ineinander verfilzten, 90 Zentimeter langen Barten, die »bartartig« im Maul hängen, über die Beute. Der Kehlsack, durch zahlreiche Furchen (daher der zoologische Familienname der »Furchenwale«) ziehharmonikaartig dehnbar, bläht sich ballonartig weit nach unten auf. Dann aber preßt die 3,2 Tonnen schwere Zunge von unten gegen den Fang und quetscht das Wasser durch das Barten-»Netz« hindurch seitlich aus dem Maul heraus. Der Krill aber verfängt sich darin und wird durch den Schlund, der seltsamerweise so winzig ist, daß ein Hering gerade eben hindurchpaßt, sanduhrartig in den Magen befördert.

Die »hydraulische Presse« der Zunge war dem Blauwal nun von seinem Erzfeind herausgerissen worden. Doch das war erst der Anfang. Dann zerfetzten andere Schwertwale die Furchen und bissen ochsengroße Teile der Unterlippe ab. Der Riese verblutete und wurde nun von den 38 Schwertwalen regelrecht in kleine Stücke zerlegt, ähnlich wie auf einem Walfang-Mutterschiff.

Die meisten anderen Blauwale, die in dem Seegebiet der Kapverden allein oder in Gruppen zu zweit oder dritt schwammen, konnten ihren Feinden entkommen.

Schon seit Tagen verfolgten die Bullen die Duftspuren, die brünstige Weibchen unter ständigem Urinieren im Atlantik hinterließen: geruchliche Liebespfade von einigen hundert Kilometern Länge im Weltmeer!

Bereits aus einer Ferne von 180 Kilometern war unter Wasser zu hören, daß in den Paarungsgründen der Inselgruppe Hochbetrieb herrschte. Die Liebesspiele dieser Giganten bieten ein einzigartiges Schauspiel. Der Penis der Bullen erigiert bis zu einer Länge von 3 Metern. Eine Paarung ist nur als glitschiger Balanceakt, bei hohem Schwimmtempo Bauch gegen Bauch pressend, möglich und dauert nur wenige Sekunden.

Nach einer Tragzeit von elf Monaten wird das Junge in den Paarungsgründen geboren, meist mit dem Schwanz voran. Ein oder zwei »Tanten« eilen herbei und leisten Geburtshilfe, indem sie das Junge an die Oberfläche zum ersten Atemzug tragen.

Das Baby ist bei der Geburt bereits 7 Meter lang und 2 000 Kilogramm schwer. Von nun an saugt es bei seiner Mutter sieben Monate lang täglich bis zu 430 Liter Milch, also so viel, wie fünfzig Hochleistungs-Milchkühe geben. Bei dieser Futtermenge kann man den jungen Blauwal geradezu wachsen sehen: Jeden Tag wird er 4,2 Zentimeter länger und 2 Zentner schwerer.

Allerdings besitzt das Neugeborene noch nicht jene 14 Zentimeter dicke Speckschicht, die größere Tiere vor der Kälte der antarktischen Gewässer schützt. Das ist ein Grund, weshalb die Blauwale ihr südpolares Krill-Schlaraffenland verlassen und die weite Reise nach den Tropen antreten müssen, wo es für sie so gut wie keine Nahrung gibt: Die Jungen dürfen nur in tropisch warmen Gewässern zur Welt kommen, weil sie sonst erfrieren würden. Nur ihren Kindern zuliebe reisen die Blauwale so weit und nehmen dabei eine Fastenzeit von 240 Tagen auf sich. Und mehr noch: Die hungernden Muttertiere sorgen in dieser Zeit sogar noch durch die täglichen Vier-Hektoliter-Milchmahlzeiten dafür, daß sich ihre Kinder in den ersten Lebensmonaten jene Speckschicht anmästen, mit der sie alsbald die Rückreise in die Antarktis antreten können.

Der zweite Grund, weshalb die Riesen der Ozeane weltweit wandern, liegt darin, daß sich im antarktischen Herbst, also im März und April, der Packeisgürtel über die Krillgründe schiebt. Die Krebse leben dann unter der Eisdecke weiter. Aber die Blauwale können das nicht, da sie immer wieder an der Oberfläche Luft holen müssen.

Trotzdem sind die Blauwale während der nur 120 Tage im Jahr, in denen sie sich vom Krill dick und rund futtern können, diejenigen Tiere, die in den fettesten Weidegründen schmausen. Weil sie die Größten sind, haben sie die dickste Fettschicht und können damit in die kältesten Zonen der unmittelbaren Eisnähe vordringen. Dort finden sie die meiste Nahrung ... und können die Größten werden.

Die kleineren antarktischen Bartenwale (Finnwal: 24 Meter, Sei- und Südlicher Glattwal: 18 Meter, Buckelwal: 15 Meter, Brydewal: 13 Meter, Zwergwal: 9 Meter lang) halten zum Packeis in der Regel um so größeren Abstand, je kleiner sie sind, und desto spärlicher ist auch ihr »Tisch gedeckt«, weil sich nur der »Überschuß« des Krills nach Norden ausbreitet.

In dieses perfekt geregelte Paradies der Giganten brach der moderne Mensch mit apokalyptischen Vernichtungsorgien ein. Die Tragödie begann im Jahre 1925, als die erste schwimmende Walkocherei, ein riesiges Fabrikschiff, in Dienst gestellt wurde. Bereits fünf Jahre später gingen Tod und Verderben von nicht weniger als 41 Kochereien mit insgesamt mehr als 200 Fangschiffen über alle Ozeane. Innerhalb eines einzigen Jahres mußten in antarktischen Gewässern 40 201 große Wale sterben, in anderen Meeren weitere 30 000, darunter 29 000 Blauwale – 2,6mal so viel, wie heute noch auf der ganzen Welt am Leben sind!

Der ursprüngliche Weltbestand von 220 000 Blauwalen wurde bis 1963 auf nur noch 1 900 Tiere dezimiert, der Finnwal bis 1973 von 490 000 Exemplaren auf sogar nur noch 700 Stück. Etwas später mußte der Buckelwal daran glauben. Von 13 000 Tieren lebten 1960 nur noch 600.

Immer dann, wenn die Schlächter eine Walart bis fast zur Ausrottung vermindert hatten, so daß sich der Fang nicht mehr lohnte, beschloß die Internationale Walfangkommission, sie unter Schutz zu stellen. Das hat immerhin bewirkt, daß bis heute noch keine einzige Walart total ausgerottet wurde.

Aber trotzdem: welcher Wahnsinn! Hätten die Fangschiffe von 1930 bis 1939 und dann nach dem Krieg wieder von 1945 bis 1955 nicht 50 000 Blau- und Finnwale jährlich harpuniert, sondern »nur« 15 000, dann wäre ein so großer Bestand erhalten geblieben, daß auch heute noch und bis in ferne Zukunft die gleiche Menge alljährlich hätte gejagt werden können. Doch die Walfangflotten mußten sich ihr Seemannsgrab selber bereiten. Die Japaner und die Sowjets, die barbarischsten Umweltzerstörer auf den Weltmeeren, haben das bis heute noch nicht begriffen.

So rettet eine Frau die letzten Wale

Die junge Hamburger Diplombiologin Petra Deimer lernte die Wale aus eigener Anschauung auf allen Weltmeeren bis hin zur Antarktis kennen. Der Walfang bei den Azoren, dem sie im offenen Boot beiwohnte, erschütterte sie so sehr, daß sie beschloß, diesen Tieren zu helfen.

Da ein Einzelmensch machtlos ist, gründete sie eine Organisation, die Gesellschaft zum Schutz der Meeressäugetiere, deren Präsidentin sie wurde, und sammelte unter einer Petition 60 913 Unterschriften. Nun zog das Fernsehen mit. Von diesem allgewaltigen Medium ließ sich wiederum der damalige deutsche Bundeslandwirtschaftsminister Josef Ertl, der auch für den Naturschutz zuständig war, zu einem Gespräch vor dem Bildschirm bewegen. Thema: »Handelsverbot für Walprodukte«.

Das Ergebnis: Der Minister ernannte Petra Deimer zur deutschen Chefdelegierten für die Vertragsstaatenkonferenz zum Washingtoner Artenschutzabkommen 1981 in Neu-Delhi, Indien. In dreiwöchigen schwierigen Verhandlungen gelang es ihr, das Mißtrauen der Naturschützer gegenüber der Bundesrepublik Deutschland zu zerstreuen, die USA zu veranlassen, ihren weniger weit greifenden Antrag zugunsten des deutschen zurückzuziehen, Japan und die Sowjetunion zu isolieren und die Konferenz zu bewegen, den von ihr erarbeiteten deutschen Gesetzesentwurf mit überwältigender Mehrheit anzunehmen.

Seit Juni 1981 ist das Gesetz in achtzig Staaten in Kraft. Seither dürfen in diesen Ländern Produkte von Walen aller Art weder ein- noch ausgeführt, noch sonstwie gehandelt werden. Diese Maßnahme hat den Walfang vor allem durch die Japaner erheblich eingeschränkt.

Für ihre hervorragende Leistung erhielt Petra Deimer 1983 den Bruno-H.-Schubert-Preis von WWF-Deutschland.

Worum es hier geht, haben Meeresbiologen schon vor Jahrzehnten formuliert als das »Prinzip des Grenzwertes, der den höchstmöglichen auf Dauer haltbaren Ertrag garantiert«. Im Klartext: Wir müssen von einer Beuteart immer so viele Tiere am Leben erhalten, daß wir noch nach zehn, hundert und tausend Jahren ebenso viele fangen können wie heute.

Eine viel zu komplizierte und abstrakte Rechnung? Keineswegs! Denn alle Geschöpfe der Natur handeln danach, wenngleich unbewußt. Noch nie hat eine Raubtierart alle ihre Beutetiere ausgerottet. Täte sie das, würde sie sich damit selber vernichten. Noch nie haben Löwen alle Huftiere der Steppe aufgefressen, noch nie haben die Habichte alles Niederwild einer Region vernichtet, noch nie haben Haie alle Fische verschlungen, noch nie haben Wale den Krill ausgerottet. Stets sorgt die Schöpfung mit feinen Regulationsmechanismen, mit instinktiven Verhaltensweisen dafür, daß Tiere nicht ihre eigene Existenzgrundlage vernichten. Nur der Homo sapiens ist so antisapiens, daß er in diese ökologische Harmonie einbricht wie ein alles zerstörender Barbar.

Bis zum Überdruß trugen Meeresbiologen diese Argumente auf den Sitzungen der Internationalen Walfangkommission vor. Aber die Geschäftsleute setzten sich bisher immer darüber hinweg. Statt ökologischer führten sie ökonomische Gesichtspunkte ihrer Kostenrechnungen für Schiffe, Ausrüstung und Mannschaft an. So sägten sie den Ast ab, auf dem sie saßen, nicht ahnend, daß rein wirtschaftliches Rechnen nur bis zur nächsten Jahresbilanz, auf weite Sicht gesehen, das Unwirtschaftlichste ist, das ein Kaufmann, der von Erzeugnissen der Natur lebt, unternehmen kann.

So betrachtet, ist die Ökonomie der schlimmste Feind der Ökologie und des Lebens.

Dennoch schlagen Japaner und Sowjets weiterhin die überzeugendsten Argumente der Artenschützer in den Wind. Wie von Blindheit geschlagen jagen sie weiterhin den letzten Walen unserer Erde nach – trotz weltweiter Proteste des WWF, trotz des Vetos der internationalen Gesellschaft zum Schutz der Meeressäugetiere, trotz tollkühner Walrettungsaktionen der Mitarbeiter von Greenpeace, trotz der Ächtung durch die Mitgliedstaaten des Washingtoner Artenschutzabkommens, trotz flammender Anklagen in Fernsehen, Funk und Presse in aller Welt.

Was hat die verschwindend kleine Minderheit der Walschlächter dagegenzusetzen? Ein sowjetischer Delegierter auf der Vertragsstaatenkonferenz zum Washingtoner Artenschutzabkommen 1981 in Neu-Delhi zur Präsidentin der Gesellschaft zum Schutz der Meeressäugetiere, der Diplombiologin Petra Deimer: »Wale sind nicht dafür

Alle Tiere der Antarktis

Es gibt kein Tier in der Antarktis, welches nicht davon lebt, daß es Krill frißt oder andere Tiere verzehrt, die wiederum Krill fressen. Das bedeutet: Nach der Ausrottung des Krills könnte kein einziges Tier mehr im antarktischen Gebiet existieren. Davon wären nach der Zählung des Jahres 1980 folgende Tiere betroffen:

- 11 000 Blau- und Finnwale
- 37 000 Seiwale
- 3 000 Südliche Glattwale
- 3 000 Buckelwale
- 30 000 Brydewale
- 400 000 Zwergwale

Alle Wale haben einen jährlichen Gesamtkonsum von 43 Millionen Tonnen Krill.

- 30 Millionen Krabbenfresserrobben, die nicht Krabben, sondern Krill fressen und als Einzelgänger weit über das gesamte Südpolarmeer verstreut leben;
- 900 000 Seebären, die 1930 wegen des wertvollen Pelzes bis auf 150 Tiere ausgerottet wurden, seither aber unter Schutz stehen und sich stark vermehrt haben.

Diese beiden Robbenarten haben einen jährlichen Gesamtkonsum von 140 Millionen Tonnen Krill.

- Viele Millionen Kaiser-, Königs-, Adelie- und andere Pinguine sowie andere Vögel. Sie haben einen geschätzten Konsum von 130 Millionen Tonnen Krill im Jahr;
- Fische, vor allem aber unzählbare Mengen von Tintenfischen mit einem Verbrauch von 60 Millionen Tonnen Krill.

Von diesen Krillfressern ernähren sich wiederum:

- 300 000 bis 500 000 See-Leoparden (von Pinguinen, Fischen, Tintenfischen und jungen Robben);
- 700 000 See-Elefanten, die einst des Öls wegen fast ausgerottet wurden, seit 1910 aber unter Schutz stehen und sich wieder stark vermehrt haben; ihre Hauptnahrung sind Tintenfische;

- 750 000 Weddelrobben mit Fischen, Tintenfischen und Seesternen als Nahrung;
- 400 000 Roßrobben, die hauptsächlich von Tintenfischen leben;
- 960 000 Pottwale, die vor allem große Arten von Tiefseekraken fressen, und
- eine unbekannte Anzahl von Schwertwalen, die Pinguine, Robben und Wale aller Art angreifen.

Andere Großtiere gibt es in der Antarktis nicht.

da, um spazierenzuschwimmen oder sich zu amüsieren. Die Natur und ihre Schätze sind dazu da, unsere Gesellschaft zu erhalten – zu unserem Wohlbefinden.«

Sollte diese politbrutale Ansicht tatsächlich über die Vernunft Oberhand behalten und trotz aller Schutzbemühungen doch noch zur Ausrottung der Wale führen? Vorerst geht der Kampf gegen den Walfang mit unverminderter Heftigkeit weiter. Leider vermag zur Zeit niemand zu sagen, wer siegen wird.

Indessen begann zu Anfang der achtziger Jahre der zweite und noch weitaus katastrophenträchtigere Teil der antarktischen Tragödie. Japanische und sowjetische Walfänger planen nämlich Aktionen, die dazu führen, daß die Antarktika der erste Erdteil unseres Planeten werden wird, auf dem durch Schuld des Menschen alles Leben erlischt und bis in alle Ewigkeit marsähnliche Grabesstille herrschen wird.

Den Anstoß zu dieser verhängnisvollen Entwicklung gab eine ökonomische Rechnung, die wiederum alle ökologischen Gesichtspunkte mißachtet und daher zwangsläufig zur Katastrophe des Lebendigen führen muß.

Vor 1930, so argumentieren die Initiatoren, fraßen die großen Bartenwale 190 Millionen Tonnen Krill im Jahr. Die wenigen derzeit noch überlebenden Wale futtern jetzt nur noch insgesamt 43 Millionen Tonnen. Folglich bestünde ein jährlicher »Überhang« von 150

Millionen Tonnen Krill. Den sollte man abschöpfen und direkt der menschlichen Ernährung zuführen.

Nun darf man sich den Krill keineswegs als »Scampi« oder als kleine Hummerschwänze vorstellen. Die Krillkrebse sind so winzig, daß sich jede Krabbenschälerin in den Hafenstädten weigert, sie zu enthäuten – oder diese Speise wird kostspieliger als Kaviar. Die Tiere mit Schale zu essen geht auch nicht, weil der Panzer zu viel Fluor enthält. So bleibt letztlich doch nur, den Krill zu Fischmehl zu verarbeiten, das heißt zu Hunde- und Hühnerfutter.

Was steht demgegenüber auf dem Spiel? Um zu ermessen, welches Unheil mit der Krillvernichtung heraufbeschworen wird, sollen zunächst zwei Fragen untersucht werden: Welche Bedeutung hat der Krill für das Leben in der Antarktis? Und wie entstehen überhaupt diese Billionenmassen von astronomischer Zahl ausgerechnet in jenen Gewässern, deren Temperatur nur knapp über 0 Grad liegt?

Riesige Meeresströmungen fegen zunächst südlich des Äquators von Ost nach West durch die Ozeane, werden dann an den Ostküsten Südamerikas, Afrikas und Australiens nach Süden umgelenkt und nach einigen tausend Kilometern Weg in größere Meerestiefen hinabgedrängt. Schließlich stoßen sie auf den antarktischen Kontinentalsockel und quirlen dort an die Oberfläche. Als »Straßenkehrer« aller Ozeane führen diese Meeresströmungen praktisch den gesamten Unrat der südlichen Weltmeere mit sich, alle Sink- und Schwebstoffe, Kot, Speisereste und zerfallene Kadaver der gesamten immensen ozeanischen Tier- und Pflanzenwelt.

Dieser »Meereshumus« tritt in antarktischen Gewässern zutage und bildet dort die Lebensgrundlage für mikroskopisch kleine Einzeller. Bakterien und das sogenannte tierische oder Zooplankton bauen die Abfallstoffe ab. Die hierbei freigesetzten Mineralstoffe verwenden wiederum andere Einzeller, das pflanzliche oder Phytoplankton, zum Aufbau ihrer Körpersubstanz. Während des Südsommers entsteht es in unvorstellbaren Massen. Es reinigt das Wasser vom weltweiten Unrat, indem es Totes wieder in lebende Substanz verwandelt.

Von diesem Plankton leben wiederum die Krillkrebschen, die sich ebenfalls ungeheuer vermehren. 1980 wurde im Südpolarmeer ein riesiges Krillzählprogramm mit Forschungsschiffen von zehn Nationen durchgeführt, eines der größten wissenschaftlichen Unternehmen überhaupt. Das Ergebnis: Während des Südsommers schwimmen rings um die Antarktika nicht weniger als 650 Millionen Tonnen Krill. Das ist 3,4mal soviel, wie früher alle Wale insgesamt verspeist haben, und entspricht dem doppelten Gewicht der gesamten Menschheit.

Die Verlockung, hier zuzugreifen, ist groß. Aber was würde geschehen, wenn wir das tun? Wie sieht überhaupt die ökologische Vernetzung aus, in die der Krill eingebettet ist?

Wie aus der Übersicht hervorgeht, sind die antarktischen Gewässer ein einzigartiges Ökosystem. Nur relativ wenig Tierarten leben hier. Und sie alle sind voneinander abhängig, insbesondere vom Krill. Die Krillmassen sind die große Drehscheibe ausnahmslos allen Lebens im Südpolarmeer.

Im Detail sieht das so aus: Seit die Menge der großen Bartenwale so stark zurückgegangen ist, werden von diesen alljährlich 150 Millionen Tonnen Krill weniger verzehrt als früher. Die Krillmassen breiten sich weiter nordwärts aus. Von diesem großen »Kuchen« bleibt für andere Tiere ein viel größerer Teil. So vermehren sie sich gegenwärtig enorm.

Vor allem wächst seit 1970 die Masse der Seebären und Krabbenfresserrobben, der Kaiser-, Königs-, Adelie-, Zügel- und Eselpinguine gewaltig an, obgleich in einigen Pinguinkolonien durch »Überforschung« und andere unheilvolle Einflüsse des Menschen desolate Zerfallserscheinungen auftreten. Gleichfalls hat die Zahl der krillfressenden Tintentische, insbesondere der kleineren Kalmare, stark zugenommen und daraufhin wieder die Menge der Albatrosse, die ja von Kalmaren leben.

Nur die Bestände des Wanderalbatrosses gehen aus noch unbekannten Gründen zurück. Es sinkt auch die Zahl der Sturmvögel, der »Aasfresser zur See«, die sich von den Abfällen der Walkochereien ernährten und deren nur wenige Jahrzehnte dauernder »Boom« nun zu Ende geht.

Besonders bemerkenswert ist jedoch die starke Vermehrung der »nur« 9 Meter langen Zwergwale von 205 000 Stück im Jahre 1960 auf 400 000 Tiere anno 1983. Und das, obwohl die Zwergwale mit einer jährlichen Abschußquote von 7426 Stück in der Antarktis immer noch bejagt werden.

Wie ist so etwas möglich? Für die am weitesten nördlich schwimmenden und nur kurzzeitig bis ins Treibeis vordringenden Zwergwale hat sich die Krillernährungslage nach dem Tod ihrer großen Ver-

Der Schwertwal, ein Seeräuber, der nur Menschen liebt

Der Fischdampferkapitän begann zu fluchen. Gerade wollte er das Netz mit reichem Fang einhieven lassen, als sich ein Rudel von achtzig Seelöwen über seine Beute hermachte. Sie bissen das Netz auf und verschlangen die so freigelassenen Fische.

Doch was war das? Plötzlich stoben die Seelöwen davon, kehrten wieder um, sprangen in die Luft und peitschten die Wellen. Das Wasser schien zu kochen. Dann wurde die Ursache der Panik sichtbar:

23 fast 1,80 Meter hohe schwertähnliche Rückenflossen furchten die Oberfläche. Das waren keine Haie, sondern, viel schlimmer noch, Schwertwale, auch Killerwale genannt. Sie hatten das Seelöwenrudel samt Fischdampfer vollständig eingekreist und zogen den Ring immer enger. Eine regelrechte Kessel- und Vernichtungsschlacht unter Tieren begann.

In unmittelbarer Nähe des Schiffes drängten sich die Seelöwen dicht zusammen. Vor Verzweiflung sprangen einige sogar an Deck. Plötzlich löste sich ein riesiger Schwertwal, der an die 9 Meter lang und 4 Tonnen schwer sein mochte, aus dem Kreis der Umzingler und hechtete mit einen Zwanzig-Meter-Sprung mitten in die Masse der Todeskandidaten hinein. Kopflos stoben diese nach allen Seiten auseinander. Der Rest war ein schreckliches Blutbad. Nicht ein einziger Seelöwe entkam, ausgenommen die drei, die sich auf das Schiff gerettet hatten.

Schwertwale sind die Schrecken aller Weltmeere von den Tropen bis zu den Polen. Selbst ohne Feinde, jagen sie alles Fleischliche vom Heringsschwarm bis zum Blauwal. Nur mit den Menschen verbindet ihn eine unerklärliche Freundschaft. Noch nie hat ein Schwertwal einen Menschen gekillt – nicht einmal dann, wenn er von ihm gejagt und gefangen wurde, um in einem Delphinarium zur Schau gestellt zu werden.

Begabt mit einer Intelligenz, die jener der Delphine mindestens ebenbürtig ist, entwickelten sie bei jeder Beuteart eine andere Angriffstaktik und vor allem im sozialen Verband Formen der Zusammenarbeit, die im Tierreich einzigartig sind:

Entdecken sie in der Antarktis mehrere Pinguine auf einer Eisscholle, pirschen sich drei Schwertwale unter Wasser an, ohne ihre Rückenflosse zu zeigen. Dann heben zwei von ihnen wie auf Kommando die Eisscholle auf einer Seite 1 bis 2 Meter hoch, so daß die Pinguine zur anderen Seite herunterrutschen ... geradewegs in das geöffnete Maul des dritten Kumpans, der dort schon wartet. In gleicher Weise verfahren sie auch mit Robben, die sich auf einer Eisscholle ausruhen.

Vom Kampf der Schwert- gegen Blauwale war zu Beginn dieses Kapitels schon die Rede. Haie, die vom Schlachtgetöse und vom Blutbad angelockt werden, fliehen schnellstens wieder oder landen ebenfalls in den Mägen der Killer.

Nicht ganz so gefährdet wie die Blauen sind die Pottwale, die »Moby Dicks«. Wenn sie angegriffen werden, bilden sie einen Stern, wobei alle mit dem Kopf zur Mitte schauen und außen mit den gewaltigen Schwanzflossen ein »Sperrfeuer« legen. Dann bleiben sie meist verschont, denn die Schwertwale scheuen das Risiko, daß ihnen mit solch einem Flossenschlag das Rückgrat gebrochen wird.

Die kleineren Grau- und Weißwale, die Belugas, erstarren zur absoluten Bewegungslosigkeit, wenn sie die Schwertwale in der Ferne wittern. Diese Taktik scheint sie jedoch nur vor Großhaien zu schützen. Diese nehmen sie dann aus größerer Entfernung mitunter nicht wahr. Schwertwale wurden aber schon mehrfach beobachtet, wie sie trotzdem angriffen und die Belugas wie Opferlämmer niedermetzelten.

Es besteht allerdings doch noch ein Unterschied zwischen dem Angriffsverhalten von Schwertwalen und Haien: Während letztere jederzeit wahllos alles Zappelnde und Blutende attackieren, greifen die Schwertwale nur an, wenn sie Hunger haben. Allerdings ist ihr Appetit recht beträchtlich. Im Magen eines Tieres fanden Forscher dreizehn zentnerschwere Schweinswale und vierzehn Seehunde. Ein anderer hatte nicht weniger als 600 Dorsche und ein paar Zentner Heringe sowie einige Seevögel »geladen«. Einmal entdeckten Meeresbiologen auch einen großen Zitterrochen im Killermagen. Nicht einmal Stromstöße von 300 Volt vermochten dessen Freßlust zu bremsen.

Andererseits berichten Polarforscher eine seltsame Geschichte aus der Antarktis. 1955 schoben sich die Packeismassen so plötzlich vor einer offenbleibenden Bucht an der Küste zusammen, daß hier sechzig Schwertwale zusammen mit einigen Gruppen von Zwergwalen und Robben eingeschlossen wurden. Die Killer können nur 14 Minuten lang tauchen und orteten mit ihrem Echolot eine viel zu weite Tauchstrecke. Knapp vier Monate lang blieben sie eingeschlossen und mußten enormen Hunger gelitten haben. Trotzdem griffen sie keinen Zwergwal und keine Robbe an. Burgfrieden unter Leidensgenossen!

Ein gewisses Problem bei der Mahlzeit stellt für die Killer der Narwal dar. Er ist so groß, daß er nicht mit einem Happen verschlungen werden kann, aber auch so klein, daß ein Gruppenangriff nicht lohnt. Deshalb arbeiten hier nur zwei Schwertwale zusammen. Sie nehmen das Opfer in die Mitte und zerquetschen ihm die Rippen. Dann teilen sie sich die Beute.

Um so erstaunlicher erscheint uns das absolut friedfertige Verhalten dieser »Vier-Tonnen-Killer-U-Boote« gegenüber uns Menschen. 1970 wollte ein Sporttaucher bei einer der Hawaii-Inseln Korallen filmen, als er sich unversehens mitten in einem Rudel von zwanzig Schwertwalen befand. Die Tiere kamen näher, musterten ihn neugierig, aber krümmten ihm kein Haar.

In verschiedenen Ozeanarien, in denen Schwertwale vorgeführt werden, dürfen sogar fremde Besucher zu dem Tier ins Becken springen. Noch nie ist einem ein Leid geschehen, während Tiger und Löwen Fremde sofort anfallen.

Vor der australischen Twofold Bay erschienen in früheren Jahrzehnten jeweils Mitte Juli Schwertwale, um den Fischern beim Fang von Buckelwalen zu helfen. Mit Flossenklatschen auf die Wasseroberfläche alarmierten sie die Menschen: »Die Buckelwale sind da!« Sobald die Fischerboote erschienen, trieben die Schwertwale die Beute in die Bucht. Wenn ein Wal harpuniert war, schwammen zwei Killer unter ihn, um ihn am Tauchen zu hindern. Dann legte sich einer quer über das Blasloch des Opfers und erstickte ihn. Die blutige Stecherei mit der Lanze erübrigte sich.

Welcher freundlichen Eigenschaft wir Menschen die Freundschaft dieser gewaltigen Seeräuber und die Unterstützung gegen die eigene Walverwandtschaft verdanken, bleibt der Wissenschaft vorerst unerfindlich.

wandten erheblich verbessert. Daraufhin setzte ein wunderbarer Geburtenregulierungsmechanismus ein: Die weiblichen Zwergwale, die bis 1960 erst im Alter von vierzehn Jahren fortpflanzungsfähig wurden, bekamen 1983 schon mit sieben oder sechs Jahren ihre ersten Jungen. Das Zeugungspotential steigerte sich ganz enorm.

So haben Eingriffe an einer Stelle des ökologischen Systems der Antarktis ganz andernorts die unerwartetsten Folgen von gewaltiger Wirkung.

Um einmal der Klarheit halber in Extremvorstellungen zu denken: Würden wir demnächst alle Pottwale, von denen es zum Glück noch 960 000 Stück gibt, ausrotten, stiege die Masse ihrer Beutetiere, der Tintenfische und Tiefsee-Riesenkraken, ins Ungeheuerliche an. Was könnte dann geschehen? Deren ins Astronomische gestiegene Massen vertilgen ebenso astronomische Mengen Krill. Die Populationen anderer Krillfresser, etwa der Seebären, brechen zusammen und sterben vielleicht aus. Die Tintenfische dringen weit nach Norden in andere Weltmeere vor, vernichten dort den Fischlaich und die Jungfische und bringen dort die Hochseefischerei zum Erliegen.

So ließen sich noch zahlreiche andere ökologische Modelle durchspielen. Sie alle zeigen, wie eng alles Lebendige miteinander vernetzt, voneinander abhängig und von globaler Auswirkung ist.

Da in antarktischen Gewässern nur wenige Tierarten, diese aber in großen Massen, existieren, können wir die Dinge hier relativ leicht überschauen und als vereinfachtes Modell ökologischer Abhängigkeiten alles Lebendigen auch in allen anderen Regionen der Erde betrachten.

Gleichfalls wird deutlich, weshalb das ökologische System der Antarktis aufgrund der geringen Artenzahl so katastrophenanfällig ist. Massenauftreten und Massentod liegen hier dicht beieinander, sofern der Mensch hier mit blinder Ausbeutungssucht das Gleichgewicht in der Natur aus den Angeln hebt.

Was folgt aus alledem für den Krillfang durch ehemalige Walfangflotten? Ganz einfach dies: Wenn so viel Krill weggefischt wird, wie die inzwischen erlegten Wale sonst gefressen hätten, nimmt der Mensch den großen Bartenwalen die Chance, sich von dem Massaker wieder zu erholen und wieder zu vermehren, oder eine andere Tierart muß tödlich darunter leiden.

Wird nur etwa die Hälfte der geplanten 150 Millionen Tonnen Krill jährlich gefangen, dürfte zunächst nichts dagegen einzuwenden

Die Bartenwale

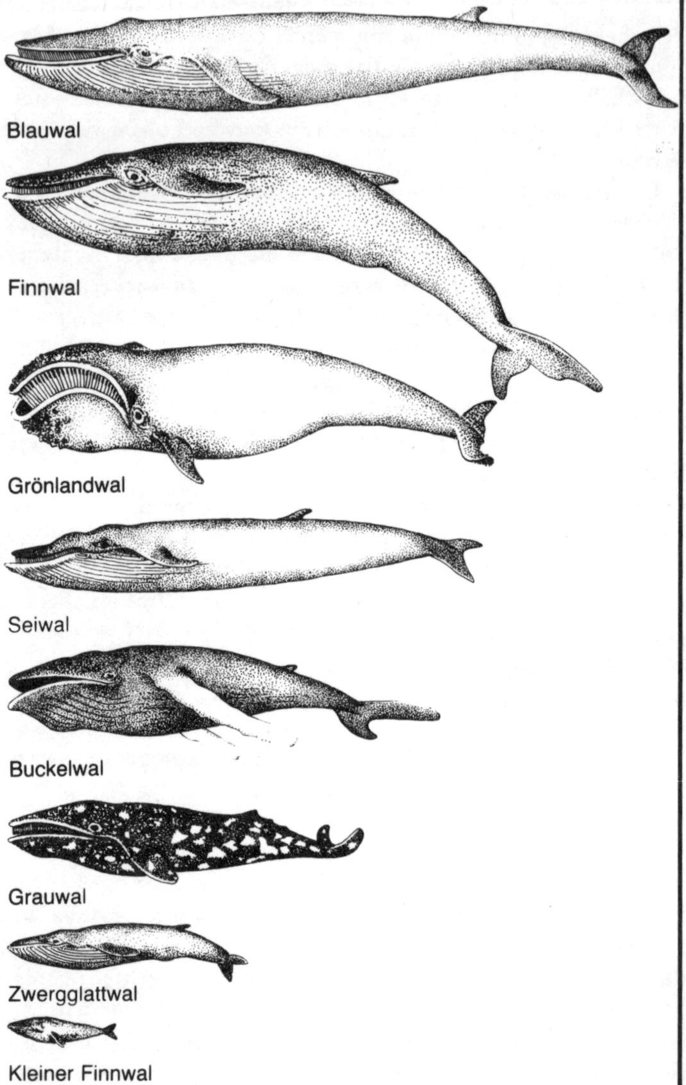

Die Zahnwale

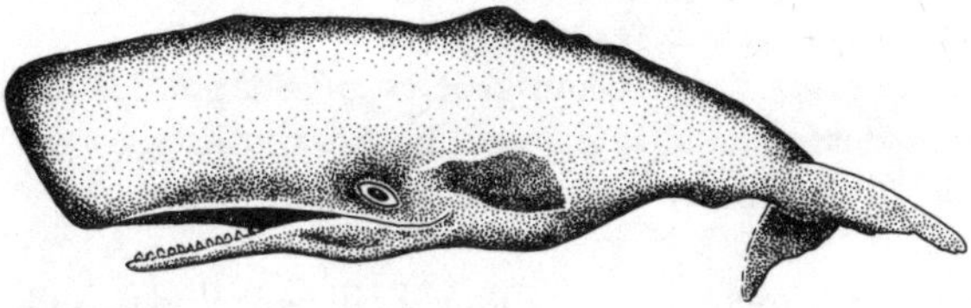

Pottwal

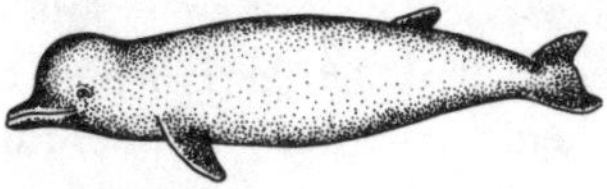

Entenwal

Schwertwal

Grindwal

Narwal

Großer Tümmler

Zwergpottwal

Kleiner Tümmler

sein. Aber wer soll den Walfängern, die entgegen jeglicher Vernunft die großen Wale nahezu ausgerottet haben, heute noch glauben, daß sie nun beim Krillfang maßhalten? Sie werden den Krill ebenso auf fast Null vernichten wie die Wale!

Und was wäre ohne Krill? Dann gäbe es am Südpol das katastrophalste Tiermassensterben aller Zeiten. Die Antarktika wäre der erste Erdteil unseres Planeten, auf dem der Mensch alles Leben ausgelöscht hat.

Doch damit noch nicht genug: Ohne Krill würde das Südpolarmeer im Phytoplankton, also in der Krillnahrung, die nun niemand mehr frißt, und in den ungeheuren Massen ozeanischer Sink- und Schwebstoffe, im Kot, den Speiseresten und den zerfallenen Kadavern aller südlichen Weltmeere ersticken, wie wir es von überdüngten Seen in Europa bereits kennen. Das Südpolarmeer würde zu einer einzigen gigantischen, stinkenden Kloake, die nach und nach dann auch die ganze Welt vergiftet.

Somit wird die Zukunft des Krill nicht nur zum Schicksal der Wale, sondern auch der ganzen Erde und damit des Menschen.

Zehn Millionen für die Robbenbabys

Es war der 6. Februar 1968, genau der Tag, an dem alljährlich Hunderttausende von weiblichen Sattelrobben im St.-Lorenz-Golf an der kanadischen Atlantikküste erscheinen, um auf den Schollen der Treibeisfelder ihre Jungen zur Welt zu bringen. Doch in jenem Jahr herrschte ein ungewöhnlicher Wärmeeinbruch. Suchend durchkreuzten die Tiere den Golf und konnten kein Eisfeld finden.

Endlich, nach Tagen, entdeckten sie in einer abgelegenen Bucht noch eine winzige Eisfläche. Obwohl diese von Artgenossen schon voll besetzt war, hechteten sie hinauf, und wenige Minuten später quäkte es schon überall: Die Babys waren geboren.

Hier zeigten sich zwei wundervolle Eigenschaften der Robbenmütter: Einmal vermögen sie die bevorstehende Geburt bis zu vierzehn Tage lang hinauszuschieben, bis sie einen geeigneten Ort gefunden haben. Zum anderen vollzieht sich die Geburt dann innerhalb von 15 bis 40 Sekunden – dank der Stromlinienform des Kindes.

Doch in jenem Jahr steckte der Teufel im Wetter. Die Oberfläche der Schollen war geschmolzen. Die Babys lagen in Pfützen. In Massen starben sie schon in den ersten Lebensstunden an Unterkühlung. Drei Tage später zerbrach das letzte Eis. Alle Babys ertranken.

Zehntausende von Robbennachzüglerinnen kamen nun erst in der abgelegenen Bucht an. Das waren alle jene, die sich tief in einem der bis zu 200 Kilometer langen Fjorde Grönlands, der Baffin- oder Ellesmereinsel, befanden, als in ihnen der Zugtrieb erwachte, und die dann von riesigen Eisbarrieren vom Meer abgeschnitten waren. Der Drang zum Ort der Geburt ist jedoch mächtiger als alle Mühsal. So robbten sie als sogenannte »Kriecher« mitunter an die 50 Kilometer weit über bizarr geschichtete, haushoch aufgetürmte Eisfelder – eine nur allzu leichte Beute für Eisbären und Eskimos.

Als die überlebenden Nachzüglerinnen im St.-Lorenz-Golf eintrafen, war dort überhaupt kein Eis mehr. Vierzehn Tage lang suchten sie verzweifelt und vergebens, bis die Zeitspanne verstrichen war, über die sie die Geburt verzögern können. Dann kamen die Jungen im Wasser zur Welt. Die Kleinen kreischten im Kälteschock, trieben einige Augenblicke an der Oberfläche und versanken dann für immer. Ein ganzer Jahrgang von etwa 210 000 Robbenbabys war vollständig vernichtet.

Im Jahr darauf schien jedoch alles gutzugehen. Von Horizont zu Horizont erstreckte sich das Treibeis. In kleinen Gruppen schwammen die Weibchen, aus 3000 Kilometer weit entfernten arktischen Gewässern zwischen Grönland und der nordkanadischen Inselwelt sowie der Hudson Bay kommend, die Spalten zwischen den Eisschollen entlang. Sind deren Ränder schon zu dicht besetzt, paddeln sie noch etwas weiter oder robben bäuchlings bis zu einigen hundert Metern weit auf dem Eis.

Ist das Treibeis jedoch zu einer viele Kilometer großen Packeisfläche zusammengefroren, ergreifen die werdenden Robbenmütter eine andere Maßnahme: Sie tauchen unter das Eis, wobei sie bis zu einer halben Stunde lang die Luft anhalten können, suchen sich eine dünne Stelle und arbeiten sich hier mit Krallen und Zähnen an die Oberfläche durch.

Randplätze an der Wasserkante bevorzugen sie jedoch wegen der Eisbärengefahr. Zwar sind diese Raubtiere in der Region der Wurfplätze schon seit 200 Jahren ausgerottet, aber die Angst vor ihnen sitzt den Robben noch instinktiv im Blut.

Seltsam mutet es an, daß die Weibchen, die eben noch im Wasser munter miteinander spielten, gegeneinander bissig werden, sobald sie auf dem Eis liegen. Wer näher als 12 Meter an eine Platzinhaberin heranrobbt, wird von ihr verjagt.

Der Grund für die Verteidigung dieses Reviers, das nur der Geburt und danach als Kinderstube dient, ist folgender: Das Neugeborene darf nur mit seiner Mutter Riech- und Hörkontakt bekommen. Andernfalls könnte es ein fremdes, zufällig in der Nähe befindliches Tier als seine Mutter betrachten. Von Fremden bekommt das Baby aber niemals Milch, sondern nur Hiebe statt Liebe.

Das Neugeborene ist mit 90 Zentimetern fast halb so lang wie seine Mutter, aber mit 8 Kilogramm Gewicht für diese Größe spindeldürr. Sein Fell beutelt sich in vielen Falten wie ein Anzug, der viel zu groß ist. So liegt es auf dem blanken Eis. Eine »Polsterung« liefert allenfalls der Schnee. Wärme spendet zunächst vor allem das dicke Fell, dessen Haare übrigens nicht weiß sind, sondern durchsichtig. Wie winzige Brenngläser fangen sie die Sonnenstrahlen ein und erwärmen den kleinen Körper, der zu Anfang noch keine Speckschicht hat.

Nun kann es aber auch geschehen, daß die Sonne nicht scheint, was sogar recht oft der Fall ist. Dann versagt die »Heizung der Bettdecke«, und die Babys müssen Wärme aus einer anderen Quelle gewinnen. Etwa eine Stunde nach der Geburt beginnen sie zum Gotterbarmen zu zittern. Dadurch erzeugen die Muskeln Wärme. Etwa zwei Stunden lang hält dieses fürchterliche Zittern an. Inzwischen hat das Baby seine erste Milchmahlzeit erhalten. Die Verbrennung von Körperfett zu Wärme setzt ein. Das Zittern hört auf.

Die »heizbare Bettdecke«, hinter der die Robbenschläger und Pelzhändler so scharf her sind, hat jedoch einen großen Nachteil: Mit ihr können die Jungen noch nicht schwimmen, da sie fettfrei ist und das Wasser nicht abstößt. Baden können die Jungen erst nach dem Fellwechsel im Alter von drei Wochen. Vorher ist jeder Versuch absolut tödlich.

Dies ist eine gefährliche Zeit. Die Robbenschläger sind dann auf Tour, und das Wetter schlägt oft tödliche Kapriolen. In jenem Jahr, in dem bisher alles so prächtig gelaufen war, brach plötzlich ein Orkan los. Die Eisschollen prallten zusammen, zerbarsten mit peitschendem Knall, rieben kreischend und zerbröselnd Kante gegen Kante und türmten sich hoch übereinander. Die Mütter retteten sich schnell ins Wasser. Aber Zehntausende der Jungen wurden vom Eis zerquetscht oder trudelten ins Meer, wo sie sogleich ertranken.

Je schneller die Jungen also ihre Schwimmfähigkeit erlangen, desto geringer wird die Gefahr des allzu frühen Todes durch Tauwetter oder Sturm. Deshalb vollzieht sich die Entwicklung der Jungen bis zum Selbständigwerden in erstaunlichem Eiltempo:

Zwei Stunden nach der Geburt öffnet die Mutter ihre »Milchbar« und verläßt ihr Kind während der nächsten zwölf Tage kaum einmal: ein stets erreichbarer Nahrungsquell, der während dieser Zeit selbst fastet und um 40 Kilogramm abmagert. Die Muttermilch, aus Fettreserven erzeugt, ist treffender als »Kondensmilch« zu bezeichnen. Während unsere Kuhmilch 3,4 Prozent Fett und 3,3 Prozent Protein enthält, sind es bei der Robbenmilch um 42 Prozent Fett und 10 Prozent Protein. So nimmt der Säugling täglich um 2,5 Pfund zu.

Wenn er dann nach vierzehn Tagen dick und rund wie ein Tönnchen und 50 Pfund schwer ist, geschieht Befremdliches. Die Mutter äugt immer öfter zum nächsten Wasserspalt, wo inzwischen die Männchen eingetroffen sind und laut röhrend ihre Balzspiele aufführen. Im Wasser hüpfen sie immerzu senkrecht auf und nieder, bis sie fast ganz aus dem Wasser springen, um ihr Erscheinen weit über die Eiskante zu melden. Die Mutter läßt sich hinreißen, robbt zu den Männchen, kehrt wieder zu ihrem Kind zurück, erliegt erneut der männlichen Verlockung, besinnt sich wieder ihres Kindes, und so wogen ihre Gefühle ständig hin und her. Allmählich aber siegt der Sexual- über den Muttertrieb. Bald sind überall Liebesspiele und Paarungen im Wasser im Gange, während die Eisfläche vom Gejammer der verlassenen Kinder erfüllt ist. Sie werden ihre Mütter nie mehr wiedersehen.

Volle acht Tage liegen die Jungen mutterlos auf dem Eis, schließen sich zu kleinen Kindergärten zusammen, trösten sich, zehren vom angenuckelten Körperfett und warten, bis sich ihr Fellwechsel vollzogen hat: der Austausch der »heizbaren, aber nicht schwimmfähigen Bettdecke«, die sie nun dank des schnell erworbenen Fettpolsters nicht mehr benötigen, gegen das Schwimmakrobatenfell.

Dann lassen sie sich selbst »vom Stapel« und plumpsen von der Eiskante ins Wasser. Die kleinen »Ballons« schwimmen von selber. Fett schwimmt bekanntlich oben. Sie müssen nur ihre Flossen bewegen. Zuerst stoßen sie aber noch mit dem Köpfchen gegen die Eiskanten, weil sie erst noch steuern, rudern und tauchen lernen müssen. Doch bald gehorchen sie einem inneren Drang, der sie unwillkürlich zwingt, der Flotte ihrer Eltern im Abstand von etwa acht Tagen mit Kurs Nord in arktische Gewässer zu folgen.

Dabei lassen sie sich aber nicht nur vom Instinkt leiten, sondern auch von den Wanderzügen riesiger Fischschwärme, von denen sie sich ernähren: in der Hauptsache von der Lodde, einem Verwandten des Stints, der vom Menschen nur zu Fischmehl verarbeitet wird. Erst in zweiter Linie fangen die Robben auch Heringe und Dorsche.

In dieses von Naturkatastrophen arg heimgesuchte Idyll bricht seit etwa 1780 auch noch der Mensch mit ungeheuerlicher Barbarei ein. Damals lebten ungefähr dreißig Millionen Sattelrobben auf der Welt. Wo die Robbenschläger heute mit Hubschraubern mühsam nach den

Wurfplätzen suchen müssen, war seinerzeit das Eis über mehrere hundert Quadratkilometer mit Robben übersät.

Damals wie heute unterscheiden wir nach der Lage ihrer Wurfplätze drei sogenannte »Herden«:

a) die »Westherde«, die sich unterteilt in die »Golfherde« im St.-Lorenz-Golf und in die »Frontherde«, 50 bis 300 Kilometer weit vor den Küsten Neufundlands und Labradors; Einzugsgebiet: Westgrönland und nordkanadische Inseln;
b) die »Grönlandherde«, die ihre Jungen auf den Eisfeldern nördlich der Insel Jan Mayen zur Welt bringt; Einzugsgebiet: Ostgrönland und Nördliches Eismeer bis Spitzbergen;
c) die »Ostherde«, deren Wurfplätze im Weißen Meer an der Nordküste des europäischen Teils der Sowjetunion bei Archangelsk liegen; Einzugsgebiet: Barentssee und Karisches Meer.

Allein von der »Westherde« erbeuteten 1857 nicht weniger als 412 Segelschiffe mit 13 000 Mann 496 000 Häute. Das war damals ein unglaublich harter Job. Das Schiff versuchte, so weit wie möglich durch Spalten in das Eis zu den Wurfplätzen vorzustoßen. Dann marschierten die Fänger zu Fuß weiter, oft meilenweit, mitunter von Scholle zu Scholle springend. Gar nicht so selten kam unerwartet Nebel auf. Die Männer verliefen sich trotz des Nebelhorns ihres Schiffes und erfroren während der nächsten Nacht. »Mit Knochenbruch liegengeblieben«, »ins Wasser gefallen und nicht wieder hochgekommen«, »im Kampf mit rivalisierenden Mannschaften ermordet«, lauteten die Eintragungen im Logbuch. Wieviel tausend Männer im »Meer aus Muttertränen« geblieben sind, weiß niemand zu sagen. Über die Anzahl der erbeuteten Felle wurde aber auf das Stück exakt Buch geführt, so daß wir heute noch darüber informiert sind.

Der einfache Mann galt nichts. Mit einem Hungerlohn ohnegleichen billigst abgespeist, mit Mahlzeiten nur aus Haferschleim dürftig ernährt, schliefen die Leute in ungeheizten Laderäumen auf den blutigen, fettigen, zum Himmel stinkenden Skalps. Das große Geschäft machten nur die Kapitäne sowie die Pelzhändler an Land.

In die Tausende geht auch die Zahl der verlorenen Schiffe. »Im Sturm gesunken«, »im Nebel auf ein Riff gelaufen«, »vom Eis zermalmt«, vermerkten dann die Reeder lakonisch. Viele Segelschiffe gingen auch in Flammen auf. Das Holz ihrer Planken war vom Fett vieler Jahre durchtränkt und brannte wie Zunder, falls sich doch einmal jemand am Feuer erwärmen wollte.

Sogar von Piraterie berichten die Annalen. Nur von einem nicht: von Meuterei, Lohnforderungen und Anträgen auf Arbeitszeitverkürzung. Wie ein Rausch erfaßte »der große Robbenkill« die gesamte seefahrende Bevölkerung von Neufundland, Labrador und des St.-Lorenz-Golfes. Wenn die Kapitäne anheuerten, gab es kein Halten mehr. Keiner dachte daran, Forderungen zu stellen, wenn er nur mit hinaus durfte. Eine Mischung aus Männlichkeitswahn und Blutrausch überkam die Leute.

Von Natur aus waren es auch nicht gerade die zimperlichsten Gemüter. Ihre Vorfahren, Fischer aus Europa, die sich hier ansiedelten, hatten seinerzeit in dieser Region schon die Eskimos und Indianer ausgerottet, dann die Walroßpopulation der Magdaleneninseln, dann den Riesenalk, jenen 78 Zentimeter großen und 5 Kilogramm schweren legendären »Nordpinguin«. Warum nur müssen harte Naturburschen immer so brutal mit den anderen Geschöpfen der Natur umgehen?

Entsprechend grausam gingen sie bei der Robbenjagd vor. Sie zogen den niedlichen Tierbabys das Fell bei lebendigem Leib über die Ohren. Das blutüberströmte, skalpierte, nackt wieder aufs Eis geworfene Tierchen schrie und zuckte noch viele Minuten lang, ehe es der Tod erlöste. Die Entschuldigung der Robbenschläger klingt wie Hohn: Wenn man das Tier zuvor durch Schläge auf den Kopf tötet, friert es schnell steif und läßt sich dann nicht mehr so leicht abhäuten.

1831 wurden aus der »Westherde« 686 000 Häute erbeutet, während das Gemetzel, das von Norwegen und Rußland aus über die »Grönland-« und »Ostherde« hereinbrach, nicht minder schrecklich war. Der Gipfelpunkt wurde im Westen anno 1849 mit etwas mehr als einer Million skalpierter Robbenbabys erreicht. Die größte Dauermassenschlächterei an Wildtieren aller Zeiten! Doch von da an ging die Fangquote mit starken, wetterbedingten Schwankungen zurück, obwohl die Zahl der Fänger ständig stieg.

Bereits um 1860 nahm die Zahl der Robben stark ab. Der Fangdurchschnitt sank auf 300 000 Felle im Jahr, fiel um 1918 auf nur noch 200 000 Felle, 1936 sogar auf 183 000 Stück. Ab 1946 wurde jedoch modernste Technik mit Flugzeugen zum Auffinden der Wurfplätze und mit Hubschraubern eingesetzt, welche die Schlägertrupps direkt am Ziel absetzen und mit ihrer Ladung auch wieder aufnehmen. Damit schnellte das Fangergebnis auf 260 000 Felle (1960) hoch, um dann aber seit 1964 wieder auf etwa 170 000 Stück abzusinken. Ein klarer Beweis, daß die Jäger auf die Ausrottung der Sattelrobben zusteuerten.

Um das zu verhindern, startete der Frankfurter Zoodirektor Professor Bernhard Grzimek 1967 eine internationale Aktion. Seine Filmberichte über das grausame Abschlachten der wonnigen Robbenbabys erschütterten die Welt. Zehn Millionen Menschen protestierten mit ihren Unterschriften gegen diese Barbarei. Sealpelzmäntel aus »white-coats« (= Sattelrobben) oder »bluebacks« (= Klappmützenrobben) zu tragen galt plötzlich als Mitschuldsausweis an dem blutigen Massaker. In vielen Ländern Europas und in den USA verschwanden die Robbenroben verschämt in den Kleiderschränken und verstaubten in den Pelzgeschäften.

Die Sowjetunion stellte ihre »Ostherde« sofort unter »kontrollierten Schutz«. Das heißt, Biologen überwachen die Zahl der Tiere und sorgen durch Fangquoten dafür, daß die Population auf dem gleichen Stand von etwa 550 000 Tieren erhalten bleibt.

Über die »Grönlandherde« aber bricht das alljährliche Massaker, von der Weltöffentlichkeit weitgehend unbemerkt, nach wie vor mit unverminderter Brutalität herein. 1983 lebten in ihr nur noch ungefähr 150 000 Tiere.

Aber um die »Westherde« in Kanada entbrennt jedes Jahr ein weltweit beachteter Kampf der Tierschützer gegen die Robbenschläger. Pressefotografen und Kamerateams des Fernsehens charterten für sich Hubschrauber, um das barbarische Gemetzel zu dokumentieren und der Weltöffentlichkeit vorzuzeigen.

Einsatzgruppen der mutigen und tatkräftigen Umweltschutzorganisation »Greenpeace« besprühten die Felle der lebenden Robbenkinder mit Farbe, um sie für den Handel unbrauchbar zu machen und damit das Leben der Tiere zu retten. Ein »Greenpeace«-Helfer kettete sich an einen Stapel auf dem Eis liegender Robbenfelle, um zu verhindern, daß diese an Bord gebracht werden. Die Robbenfänger hievten ihn aber samt den Fellen mit der Schiffswinde hoch und ließen ihn dann ins Wasser fallen. Sogar der französische Filmstar Brigitte Bardot, auch als Tierschützerin weltweit bekannt, unterstützte mit ihrem publikationswirksamen Erscheinen vor Ort die Bemühungen der Retter.

Das Echo war und ist in vielen Ländern der Welt beachtlich. Unter dem Druck der öffentlichen Meinung erließen die USA und einige europäische Länder wie die Bundesrepublik Deutschland ein Importverbot für Robbenfelle. Die Kürschner erklärten, nun auch kein Interesse mehr an »white-coats« zu haben. Aber Kanada und Norwegen fanden andere Absatzländer.

Ohne dazu die wissenschaftlichen Grundlagen erarbeitet zu haben, legten sie 1976 die Fangquote willkürlich auf 120 000 Robbenbabys fest, 1977 auf 150 000, 1978 auf 180 000 und 1983 gar auf 200 000. Tatsächlich konnten 1983 aber nur noch 56 000 Robben gefangen werden. Welch ein Wahnsinn!

Zwar erließ Kanada 1977 ein »Gesetz zum Schutz der Robben«, aber Experten bezeichnen es als »Gesetz zum Schutz der Robbenjäger«. Einerseits wurde nun endlich verboten, die Jungtiere bei lebendigem Leib zu enthäuten, andererseits wurde aber jegliche Kontrolle durch die Öffentlichkeit unmöglich gemacht. Presse, Fernsehen, Mitarbeiter der Tierschutzorganisationen und überhaupt alle nicht am Fang Beteiligten dürfen die Wurfgebiete nicht betreten. Auch das Überfliegen ist verboten.

Das Unheilvolle an diesem Streit ist nur, daß Wissenschaftler zwei sich total widersprechende Gutachten angefertigt haben. Professor David Lavigne von der kanadischen Guelph-Universität ist der Ansicht, daß die Anzahl der Robben in einem erschreckenden Maße abnimmt. Dr. Patrick Lett, Assistent an der gleichen Universität, vertritt hingegen nachdrücklich die Meinung, die Robben würden sich vermehren.

Professor Lavigne überfliegt die Wurfplätze mit einem Flugzeug und stellt nach Methoden militärischer Aufklärung Reihenaufnahmen im ultravioletten Lichtbereich her. Auf den Fotos wird die von den Robbenkindern reflektierte UV-Strahlung in Form dunkler Punkte sichtbar. So kann deren Gesamtzahl registriert werden. Der Nachteil des Verfahrens: Wenn die Sonne nicht scheint, reflektieren die Robben kein UV-Licht. Auf normalen Fotos sind sie überhaupt nicht zu erkennen. So kann bei schlechter Wetterlage nicht gezählt werden. Bei verantwortungsbewußter Extrapolation der Werte müßten die Ergebnisse den Tatsachen aber sehr nahe kommen.

Dr. Lett sammelt hingegen vom Schiff Gruppen erschlagener Mutterrobben auf und untersucht deren Alterszusammensetzung. Fände er Lücken in einzelnen Jahrgängen, so meint er, müßte dies als Zeichen von Überbejagung gelten. Er fand sie nicht und schließt daraus, daß die Zahl der Tiere zu- und nicht abnimmt.

Angesichts der geringen Zahl seiner Stichproben, der Schwierigkeit, das Alter der Tiere auf das Jahr genau zu bestimmen, und der kontinuierlichen Bejagung seit Jahrhunderten hält Professor Lavigne die Aussagekraft dieser Methode für mehr als fragwürdig. Dennoch hat das kanadische Fischereiministerium sie sich zu eigen gemacht und verfährt so, als stiege die Robbenbevölkerung gegenwärtig stark an.

So werden wir die Sattelrobbe trotz allem in Kürze auf die »Rote Liste« der vom Aussterben bedrohten Tiere setzen müssen.

Wie wäre es denn, zur Abwechslung einmal etwas Vernunft walten zu lassen, statt im trüben gegensätzlicher wissenschaftlicher Aussagen weiterzufischen? Mit der Million Dollar, die im Dezember 1982 für eine internationale Zeitungsanzeigenkampagne zur Rechtfertigung der Robbenjagd mit widerlegbaren Argumenten ausgegeben wurde, hätten leicht wissenschaftlich hieb- und stichfeste Fakten erarbeitet und finanziert werden können.

Statt Polemik hat nur absolute Objektivität, umfassendes Wissen und Erforschung aller Grundlagen geltendes Recht.

Vorerst geht der Kampf um die Erhaltung der Robben mit unverminderter Härte weiter. Der kanadische Fischereiminister Pierre de Bane beschimpfte noch im März 1984 alle Robbenschützer als »verabscheuungswürdige Kriminelle«.

Indessen riefen die USA und Großbritannien zum Boykott kanadischer Fischlieferungen auf. Eine britische Supermarktkette weigert sich seit Februar 1984, ihren Kunden kanadischen Fisch anzubieten. Schon zeigen diese Aktionen in Kanada Wirkung. Außenminister Allan MacEachem erwägt bereits den Abbruch der Robbenjagd. Die Gruppe der Verfechter der brutalen Ausrottungsjagd wird zusehends kleiner. Das heißt uns hoffen.

Endet heute die Ewigkeit? Die Meeresschildkröten

Es ist Neumondabend am Strand des kleinen Fischerdorfes Ostional an der Pazifikküste des mittelamerikanischen Staates Costa Rica. »Heute nacht werden sie kommen!« Mit diesen Worten zeigt Pablo hinaus auf das Meer. Dort dümpeln im Takt der Wogen Myriaden dunkler Punkte wie Tennisbälle auf und nieder. »Das sind die Köpfe der Tortugas. Sie warten nur, bis es dunkel wird.«

Aber an diesem Abend gibt es schon vor der Dämmerung kein Halten mehr. Erst stürmen einige Hundertergruppen als Vorhut auf den Strand. Als sie nicht sogleich wieder ins Wasser fliehen, wissen die Wartenden: die Luft ist rein. Und nun brandet die »Flotte«, wie die Einheimischen sagen, wie Flutwellen empor. Erst erscheinen tausend, dann 5000. Schließlich wuchten sich nicht weniger als 10 000 Meeresschildkröten gleichzeitig auf den mehrere hundert Meter breiten Strand zu den Dünen hinauf. In einer Nacht sind es 50 000, in einer Brutsaison sogar 200 000 der gepanzerten Reptilien, die hier zwanzig Millionen Eier vergraben.

Unter äußerster Kraftanstrengung robben sie umher, um den geeigneten Eiablageort zu finden. Dabei rammen sich die einen Meter langen, 45 Kilogramm schweren Brocken gegenseitig, werfen den »Verkehrsteilnehmer« aus Versehen, doch stur auf den Rücken. Beim Graben der Gelegelöcher stoßen die Weibchen auf die Nester ihrer Vorgängerinnen und baggern mit den Hinterfüßen deren Eier wieder an die Oberfläche.

Der New Yorker Entwicklungshelfer John Hyslop hat diese Eierlegeorgie beobachtet. Eine Meeresschildkröte (hier handelt es sich um die sogenannte Bastardschildkröte) benötigt 10 Minuten, um auf den Stand zu klettern und den Ablageplatz auszuwählen. 15 Minuten dauert das Graben des etwa 40 Zentimeter tiefen Loches.

Die Bewegungen der Hinterbeine laufen dabei roboterhaft ab. Hat ein Hai einem Weibchen ein Hinterbein abgebissen, gräbt es einseitig schief. Fehlen beide Hinterbeine, zucken die Stummel 15 Minuten lang so, als wären noch die Gliedmaßen daran. Es arbeitet im Leerlauf, tritt danach wieder den Rückmarsch zum Wasser an und verliert unterwegs sämtliche Eier.

Weitere 15 Minuten dauert die Eiablage. Sobald diese Tätigkeit beginnt, gerät das Muttertier in eine Art Trance und ist dann durch nichts mehr von ihrer Tätigkeit abzuhalten. Auch wenn Touristenscharen mit Lampen und Blitzlicht eng um die Schildkröte herumstehen, läßt sie sich nicht beirren. Kommen die Schaulustigen allerdings zu früh herbei, treiben sie die Tiere ins Meer zurück, wo sie dann alle ihre Eier verlieren – eine leider nur zu oft praktizierte Sünde vieler Touristikunternehmen!

Ein Weibchen legt je nach Größe und Alter fünfzig bis 200 Eier, im Mittel hundert. Im Abstand von jeweils zwölf Tagen kommt es aber noch zwei- oder dreimal, manchmal sogar viermal zur Ablage etwa der gleichen Anzahl von Eiern an Land. Danach schiebt es jedoch eine Pause von zwei, meist aber drei Jahren ein, ehe es wieder fruchtbar wird.

Das Ei ist so groß wie ein Tischtennisball, lederartig umhüllt und unzerbrechlich.

Sobald sie alle abgelegt sind, schaufelt die Mutter das Loch wieder zu und stampft den Sand darüber fest, indem sie sich mehrmals mit dem Bauchpanzer liegestützartig darauf fallen läßt. Auch diese Tätigkeit, die 5 Minuten beansprucht, läuft instinktiv, automatenhaft ab. Trägt ein Mensch das Tier unmittelbar nach dem Zuschütten des Nestloches ein paar Meter zur Seite, stampft es dort den Boden in sinnloser Weise fest.

Für die Rückkehr ins Meer braucht es dann noch einmal 5 Minuten. Somit dauert der ganze Landgang etwa 50 Minuten.

Dabei fällt immer wieder auf, daß der Mutter während dieser Zeit ständig dicke Tränen aus den Augen rinnen. Bereitet ihr diese Anstrengung so große Schmerzen? Früher glaubten Zoologen das. Jetzt wissen wir aber, daß die Tränendrüsen bei Meeresschildkröten die Aufgabe haben, überschüssiges Salz, das mit dem Meerwasser geschluckt wurde, wieder aus dem Organismus auszuscheiden. Andernfalls würde das Tier elend zugrunde gehen wie ein Schiffbrüchiger, der Salzwasser trinkt.

Dennoch bedeutet die Eiablage für die Schildkrötenmutter eine ungeheure Anstrengung. Das wird am Strand von Ostional am Morgen nach solch einer Massen-Eierlegenacht ersichtlich. Dann sieht man nämlich an die zwanzig oder dreißig Muttertiere, die über ihrem Gelege mit einem Herzinfarkt tot zusammengebrochen sind.

Etwa ebenso viele liegen seit den Zusammenstößen mit Artgenossen noch immer auf dem Rücken und zappeln vergeblich mit den Beinen. Normalerweise müssen sie viele Tage in dieser hilflosen Stellung warten, bis sie die nächste Springflut erlöst. Hier aber kommen die einheimischen Fischer und helfen ihnen wieder auf die Beine, so daß die Tiere nicht so lange zu leiden haben.

Und zwischen alledem laufen die Hausschweine der Fischer umher und fressen die vielen Eier, die im nächtlichen Gewühle wieder an die Oberfläche geschaufelt wurden.

Diese Schilderung einer scheinbar im Überfluß schwelgenden Massenvermehrungsorgie klingt wie ein Lied aus dem längst verlorenen Tierparadies. Und dennoch ist es heutige Wirklichkeit. Während an zahlreichen anderen Stränden der Karibik, West- und Ostafrikas, Nordaustraliens sowie Malaysias und Indonesiens die Brutstätten der Meeresschildkröten am Erlöschen oder schon erloschen sind, haben in den letzten Jahren an der Pazifikküste Costa Ricas die Schildkrötenbestände gewaltig zugenommen.

Mehrere Gründe sind hierfür ausschlaggebend. Die Einheimischen hegen eine unüberwindliche Abneigung gegen den Verzehr von Schildkrötenfleisch. Sie lassen die auf den Strand kriechenden Muttertiere also leben, so daß diese immer wiederkommen und neue Eier legen können. Ferner herrschen in dieser Region zur Jahreszeit der Eiablage fürchterliche Stürme und Regengüsse. Auf den Urwaldstraßen dorthin würde jedes Auto im Bodenlosen versinken. Auch der kleine Hafen ist gesperrt. Kommerzielle Eiersammler und Schildkrötenschlächter können also gar nicht dorthin gelangen. Außerdem begünstigt der starke Rückgang der Reptilien an anderen Stränden das Überleben und die Vermehrung der Ostional-Population.

Dies zeigt, wie schnell sich Wildtierbestände wieder erholen können, wenn der Mensch nicht im Zwange ökonomischen Wachstumsdenkens existenzvernichtend eingreift.

Ist diesen Geschäftemachern, Schildkrötensuppenessern und Schildpattbrillenträgern eigentlich bewußt, welches Naturwunder sie sinnlos zerstören? Dank mehrerer staunenswerter Eigenschaften konnten diese Tiere als Zeugen der Urzeit der großen Saurier 200 Millionen Jahre auf Erden überleben. Sollte diese gewaltige Zeitspanne heute von menschlicher Profitsucht beendet werden?

Schon das Leben der Schildkrötenbabys ist voll erregender Einzelheiten: Mit dem Feststampfen des Sandes über dem Nest hat die Mutter ihre Kinderfürsorge beendet. Sie marschiert zurück zum Meer, wo schon die Männchen, die das nasse Element nie verlassen, auf sie warten, um im etwa 60 Zentimeter seichten Wasser die Paarung für das nächste Gelege zu vollziehen, das die Weibchen dann aber erst zwei oder drei Jahre später am selben Strand vergraben werden.

Das Brüten besorgt derweil Mutter Sonne im Verlauf von etwa 57 Tagen. Dabei ist folgendes merkwürdig: Die untersten Eier liegen 20 bis 30 Zentimeter tiefer als die obersten und haben es wesentlich kühler. Dennoch müssen alle Babys zur gleichen Zeit schlüpfen. Mit zwei Tricks ist das möglich.

Einmal sorgt die Natur dafür, daß sich in der kühleren Hälfte der Eier nur Männchen entwickeln, sofern die Temperatur unter 30 Grad liegt. In der oberen und wärmeren Etage wachsen hingegen nur Weibchen heran. Eine ähnliche von der Bruttemperatur gesteuerte sogenannte »Geschlechtsdetermination« kennen wir bereits vom Mississippi-Alligator, nur daß dort die wärmere Nestregion Männchen entstehen läßt und die kältere Weibchen.

Zum anderen beginnen die Ei-Insassen zwei Tage vor dem Schlüpfen »Morsesignale« zu senden, Salven recht lauter Knackgeräusche. Je reifer sie in ihrer Entwicklung sind, desto schneller signalisieren sie. Das spornt die etwas zurückgebliebenen Geschwister an, ihren Wachstumsprozeß zu beschleunigen. Doch deren langsameres »Morsetempo« sagt den Frühentwicklern gleichsam: »Wartet mit dem Schlüpfen noch ein bißchen, bis auch wir soweit sind!« Daraufhin verlangsamt sich deren körperlicher Reifeprozeß.

Dann endlich, wenn alle im gleichen Tempo »funken«, wissen sie: Alle sind klar zum Schlüpfen. Nun muß nur noch die Temperatur schnell absinken und den Ei-Insassen damit anzeigen, daß es an der Oberfläche Nacht geworden ist, und schon beginnt überall das Schlüpfen aus den Eiern und ein hektisches Gestrampel der winzigen Beinchen, um sich durch den Sand nach oben hochzuarbeiten.

Wie einst in Afrika das Tamtam der Urwaldtrommeln sich von Dorf zu Dorf fortpflanzte, so auch die Schlüpfsignale der Meeresschildkröteneier von Gelege zu Gelege. So findet der Wettlauf der Babys zum Wasser auf ganzer Länge und Breite des Strandes fast gleichzeitig statt. Schlagartig wimmelt millionenfaches Leben auf dem Sand und strampelt nächtens in höchster Eile zum Meer.

Gelegentlich geschieht es jedoch auch, daß die Sonne von einer großen Wolke verdunkelt wird und ein kühler Regenguß herniederprasselt. Dann kann das Schlüpfen auch bei Tage geschehen. Und im Nu ist die Luft von Geschwadern räuberischer Vögel erfüllt. Möven, Fregattvögel, Rabengeier, Krähen, Elstern, Greife vieler Arten und andere stürzen sich auf die noch weichschaligen Winzlinge und verschlingen Hunderttausende von ihnen.

So schnell die Babys auch das Meer zu erreichen suchen, so wenig sind sie dort in Sicherheit. Im Brandungssaum lauern Armeen von Gespenst-, Reiter- und Winkerkrabben auf sie, zwicken ihnen die Beinchen ab und haben dann viele Tage lang ein unermeßliches Nahrungsreservoir. Etwas weiter im Meer lauern Haie und andere Raubfische und halten grausige Ernte.

Aber wenn es von tausend Babys nur zweien gelingt, das fortpflanzungsfähige Alter zu erreichen, was etwa mit 25 Jahren bei einer Panzerlänge von 60 Zentimetern der Fall ist, genügt dies bereits vollauf, die Kopfzahl der Population aufrechtzuerhalten.

Bereits drei Tage, nachdem die Babyscharen ihren verlustreichen Marsch in den Ozean angetreten und den Strand geräumt haben, erscheint vor der Küste bereits eine neue Schildkrötenarmada, um Eier zu legen. Der Himmel weiß, woran die Tiere bemerken, daß der Strand nunmehr zur Aufnahme neuer Gelege bereit ist.

So geht es an den Sandstränden tropischer Meere schon seit 200 Millionen Jahren zu. So lange gibt es schon Seeschildkröten auf Erden. Es ist wie das Branden der Wogen seit dem Beginn aller Zeiten. Eine Ewigkeit, die heute in Gefahr ist, zu enden, nur weil einige Menschen auf ihrem Bankkonto nicht schnell genug hohe Zahlen sehen können.

Über die ersten Lebensjahre der Jungtiere wissen wir noch so gut wie nichts. Wo halten sie sich auf? Wie leben sie? Was treiben sie? Wie schützen sie sich? Kaum etwas davon ist uns bekannt, obgleich das sehr wichtig zu wissen ist, wenn wir den Tieren helfen wollen, diese gefährliche Zeit zu überleben.

Die Arten der Meeresschildkröten und ihre Nahrung

1. *Suppenschildkröte* (Chelonia mydas): Panzerlänge bis 1,4 Meter, Gewicht: bis 180 Kilogramm. Sie ernährt sich vegetarisch von Seegras und Tang. Die Jungtiere sind Fleischfresser und leben von marinen Weichtieren. Sie ist (noch!) die häufigste Meeresschildkröte.

2. *Flache Karette* (Chelonia depressa): Sie ist sehr selten und noch überhaupt nicht erforscht.

3. *Unechte Karette* (Caretta caretta): Panzerlänge bis 1 Meter. Sie frißt Krebse, Krabben, Muscheln, Seesterne und Seeigel, seltener Fische und Pflanzen.

4. *Echte Karette* (Eretmochelys imbricata): Der Hauptlieferant von Schildpatt erreicht eine Panzerlänge bis 90 Zentimeter. Nahrung: Seeigel, Seesterne, nesselnde Quallen und etwas Tang. Man fängt sie auch außerhalb der Eiablagezeit mit Hilfe eines an der Leine gehaltenen Schiffshalters, eines Fisches, der sich mit einem Saugorgan am Panzer festhält.

5. *Bastardschildkröte* (Lepidochelys olivacea): Früher fälschlich für eine Kreuzung aus Suppenschildkröte und Unechter Karette gehalten. Panzerlänge: bis 1 Meter, Gewicht: bis 45 Kilogramm. Nahrung: vor allem Krebstiere.

6. *Kempsbastard* (Lepidochelys kempii): Sehr selten und noch nicht erforscht. 1983 existierte nur noch ein einziger Brutstrand am Golf von Mexiko nördlich von Tampico. Dieser ist völlig ungeschützt und wird von den Weibchen nur noch an einem Tag im Jahr besucht.

7. *Lederschildkröte* (Dermochelys coriacea): Mit einer Panzerlänge bis 2 Meter und 600 Kilogramm Gewicht die größte derzeit (noch!) lebende Schildkröte. Nahrung: Fische, Kraken, Staatsquallen wie die extrem scharf nesselnde »Portugiesische Galeere«, andere Weichtiere und etwas Pflanzen.

Alle Arten leben in annähernd den gleichen Seegebieten. Ihre weitgehend unterschiedliche Ernährung macht ein Miteinander in vielen Buchten und Lagunen möglich. Ihre Brutstrände liegen vielfach unmittelbar nebeneinander. Alle Arten sind derzeit durch die Nachstellungen des Menschen aufs höchste gefährdet.

Im Alter von einigen Jahren tauchen sie dann in ihrem ureigensten Lebensraum auf. Das sind die Gewässer stiller Buchten und klarblauer Lagunen an den tropischen Küsten der Kontinente und Inseln, sofern dort die Temperatur des Oberflächenwassers im kältesten Monat des Jahres nicht unter 20 Grad sinkt. Das heißt, daß ihre nördlichsten Lebensräume im Pazifik die Hawaii-Inseln sind und im Atlantik die Bermudas, wo sie allerdings schon vom Menschen ausgerottet wurden.

Ganz anders als die Zugvögel, bei denen Artgenossen immer auf gleichem Kurs reisen, zerstreuen sich die Seeschildkröten über weit voneinander entfernte Gebiete. Ein Beispiel: Junge Suppenschildkröten, die am Strand der Tortuguero Bay an der karibischen Küste Costa Ricas geschlüpft und gekennzeichnet worden waren, fanden Forscher später zum Teil nur wenige Dutzend Kilometer weit davon entfernt in kleinen Buchten, zu anderen Teilen aber auch bis zu 2 000 Kilometer weiter weg an den Küsten Floridas, Kubas, Kolumbiens und Venezuelas.

Wenn aber zwanzig Jahre später die Zeit der ersten Eiablage gekommen ist, wissen sie von überall her ihren Geburtsstrand mit einer Genauigkeit von 200 Metern auf geheimnisvolle Weise wiederzufinden.

Zuerst sind es nur kleine Gruppen, die gemeinsam heimwärts streben, etwa von Florida her. Dann stoßen die Kumpane von der mexikanischen Halbinsel Yucatan dazu, dann die von Kuba, Honduras und Jamaika, schließlich die von Venezuela, Kolumbien und Panama. Sie formieren sich zu einer Flotte, die mehrere Kilometer lang und einige hundert Meter breit ist, wobei die einzelnen Tiere nach allen Seiten Abstände von 2 Metern einhalten.

Das größte Wunder aber ist die Weltreise der Suppenschildkröten durch den äquatorialen Atlantik. Ihre Geburtswiege liegt in einem der sieben Strände der winzigen »Himmelfahrtsinsel« Ascension, die wie ein Nadelstich einsam in der unendlichen Weite des Ozeans liegt, und zwar ziemlich genau in der Mitte zwischen dem afrikanischen Kongo und dem Ostkap Brasiliens bei Recife.

Wie die Jungtiere von hier über 2 000 bis 3 000 Kilometer weit zu ihren Buchten längs der brasilianischen Küste finden, ist nicht weiter schwierig. Sie lassen sich einfach mit dem warmen Südäquatorialstrom treiben, der hier genau von Osten nach Westen fließt und sich erst kurz vor Erreichen der brasilianischen Küste verzweigt und dann

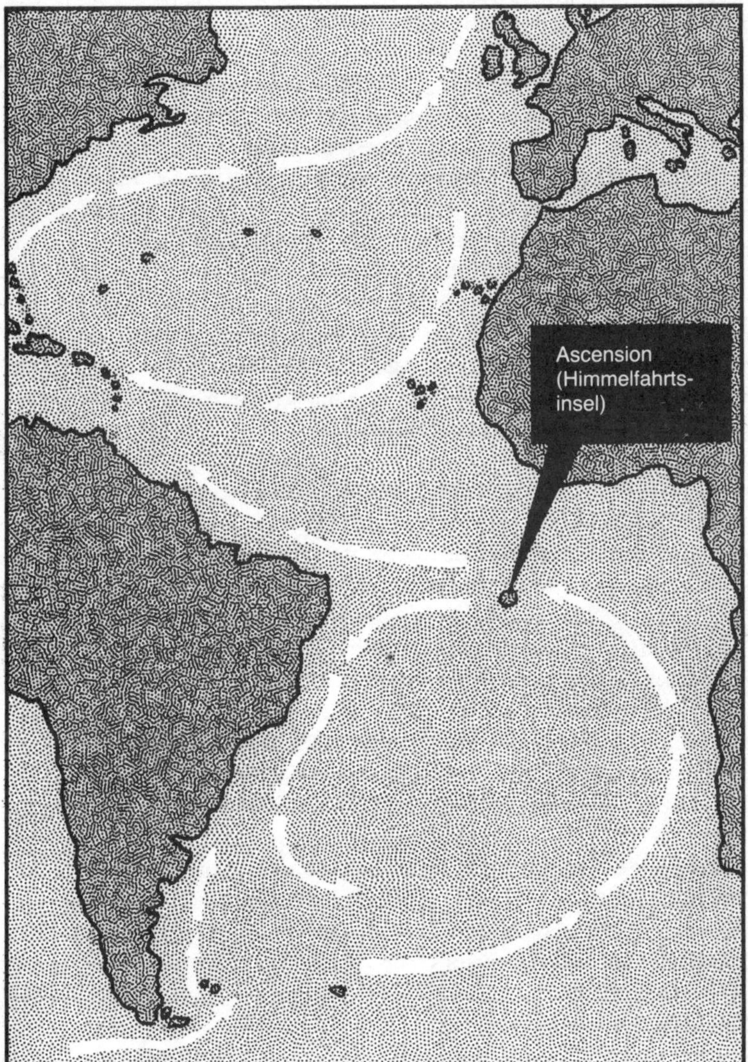

Vermutete Wanderwege der Seeschildkröten

an dieser entlang bis zur Karibik wie bis zur La-Plata-Mündung strömt.

Um so rätselhafter ist jedoch die Rückkehr der fortpflanzungsfähigen Tiere zum Ort ihrer »Geburt«. Der Leser stelle sich bitte einmal vor, er müsse bei Rio de Janeiro in den Ozean tauchen und dann die winzige Vulkaninsel Ascension mitten im Atlantik finden! Die Schildkröten können das, wie Professor Archie Carr, Meeresbiologe an der Universität Florida, durch das Wiederauffinden von Tieren, die mit Plastikmarken gekennzeichnet waren, bewiesen hat.

Aber wie? Zwar wurde schon ein Sonnen- und Sternkompaß bei Suppenschildkröten entdeckt, mit dem sie vielleicht ebenso navigieren können wie die Zugvögel. Auch besitzen sie einen phänomenalen Geruchssinn, der sie so ähnlich wie Lachse zum Geburtsort leiten könnte. Aber das Hauptproblem liegt auf einer ganz anderen Ebene.

Würden die Tiere denselben Weg zurückschwimmen, auf dem sie gekommen sind, könnten sie vielleicht ihre Heimatinsel an typischen Geruchsstoffen erschnüffeln. Aber der Südäquatorialstrom hat eine Geschwindigkeit von 1,85 Stundenkilometern, während das Höchsttempo einer Schildkröte 2 Stundenkilometer kaum übersteigt. Sie paddelt übrigens nur mit den Vorderbeinen und benutzt die hinteren Gliedmaßen nur zum Steuern. Oft legt sie auch Verschnaufpausen ein, sonnt sich an der Meeresoberfläche und hat dann auch nichts dagegen einzuwenden, wenn sich Möwen, Sturmtaucher, Albatrosse und andere Vögel auf ihrem Rückenpanzer niederlassen, um sich ebenfalls auszuruhen. Nur kommt sie dabei gegen den Strom kaum vorwärts!

Eine andere Möglichkeit wäre, daß sie sich vom Brasilstrom nach Süden treiben läßt, im Südatlantik auf die Westwinddrift stößt, mit ihr nach Osten zum Benguelastrom segelt und mit diesem auf Kurs Nord wieder auf Ascension trifft. Aber das wäre eine Reise über 10 000 Kilometer, die zudem durch Regionen führen würde, die für Schildkröten viel zu kalt sind.

Eine weitere Theorie mutmaßt, die Schildkröte könnte vor Brasilien 200 Meter tief tauchen und dann mit dem Tiefseegegenstrom des Südäquatorialstromes auf Ascension zutreiben. Aber diese Strömung ist auch viel zü kalt für das wechselwarme Tier. Auch kann es nur höchstens fünf Stunden lang tauchen. Dann muß es zum Luftholen wieder auftauchen. Oder fällt es während der Reise in der kalten

Tiefseeströmung in eine Art Winterschlaf, aus dem es erst kurz vor Ascension wieder erwacht?

Rätsel über Rätsel. Aber es ist nun einmal Tatsache, daß die Suppenschildkröten nicht nur die winzige Vulkaninsel wiederfinden, sondern auch ihren persönlichen Strandabschnitt auf 200 Meter genau.

Nur einige wenige Tiere tanzen – wie üblich – aus der Reihe. Sie sind dann dafür verantwortlich, daß Brutversuche auf neuen Stränden stattfinden. 1970 ließen zwei Touristenhotels, das eine auf Oahu, Hawaii, das andere auf Grand Caiman, Bahamas, künstliche Sandstrände für ihre Gäste aufspülen. Beide wurden inzwischen von Pionierschildkröten entdeckt. Sie bereichern nun die Hotels um eine weitere Attraktion. Die Kurgäste unterlassen das Graben im Sand und werden dafür Augenzeugen eines großartigen Naturschauspiels.

Andernorts haben aber »Züchter« versucht, Meeresschildkröteneier aufzukaufen und im eigenen Strand zu vergraben, um eine »Farm« aufzubauen. In den meisten Fällen sind sie kläglich gescheitert.

Ein Schildkrötenexperte der südafrikanischen Universität Natal, Dr. George Hughes, meinte vor einigen Jahren, ebensogut Brutplätze für die Eier der sogenannten Unechten Karettschildkröte ausfindig machen zu können wie die Tiere selbst. Südlich Durban vergrub er einige hundert Eier an Strandabschnitten, die nach seiner Meinung gut geeignet waren.

Am ersten Platz setzte kurz vor dem Schlüpfen eine Springflut die Gelege unter Wasser und vernichtete sie. Am zweiten Platz drangen Ameisen zu den Eiern vor und fraßen sie auf. Am dritten Platz hatte der Zoologe die Eier eine Handbreit zu tief vergraben. Als die Jungen schlüpften, schafften sie es nicht, sich an die Oberfläche hochzuarbeiten, und kamen elend um. Am vierten Platz war der Sand zu feinkörnig. Eine Gruppe Erstgeschlüpfter verschüttete alle nachfolgenden Geschwister, so daß diese zu Tode kamen. Am fünften Platz hatte der Zoologe die Eier nicht tief genug vergraben. Die Bruttemperatur war zu hoch. Aus allen Eiern schlüpften nur Weibchen – nicht gerade das Ideal für einen Züchter.

So erlebte Expertenwissen ein Fiasko. Das Naturverfahren der Wahl des eigenen Geburtsortes als wohlerprobter Wiege für die Brut triumphierte über menschliche Scheingelehrsamkeit.

Voll bewundernswerter Eigenschaften, die noch längst nicht alle erforscht sind, ist also jenes Tier, von dem die Schildkrötenschlächter und Eiersammler nichts als die Kochrezepte kennen.

Im Jahre 1983 besuchte das deutsche Hobbytaucher-Ehepaar Brigitte und Günther Peter die indonesische Trauminsel Bali. Am Strand von Benoa im äußersten Süden der Insel trafen sie auf einen Bretterzaun mit der Aufschrift: »Meeresschildkröten-Zuchtstation«. Das interessierte sie. Aber was verbarg sich hinter dem Sichtschutz? Eine Schildkrötenschlächterei schlimmster Sorte! Aus war der Traum vom Ferienparadies.

Kleine Frachter landeten hier die »Ware« an: lebende Suppenschildkröten, die zuvor wochenlang ohne Nahrung und Wasser in vier Schichten im Laderaum übereinandergestapelt lagen. Leider können diese Tiere nicht vor Schmerzen schreien. Es wäre meilenweit zu hören gewesen. So litten sie leise vor sich hin. Zum Transport wurden die Tiere die Füße durchbohrt, um sie an Seilen aufhängen zu können.

Das »Schlachten« bestand darin, daß den bis zu 1,40 Meter großen und 180 Kilogramm schweren Suppenschildkröten bei lebendigem Leib mit großen Messern das Fleisch aus dem zuvor zerbrochenen Panzer herausgeschnitten wurde – lebend, damit das Steak einen »angenehmen« Geschmack behalten soll. Oder die Balinesen tauchten den lebenden Leib in kochendes Wasser, damit der Panzer leichter abgelöst werden konnte. Das Ehepaar Peter drehte einen Dokumentarfilm über dieses brutale Blutbad. Er erschütterte die Weltöffentlichkeit.

Dennoch wurden 1983 über 10 000 Tiere in Benoa und mehr als eine halbe Million an tropischen Küsten in aller Welt auf diese grauenhafte Weise getötet.

Ihr Fleisch verarbeitete man zu Steaks, die Knorpelsubstanz zu Suppen, das Schildpatt, also die braungelbe Oberschicht des Panzers, zu Kämmen und Luxusbrillengestellen, das Stück zu Preisen zwischen 2000 und 6000 DM. Mit dem restlichen Panzer wurden Souvenirläden beliefert.

Im November 1982 lagerten im Bremer Freihafen 2,3 Tonnen Schildpatt, die »Ernte« von 30 000 Tieren, mit einem Verkaufswert von 23 Millionen Mark.

Währenddessen gehen die Bestände der in Freiheit lebenden Tiere rapide der Ausrottung entgegen. An einem mexikanischen Brutplatz, an dem noch 1947 jährlich mehr als 40 000 Weibchen zum Eierlegen erschienen, landeten 1979 nur noch 500 Tiere. An zahlreichen anderen tropischen Gestaden warten Eiersammler und Schlächter heute bereits vergebens.

Inzwischen fordern Millionen von Menschen in aller Welt den Schutz der Meeresschildkröten. Aber die Praxis sieht noch trübe aus. Einzig und allein Australien hat diese Tiere unter absoluten Schutz gestellt, und zwar schon seit 1968. Die Regierung der Bundesrepublik Deutschland versucht durch ein Importverbot einen Riegel vorzuschieben. Aber im Frühjahr 1984 standen zwei Hintertüren noch weit offen: Vom Einfuhrverbot ausgenommen waren Schildkrötenprodukte aus Zuchtstationen und aus anderen Ländern der Europäischen Gemeinschaft. Wie »Zuchtstationen« aussehen können, wissen wir allerdings vom balinesischen Benoa. Und ob Schildkrötenprodukte auf direktem Wege nach Deutschland kommen oder über Drittländer, ist im Sinne des Artenschutzes gleichgültig.

Doch gerät die Gegenseite indessen in Panik und läuft Amok. Der Schildpatt-Luxusbrillenhersteller Claus Pottgießer aus dem rheinland-pfälzischen Daun hat bereits Strafanzeigen gegen Professor Bernhard Grzimek erstattet sowie gegen Dr. Arnd Wünschmann, Geschäftsführer von WWF-Deutschland, und auch gegen Brigitte und Günther Peter, die noch 1983 die Arbeitsgemeinschaft »Rettet die Schildkröten jetzt« gegründet haben, der 22 Umweltschutzverbände einschließlich Greenpeace angehören.

Positiv hingegen ist zu vermerken, daß schon viele Hotels und Restaurants von sich aus darauf verzichtet haben, Schildkrötensuppe in ihre Speisekarten aufzunehmen. So ist es hier mehr der einzelne Mensch, der im kleinen zum Schutz dieser Tiere beitragen kann.

Ein weiterer Hoffnungsschimmer glimmt aus der Einrichtung echter Meeresschildkröten-Farmen an tropischen Küsten. Die Firma »Mariculture« auf der Bahamainsel Grand Cayman zieht seit 1980 nicht weniger als 100 000 Tiere in 110 großen Becken auf, um sie anschließend zu vermarkten.

Verhaltensgerechter und wertvoller im Sinne des Artenschutzes arbeiten Stationen, die erst die am Strand ganz natürlich geschlüpften Jungtiere einsammeln und ein Jahr lang bei sich in großen Schwimmbecken füttern und schützen und erst danach der Freiheit des Meeres zur normalen Weiterentwicklung anvertrauen. Wir erinnern uns: Gehen die Geschlüpften gleich ins Meer, gelangen nur zwei von tausend zur Fortpflanzung. Von tausend erst im Alter von einem Jahr ausgesetzten Jungtieren überleben über 400 bis 500 die gefährliche Zeit, bis sie selber Nachwuchs in die Welt setzen können.

Diese Arbeit aktiven Artenschutzes sollte in Zukunft das Leitbild zur Erhaltung der Meeresschildkröten sein.

V. Rettungsinseln für Tiere

Sturz und Höhenflug des Kondors

Die Inkas haben den Kondor einst als Gott verehrt. Er galt ihnen als Herrscher der Anden. Die Ureinwohner Südamerikas haben ihn in Höhlenzeichnungen mystisch verklärt. Pablo Neruda, der chilenische Nobelpreisträger für Literatur hat ihn als Symbol der Freiheit vor Unterdrückung besungen. Das Folklorelied »El Condor pasa« begeisterte die Welt. Vier Staaten des Kontinents tragen den majestätischen Vogel im Wappen. Doch kürzlich wurde er fast ausgerottet . . . wegen des Geschäfts mit Exkrementen!

Und das geschah so: anno 1974 auf der Insel Santa Rosa vor der peruanischen Pazifikküste. Die Luft ist von ohrenbetäubendem Vogelgeschrei erfüllt. Millionen Kormorane, Tölpel und Pelikane brüten hier wie seit Jahrtausenden dicht an dicht auf der eigenen, kahlen Dungschicht, die eine Mächtigkeit von etwa einem drittel Meter erreicht hat.

Plötzlich schwillt das Geschrei zum hysterisch tobenden Orkan an. Die Vogelmassen rasen wild durcheinander, versuchen zu starten, prallen mit in entgegengesetzter Richtung fliehenden Riesenscharen zusammen, stürzen, hacken, schlagen um sich und stürmen weiter. Eier rollen durcheinander und zerbrechen. Jungvögel werden zertreten. Eine Panik gewaltigen Ausmaßes ist ausgebrochen.

Was ist die Ursache? 10 Meter über dem Chaos zieht der größte fliegende Vogel der Welt gravitätisch seine Kreise. Leise singt der Luftstrom durch seine Flügelspitzen: der Andenkondor. Langsam gleitet er tiefer und landet an einer Stelle, an der sein bloßes Erscheinen die Massengesellschaft der Kormorane, Pelikane und Tölpel wie ein Sturmwind hinweggefegt hat. In aller Ruhe verspeist er siebzehn Eier. Dann ist er satt, startet wieder und entschwindet den Blicken im Blau des Himmels.

Nach solchen Vorfällen befürchtete die »Guano«-Handelsgesellschaft, die Kotproduktion der Seevögel würde unter dem Erscheinen der Andenkondore leiden und damit auch das Düngergeschäft. Deshalb schickte sie Jäger in die 150 Kilometer entfernten Hochanden, von denen die Kondore zu den Guanoinseln fliegen. In den folgenden Wochen wurden nicht weniger als siebzig dieser stolzen Vögel abgeschossen. Und das, obwohl es in ganz Peru schon damals keine 300 Kondore mehr gab und obwohl die Bewohner der großen südamerikanischen Städte heutzutage den einst häufig vorkommenden Kondor ebensowenig kennen wie ein Münchner den Steinadler.

Was in den Herzen der Menschen zurückblieb, ist nicht mehr als eine Ahnung von der Großartigkeit dieses Tierlebens: lautlos in Höhen bis zu 6000 Metern über den schneebedeckten Gipfeln der Anden und Kordilleren kreisend zu segeln; mit 3,30 Meter spannenden Flügeln der Erdenschwere enthoben zu sein; einen Herrschaftsbereich über Hunderte von Kilometern zu überschauen; sich ständig dort aufhalten zu können, wo gutes Wetter herrscht, da der Kondor mit Leichtigkeit Gewitterfronten und die Wolken eines Sturmtiefs überfliegt.

Seine Fähigkeiten waren Anlaß zur Legendenbildung. Die Indios schrieben dem Kondor übersinnliche Kräfte der Gedankenübertragung zu. Zu diesem Ruf kam er so: Das schärfste Menschenauge erkennt im Himmelsblau stets nur einen dieser Vogelriesen. Aber sobald dieser mit einer Sturmgeschwindigkeit von 160 Stundenkilometern auf ein von ihm entdecktes Aas herniederbraust, dauert es nur wenige Minuten, bis sich der bis dahin unsichtbare Ehepartner ebenfalls am selben Kadaver einfindet. Eine Form animalischer Telepathie?

Die Wirklichkeit ist noch großartiger, obwohl hier alles mit rechten Dingen zugeht. Vogelforscher haben herausgefunden, daß die beiden Ehepartner im Abstand von ziemlich genau 10 Kilometern in den Lüften kreisen. Dennoch behalten sie sich dabei stets im Auge – dank einer geradezu phänomenalen Scharfsichtigkeit. Ihr Sehvermögen ist so gut, daß sie ein Buch auf 15 Meter Entfernung lesen könnten.

Sieht zum Beispiel das Weibchen aus diesem »Fernrohrabstand«, daß sein Männchen in den Sturzflug geht, rauscht es gleich hinterher. So haben sich die Kondore gleichsam ihr »Aufklärungsgebiet« in »Planquadrate« eingeteilt, oder, besser gesagt, in parallele Beobachtungsstreifen, etwa in zwei benachbarte Andentäler, die sie nun gleichzeitig absuchen können. Ein sehr wirkungsvolles Konzept zur zeit- und kraftsparenden Futterbeschaffung.

Allerdings profitieren auch eventuell vorhandene futterneidische Nachbarn von dieser Methode. Dr. Claus König, der Präsident des Deutschen Bundes für Vogelschutz, beobachtete einmal in dem einsamen, 3000 Meter hoch gelegenen Valle Encantado der argentinischen Cordillera de Salte nicht weniger als acht Andenkondore am Aas eines toten Esels. Damit es bei der Mahlzeit möglichst keinen Streit gibt, bevorzugen diese Vögel, wenn sie die Wahl haben, große Kadaver vor kleinen etwa in der Reihenfolge: Rind, Pferd, Lama, Hirsch, Schaf, Ziege. Sobald die Andenkondore merken, daß für alle genug da ist, fressen sie friedlich nebeneinander.

Das schnelle Erscheinen der großen Vögel am Ort gefallenen Weideviehs hat allerdings auch einen tödlichen Nachteil. Die Gauchos kommen später an als sie und verdächtigen die Kondore, das Vieh getötet zu haben. Und schon ist ein Ausrottungsfeldzug gegen alle Vögel in der weiteren Umgebung im Gange. Mit diesem Argument wurden sie bereits um 1960 in den Bergen Venezuelas völlig vernichtet.

Wie sehen gegenüber dieser Lynchjustiz die Fakten aus? So groß und gefährlich der Kondor auch wirkt, allein aufgrund seines Körperbaues ist er absolut unfähig, größere Tiere zu töten. Mit den Krallen seiner Füße kann er gar nicht Beute ergreifen oder gar erwürgen, weil die gegenständige Hinterzehe zu klein ist und zu hoch am »Hacken« sitzt, um zufassen zu können. Er kann sie damit nicht einmal festhalten. Seine Freßtechnik ist genau die umgekehrte der Tötungstechnik eines Greifvogels: Der Kondor stellt sich auf die bereits tot aufgefundene Beute und stemmt sich mit den Füßen dagegen, während der Schnabel mit großer Kraft Fleischfetzen nach oben abreißt.

Der große Vogel kann nicht einmal eine Ratte so umfassen, daß er sie in den Klauen auf dem Luftweg zum Nistplatz befördern kann. Das schafft er nur in seinem Kropf. Somit sind auch all die Schauermärchen über Kondore, die angeblich Menschenkinder geraubt und mit ihnen durch die Lüfte entschwebt sind, ins Reich der Greuelpropaganda gegen unschuldige Tiere zu verweisen.

Aber gehört der Kondor denn nicht in die zoologische Ordnung der Greifvögel? Ist er also ein Greifvogel, der nicht greifen kann?

Nicht einmal das! Der Kondor hat die Wissenschaft viele Jahrzehnte lang zum Narren gehalten. Die zoologischen Systematiker sind nämlich einer »optischen Täuschung« zum Opfer gefallen. Der Kondor, wie auch die anderen Neuweltgeier, also Königs-, Raben- und Truthahngeier, sehen nur so ähnlich wie Geier aus. Bei genauester Betrachtung sind sie aber keine. Vielmehr gehören sie zur Verwandtschaft der ... Störche! Das hat Dr. Claus König 1982 durch Studien der Anatomie, des Verhaltens und der Bürzeldrüsensekrete hieb- und stichfest beweisen können.

Der Grund für die Verwechslung eines Storches mit einem Geier ist leicht zu erklären: Im Verlauf der Jahrmillionen der Entwicklungsgeschichte haben in Südamerika noch nie echte Geier gelebt, dafür aber Störche. Somit war auf diesem Kontinent die ökologische Nische von aasfressenden Vögeln frei. Aus der Ahnengalerie der Störche nutzten das einige Arten, paßten sich auch im Körperbau den Gegebenheiten des Aasfressens an und erlangten so physische Ähnlichkeiten mit den echten Geiern Afrikas und der Alten Welt. Das Entstehen äußerlicher Ähnlichkeiten von Tierarten, die nicht miteinander verwandt sind, wird von Biologen als »Konvergenz« bezeichnet.

Wenn das stimmt, müßten die Vorfahren des Kondors mehr Ähnlichkeit mit Störchen gehabt haben. In der Tat entdeckte der amerikanische Paläontologe Professor Kenneth Campbell um 1962 in Argentinien Knochenreste eines Urkondors, des sogenannten Riesengeiers Argentavis magnificens. Er lebte vor fünf bis acht Millionen Jahren, war ein gewaltiges Tier mit einer Flügelspannweite von 8,25 Metern und besaß einen Storchenschnabel! Und auch er hatte nur eine schwache Hinterzehe, so daß er mit seinen Füßen nicht zugreifen konnte, just wie ein Storch.

Und ebensowenig, wie ein Storch mit seinen Füßen eine Kuh zu töten vermag, kann dies auch ein Kondor. Tausende von ihnen sind also einem Lynchjustizirrtum auf blinde Rache versessener Menschen zum Opfer gefallen.

Zum Glück aber ist der Kondor ein außerordentlich scheues und zugleich hochintelligentes Tier. Das hat ihn davor bewahrt, schon längst völlig ausgerottet worden zu sein.

Alle Tierfilmer und -fotografen, die Aufnahmen von diesem König der Lüfte machen wollten, haben das eindrucksvoll erleben müssen. Zunächst dachten sie, es würde genügen, einfach einen toten Esel in

So rächt sich der Mord am Rabengeier!

»Dieser Vogel muß ausgerottet werden!« befanden die Gesundheitsbehörden der kolumbianischen Hauptstadt Bogotá im Mai 1973. »Er frißt den Kot von Menschen und Tieren, wühlt im Unrat der Müllkippen und Straßen und überträgt Typhus sowie andere gefährliche Infektionskrankheiten.«

Gemeint war der Rabengeier, in Südamerika auch als Urubu oder Gallinazo, zu deutsch: Hühnermistbeseitiger, bekannt. Die Jagd begann. Innerhalb weniger Wochen wurden einige tausend dieser zutraulich und zu Stadtbewohnern gewordenen, bussardgroßen Kondorverwandten abgeschossen. Nur 170 Exemplare überlebten das Massaker.

Doch gleichzeitig setzte ein zunächst unerklärlicher Ansturm auf die ohnehin schon überfüllten Krankenhäuser Bogotás ein. Die Anzahl der eingelieferten Kinder stieg schlagartig auf das Dreifache. Viele von ihnen starben. Erst allmählich kamen die Ärzte dahinter, daß durch den Vogelmord das genaue Gegenteil von dem erreicht worden war, was die Behörden eigentlich geplant hatten. Seit Mai 1974 ist der Rabengeier in Kolumbien wieder geschützt. Langsam vermehren sich seine Scharen wieder – und ebenso langsam sinkt auch wieder die Anzahl schwerer Erkrankungen unter den Kindern.

Ein besonders krasses Beispiel für den Wahnsinn menschlicher Tiervernichtungsmaßnahmen!

Wie sind diese ungewöhnlichen Zusammenhänge zu erklären? Natürlich mag es, gelinde gesagt, unappetitlich erscheinen, wenn der Rabengeier nebst Aas auch noch den Kot anderer Lebewesen frißt. Aber in den Außenbezirken und Armenvierteln von Bogotá gibt es weder eine Kanalisation noch eine Müllabfuhr. Alleiniger »Straßenkehrer« ist dieser Vogel. Als man ihn vernichtete, blieb der Unrat liegen, die Kinder spielten weiter auf der Straße und infizierten sich so.

Warum aber erkranken die gratis arbeitenden »Straßenfegervögel« nicht an den Erregern in ihrer Nahrung? Ihre Magensäfte enthalten eine so konzentrierte Salzsäure, daß sie völlig immun gegen Fleischvergiftung sind. Auch alle Bakterien, die sie mit der

Nahrung zu sich nehmen, werden vernichtet. Und obendrein putzt und säubert sich der Vogel nach jeder Mahlzeit etwa zwei Stunden lang so gründlich, daß er zu den reinlichsten Tieren gezählt werden darf.

Der Rabengeier hat also die vom Menschen stammenden Krankheitserreger beseitigt und nicht etwa verbreitet. Ein wenig mehr biologisches Wissen in der Beamtenschaft, und viele Menschen und Vögel hätten nicht zu sterben brauchen.

eine Schlucht zu legen, ein Tarnzelt in der Nähe zu errichten, und schon würden die hungrigen Vögel direkt vor ihrem Objektiv landen. Sie warteten bis zum Sankt-Nimmerleins-Tag. Erst als sie unter einem Felsen eine Wand aus aufgesammelten Steinen errichteten, landeten die Vögel direkt vor der Kamera.

Die Kondore, so folgert Dr. König, kennen ihr über Hunderte von Kilometern reichendes Beutesuchgebiet so genau, daß ihnen jede Unregelmäßigkeit sofort auffällt und verdächtig vorkommt. Auch dieses phantastische Ortsgedächtnis haben sie mit den Störchen gemeinsam. Unser Weißstorch kennt zum Beispiel die ganze 9000 Kilometer weite Strecke von Norddeutschland bis Südafrika auswendig, mit allen Landmarken, Gebirgszügen, Flüssen, Küstenstreifen, Wüsten, Regenwäldern, Seen und vor allem mit allen Rast- und Futterplätzen.

Wir Menschen sind immer geneigt, den angeblich so dummen Tieren kaum nennenswerte Gedächtnisleistungen zuzutrauen. Nun mag man das Ortsgedächtnis vielleicht nur als Erscheinungsform einer »Semiintelligenz« ansehen, aber feststeht, daß auf diesem Gebiet viele Tiere dem Menschen haushoch überlegen sind, allen voran der Kondor.

Nur ein Manko bleibt anzumerken. Dieses Tier ist zwar gegenwärtig der größte Vogel auf der Welt, der fliegen kann, aber er ist auch ein Vogel, der nicht jederzeit, wenn er will, auch fliegen kann. Nur scheinbar paradox ausgedrückt: Er besitzt so kräftige Muskeln, daß diese viel zu schwer sind, um sich allein mit seiner Muskelkraft in die Luft zu wuchten. Seine Energie reicht kaum aus, um mehr als dreißig

Flügelschläge hintereinander auszuführen. Deshalb ist er ein Segelflieger, das aber perfekt!

Seine Nisthöhle liegt in großer, unwegsamer Höhe in einem Steilhang. Hier hat er keine Startschwierigkeiten. Ein Sprung aus dem Loch, die Flügel ausgebreitet, und schon schwebt er im Hangaufwind – stundenlang ohne einen Flügelschlag.

Morgens allzufrüh aufzustehen bringt für ihn keinen Gewinn. Tierkadaver liegen meist nicht in der Steilwand, sondern unten im Tal oder weiter weg in der Ebene, in der Atacamawüste oder am Strand des Pazifiks. Hier gibt es keine Hangaufwinde. Hier muß der Kondor auf thermische Aufwinde warten, und die entstehen erst bei heißer Sonneneinstrahlung.

Manchmal bleiben sie aber auch aus, etwa bei bewölktem Himmel und Windstille. Vogelforscher haben einmal vier Kondore beobachtet, die am Strand an einem tot angeschwemmten Seelöwen fraßen, als die Thermik plötzlich aussetzte. Den Königen der Lüfte blieb gar nichts anderes übrig, als vier Tage lang an dieser Stelle zu warten, bis endlich wieder kleine »Staubteufelchen« emporgerissenen Sandes das Entstehen einer Thermik anzeigten. Wie routinierte Segelflugsportler diese Signale sofort erkennen, so bemerkten sie auch die Kondore, wuchteten sich mit schweren Flügelschlägen dorthin und ließen sich dann, spiralig emporschraubend, zu den Wolken tragen.

Eine neue Legende webt sich gegenwärtig um die Geschichte von Liebe und Treue im Leben des Andenkondors. Erst im Alter von acht Jahren erwacht im jungen Männchen die Sehnsucht nach einer Lebensgefährtin. Dann schwillt ihm der rote Fleischkamm auf dem Scheitel. Kopf und Nacken färben sich knallrot und quittegelb und blähen sich auf. So treibt es ihn in die Ferne. Aber heutzutage ist die Brautschau für ihn ein verzweiflungsvolles Unternehmen geworden. Das geht aus folgender Überlegung hervor:

Im 4 400 Kilometer langen und 150 Kilometer breiten Land Chile lebten 1983 gerade noch 180 Kondore. 36 davon waren brutunfähige Jungvögel. Die 72 älteren Paare bringen jedes nur alle zwei Jahre ein Junges zur Welt. Somit umfaßt ein Jahrgang derzeit nur noch achtzehn Männchen und achtzehn Weibchen. Wie sollen so wenige ins heiratsfähige Alter kommende Vögel über solch riesige Entfernungen je zueinanderfinden?

Hinzu kommt, daß der in der Einsamkeit schneebedeckter Berggipfel kreisende Freier nicht den Luftraum eines alteingesessenen Pärchens verletzen darf. Andernfalls kommt es zu einem vehementen Luftkampf.

Was das bedeutet, erfuhren um 1920 die Piloten der ersten kleinen, einmotorigen, stoffbespannten Flugzeuge, die im Luftpostdienst von Santiago de Chile nach Buenos Aires die Anden überquerten. Kondore hielten die Maschinen für übergroße, aber wohl auch etwas mißgestaltete Konkurrenten und griffen sie mit einer Sturzgeschwindigkeit von 160 Stundenkilometern an. Das war meist das Ende von Flugzeug und Vogel. Daraufhin wurden die Einsitzer mit Maschinengewehren bewaffnet. Es kam zu Luftkämpfen wie im Ersten Weltkrieg, nur eben mit recht einseitigem Ausgang. Es wurden sogar die Nisthöhlen der Kondore bombardiert – eine weitere Ursache für die rapide Abnahme der Kondorpopulation.

Der auf Brautschau kreisende Vogel läßt sich indessen nicht auf einen Luftkampf mit Alttieren ein. Er weiß: Heiratsfähige »Mädchen« wohnen schon seit ihrem dritten Lebensjahr nicht mehr bei ihren Eltern, sondern haben sich einen eigenen Lebensraum gesucht. Ihn gilt es zu finden. Aber wie?

Zunächst muß sich der Bräutigam als solcher zu erkennen geben, und zwar durch seine Art zu fliegen. Sein Flug unterscheidet sich von dem der alten Futtersucher wie die Raserei eines halbstarken Motorradfahrers, der mit seinen Pferdestärken vor der Angebetenen balzt, von einer fahrradfahrenden Oma. Daraufhin signalisiert das Weibchen dem Kondor mit Kunstflugfiguren, daß er bei ihm eventuell (in des Wortes doppelter Bedeutung) landen könnte.

Wie so oft bei einander fremden Wesen, so tun sich beide mit der Annährung sehr schwer. Sie tun gereizt und zänkisch. Doch dann beginnt der »Herr« als erster mit Zärtlichkeiten, indem er seinen Kopf und Nacken anschmiegsam reibt ... nicht an der Kondorin, sondern am Fels. Er demonstriert ihr, wie liebevoll er sein kann. Und allmählich überträgt er seine Streicheleinheiten vom Stein auf die Braut.

Bald beginnt das Jungmännchen auch, Stöckchen und Steinchen hin und her zu räumen, als wolle er zeigen, wie schön er Nestchen bauen kann. Das Seltsame daran ist nur, daß Kondore gar keine Nester bauen. Sie beziehen eine Höhle in der Steilwand, und das Weibchen legt dort das 12 Zentimeter lange Ei schlicht auf den blanken

Steinboden. Die Balzzeremonie ist offenbar ein rudimentäres Nestbauverhalten, ein Überbleibsel aus früheren Jahrmillionen, als die Vorfahren noch Nester bauten.

Nach einigen Tagen der »Verlobung« wird es ernst. Kraftmeierisch stolziert er um sie herum, die Flügel wie Fahnenbanner zu voller Breite entfaltet. Das ist unter Kondoren eigentlich eine Drohung. Um sie damit aber nicht davonzujagen, biegt er seinen Kopf untertänig so weit nach vorn, daß er fast die Brust berührt, und beruhigt sie mit gutturalen Glucklauten: »Schau, meine gewaltige Kraft! Aber dir lege ich sie hiermit zu Füßen!«

Nach 3 Minuten fällt die mächtig aufgeblasene »Schaupackung« mit einem Seufzer in sich zusammen. Angabe strengt an.

Das Weibchen tut derweil völlig uninteressiert. Etwas später aber führt es den gleichen Tanz vor dem Bräutigam auf, der es nun seinerseits mit Mißachtung straft. Nach stunden- oder tagelangem Hin und Her ist es dann soweit: Beide reiben die Köpfe aneinander, und die Braut gibt das letzte Signal, ihr Jawort sozusagen, durch Entfalten ihrer gewaltigen Flügel. War zuvor noch eine Trennung wegen Unvereinbarkeit möglich, so sind beide nach der ersten Paarung lebenslang auf Gedeih und Verderben miteinander treu verbunden.

Während die unendlich erscheinenden Bergeinsamkeiten der Anden und Kordilleren bis heute noch das Überleben wenigstens einiger hundert Kondore ermöglicht haben, spitzt sich die Lage im volkreichen Nordamerika derzeit dramatisch zu.

Dort lebte einst ein nur etwas kleinerer Verwandter, der Kalifornische Kondor, in ungeheuren Mengen von Kanada bis Florida, von Kalifornien bis Neufundland. Aber schon als der weiße Mann den Kontinent eroberte, war der Vogel nur noch westlich der Rocky Mountains anzutreffen. Als Eiszeitgenosse von Säbelzahntiger, Riesenfaultier, Mammut, Mastodon und Riesengeier gehört er zu den wenigen damals lebenden Tieren, die gegenwärtig noch nicht ganz ausgestorben sind. Mangelnde Anpassung an das wärmere Klima spielte beim Rückgang der Bestände eine erhebliche Rolle.

Seit 200 Jahren beschleunigt aber der weiße Mann den Untergang des Kalifornischen Kondors enorm. Die ersten, die ihn jagten, waren die Goldsucher. Sie brauchten die großen Federkiele, in deren Hohlraum sie ihren Goldstaub rieselsicher aufbewahrten.

›ben: Ein Eisbär an der Müllkippe der kanadischen Stadt Churchill. *Foto: dpa*

ıten: Eben erst aus dem Ei geschlüpft: zwei junge Mississippialligatoren. *Foto: Jesse*

Nur noch mit den Methoden der Kriminalpolizei vor dem Aussterben zu retten: der Wanderfa
Foto: Okap

ierarzt Dr. Wulf Hansen mit einem von ihm geretteten Weißstorch. *Foto: Dröscher*

Barbarei zur See: ein getöteter Beluga oder Weißwal. *Foto: dp.*

ɲkenntnis über die Lebensweise des Großen Panda führt zum Tod in Freiheit wie im Zoo.
Foto: Okapia

Noch ist es nicht so weit, daß im Zoo gezüchtete Waldrappe in Freiheit ausgesetzt werden dürfe
Foto: Okap

[H]eute nur noch ausgestopft zu besichtigen: das Quagga, das in Südafrika ausgerottet wurde.
Foto: Okapia

Unbedachte Schutzmaßnahmen machten die Silbermöwe zum Stadtstreicher. *Foto: Okapi*

Die größten Flug- und Vogelriesen der Welt

Der *Andenkondor* ist mit einer Spannweite von 3,30 Metern und einem Gewicht von 13 Kilogramm der größte derzeit lebende flugfähige Vogel. Zwar wird er in der Spannweite vom *Wanderalbatros* noch um 20 Zentimeter übertroffen, aber dessen Flügelfläche und Gewicht (8 Kilogramm) sind kleiner.

Der *Riesengeier* (Argentavis magnificens), der vor acht bis fünf Millionen Jahren lebte, hatte eine Spannweite von 8,25 Metern und war, aufrecht stehend, etwas über 2 Meter hoch.

Die *Flugsaurier* sind schon vor zwanzig Millionen Jahren ausgestorben. Einer unter ihnen, Pterosaurus, hatte eine Spannweite von 12 Metern, konnte damit aber nur gleiten und segeln.

Der *Strauß* ist mit 144 Kilogramm mehr als zehnmal so schwer wie der Kondor, kann aber weder fliegen noch segeln oder gleiten, ebenso wie

der *Riesenmoa* auf Neuseeland. Er war mit einer Größe von 3,30 Metern und einem Gewicht von 250 Kilogramm noch viel schwerer und ist im 17. Jahrhundert von den eingewanderten Maoris ausgerottet worden.

Der *Madagaskarstrauß* oder *Elefantenvogel* war der Rekordhalter unter den flugunfähigen Vögeln. Er wog bis zu 460 Kilogramm. Sein Ei war 30 Zentimeter lang und wog 10 Kilogramm. Noch um 1650 als häufig vorkommend bezeichnet, wurde er um 1700 ausgerottet.

Außerdem machte der Wunderglaube der Menschen diesen ungewöhnlichen Vogel zur »fliegenden Apotheke«. Seine Knochen sollten, zu Pulver gemahlen, Rheumatismus heilen, das Fleisch des Magens half angeblich gegen Krebs, der Genuß der Augen sollte scharfsichtig machen und eine Bettdecke mit Kondorfedern den Schläfer vor Alpträumen bewahren.

Dann kamen die Farmer, die auch hier die Schauermärchen von den kühetötenden und Menschenkinder durch die Luft entführenden Kondoren erfanden, um daraus die Berechtigung abzuleiten, die Vögel zu Tausenden zu vergiften oder abzuschießen. 1963 waren nur noch in den Bergen um Los Angeles und San Diego sechzig Kalifornische Kondore am Leben. 1966 wurde der Vogel endlich unter den Schutz drakonischer Strafen gestellt. Seither bestrafen amerikanische Richter das Töten eines Tieres mit einem Jahr Gefängnis.

Trotzdem nahm die Zahl dieser stolzen Vögel weiter ab: 1969 waren es nur noch dreiundfünfzig, 1978 nur noch dreißig und 1983 nur noch zwanzig Exemplare. Und das, obwohl der Los Padres National Forest zum Kondorschutzgebiet deklariert wurde.

Wie ist das zu erklären? Eine Teil-»Schuld« am Aussterben der letzten Kondore tragen die ... Tierärzte. Sie haben in Nordamerika für so gesundes Weidevieh gesorgt, daß kaum noch ein Tier an Milzbrand oder Tuberkulose stirbt. Die großen Vögel können jetzt also soviel suchen, wie sie wollen, sie finden kaum noch Aas.

Aber auch wenn der Mensch für sie Futterplätze anlegt, wie es jetzt geschieht, und mit Kadavern von Tieren beschickt, die auf den Straßen von Autos überfahren wurden, hilft das leider nicht viel. Ein Auto, das nur in der Ferne brummt, eine bergsteigende Touristengruppe in vielen Kilometern Abstand, ein Container, der am Futterplatz zurückgelassen wurde, ein Flugzeug, das über die Gegend rast – und tagelang trauen sich die hochsensiblen Tiere trotz fürchterlichen Hungers nicht an das für sie ausgelegte Futter heran.

Schon haben die Regierung und die Audubon-Gesellschaft, die sich der Erforschung und dem Schutz der Natur verschrieben hat, beschlossen, in dem entlegensten Teil der Rocky Mountains ein viele tausend Quadratkilometer großes Kondorschutzgebiet einzurichten und bis zum Jahre 2015 einen Betrag von 25 Millionen Dollar dafür zur Verfügung zu stellen. Aber da sich freilebende Kondore nicht so einfach umsiedeln lassen, wurde der Plan geboren, Kondoreier in Menschenobhut zu erbrüten, die Jungen unter Aufsicht von Tierärzten aufzuziehen und dann im neuen Nationalpark in Freiheit auszusetzen.

Damit begann im Februar 1982 eines der erregendsten Kapitel in der jungen Geschichte des Schutzes aussterbender Tierarten. Vogelwarte berichteten, daß in dieser Saison von den letzten zehn Kondorpaaren nur ein einziges mit der Brut begonnen hatte. Alle anderen hatten so akute Nahrungssorgen, daß sie es unterließen, Kinder in diese unsichere Welt zu setzen.

Aus einem fernen Versteck beobachteten die Ornithologen das Geschehen in der Nisthöhle durch Fernrohre. Das Weibchen hatte an jenem Tag schon mehrere Stunden gebrütet, als der Vater heranschwebte und seine Partnerin beim Brüten ablösen wollte. Doch diese ließ sich nicht vertreiben. Es kam zu einem dreistündigen Ehekrach um die Frage, wer denn nun brüten dürfe. Plötzlich, mitten im Handgemenge, stockte den Vogelschützern das Herz. Hilflos mußten sie mit ansehen, wie das Ei mit einem Flügelschlag aus der Höhle gefegt wurde und im Abgrund zerschellte.

Die kalifornischen Zeitungen brachten die Meldung mit großen Schlagzeilen. Und sogleich entbrannte ein Kampf der Meinungen, und zwar Naturschützer gegen Naturschützer.

Die einen wiesen darauf hin, daß dies nun schon die zweite Panne sei. Anno 1980 hatte nämlich ein Vogelwart beim Beringen, Wiegen und Vermessen eines der damals zwei einzigen Kondorküken ebendieses unersetzliche Vogelkind durch Ungeschick totgetreten. Dieser Kritik kann nur zugestimmt werden. Was zum Teufel muß denn jeder Jungvogel unbedingt beringt, gewogen und vermessen werden! Eine alte Ornithologenunsitte, die an Erkenntnissen, die für den Existenzkampf der Tiere wichtig sind, nichts bringt, den Vögeln aber schadet.

Das zweite Argument der Gegner: Der Mensch darf der Natur nicht ins Handwerk pfuschen. Die Natur ist stark genug, sich selbst zu helfen! Eigentlich ein sehr schöner Gedanke. Nur stammt er aus dem vorigen Jahrhundert, als er durchaus seine Berechtigung hatte. Inzwischen aber hat der Mensch die Natur so ungeheuerlich vergewaltigt, daß sie an vielen Punkten eben nicht mehr die Kraft zur Regeneration besitzt.

Von unbezwingbarer Stärke sind heute nur noch die zerstörerischen Naturgewalten: Erdbeben, Vulkanausbrüche, Orkane, Überschwemmungen, Dürre- und Frostkatastrophen. Demgegenüber ist das Leben ein zartes Pflänzchen, das nur allzu leicht in Gefahr gerät, zu erlöschen. Deshalb haben wir Menschen die Pflicht, das, was wir an Naturzerstörungen angerichtet haben, wenigstens teilweise wiedergutzumachen.

Der zweite Akt des Dramas spielte sich zwei Monate später, im April 1982, ab. Das zänkische Kondorpaar hatte ein neues Ei gelegt und begann mit der Brut. Auch vertrugen sich die Eltern jetzt viel besser. Da griff am 6. Mai ein Kolkrabe die Nisthöhle an. Der gerade brütende Vater schlug mit den Flügeln nach dem Raben, traf ihn aber nicht. Doch das Ei fegte er mit der gleichen Bewegung aus der Höhle! Es zerschellte unten in der Schlucht, wo sich der Rabe sogleich ans Verspeisen machte.

»Es ist, als hätte die Art des Kalifornischen Kondors so etwas wie Todessehnsucht!« verzweifelte einer der Vogelschützer.

Dieser herbe Verlust verhalf aber dem »Notstandsprogramm der letzten Stunde« zum Durchbruch. Im Januar 1983 bekamen die Vogelschützer der Audubon-Gesellschaft und des US Fish and Wildlife Service die staatliche Erlaubnis, in jedem Jahr und aus jedem Nest das zuerst gelegte Ei auszuhorsten, um es in menschlicher Obhut künstlich auszubrüten und das Junge aufzuziehen. Nach dem Verlust dieses ersten Eies würden die Vogeleltern dann ein zweites Ei nachlegen. Das sollten sie in jedem Fall behalten. Damit würde das natürliche Geschehen nicht nennenswert gestört. Im Gehege würde aber eine neue Kondorgeneration heranwachsen und nach einigen Jahren in der Freiheit des neuen Schutzgebietes in den Rocky Mountains ausgesetzt werden können.

Im ersten Abschnitt lief das Programm besser an als erwartet. Im März 1983 wurden zum Glück wieder fünf Kondorpaare beim Brüten beobachtet; ein Erfolg der inzwischen verbesserten Füttermethoden. Aus zwei Nisthöhlen wurde je ein Ei entnommen und im Inkubator des Kondorforschungszentrums im Zoo von San Diego erbrütet.

Hierbei stellte sich übrigens heraus: Das Brüten dauerte nicht weniger als sechzig Tage, eine enorm lange Zeit. Allein das Schlüpfen aus dem sehr dickschaligen Riesenei währte drei Tage, obwohl die Forscher mit zarten Meißelschlägen von außen etwas nachhalfen. Eine enorme Anstrengung für das Kind!

Damit Sisquoc und Tecuya, so wurden die beiden Küken genannt, in möglichst naturgetreuer Umwelt aufwachsen sollten, spielten die Pfleger mit ihnen »Muppetshow«. Die beiden Jungen bekamen niemals einen Menschen zu Gesicht, um nicht zu dieser gefährlichen Spezies verderbliches Vertrauen zu fassen. Statt dessen stülpten sich die Betreuer eine künstliche Kondorpuppe über den Arm. Diese war so konstruiert, daß der Helfer von innen Futter in den Holzschnabel nachschieben und somit die Jungen von »Mund zu Mund« atzen konnte. Dazu ertönten die Fütterungsrufe erwachsener Kondore vom Tonband.

Als die beiden Pfleglinge ihren zweimonatigen Geburtstag bei bester Gesundheit feierten, wagten es die Vogelschützer, zwei weitere

Eier aus anderen Nisthöhlen auszuhorsten. Eines davon entstammt einem Paar, das ebenfalls einen heftigen Ehekrach inszenierte. Beide Eltern kurbelten fünf Stunden lang im Luftkampf umeinander und ließen das Ei inzwischen kalt werden. Die Sorge der Betreuer, es könnte bereits abgestorben sein, erwies sich zum Glück als unbegründet. Im Juni 1983 hockten bereits insgesamt vier Kondorriesenküken in der Aufzuchtstation.

Bald werden sie über den eisbedeckten Bergmassiven der Rocky Mountains ihre Kreise ziehen. Hoffentlich!

Liebeshilfe für den Großen Panda

»Ach nein, wie niedlich! Den muß ich streicheln und kraulen!« Mit diesen Worten sprang im Mai 1983 ein Besucher des Madrider Zoos trotz eindringlicher Warnungstafeln in das Freigehege eines der beiden Großen Pandas, die auch Bambusbären heißen. Etwas später konnte er auf der Intensivstation des Krankenhauses nur noch röcheln: »Wie kann ein Tier, das so niedlich aussieht, nur so bösartig sein!«

In der Tat halten wir Menschen diesen »Superstar« unter den Streichel-, Plüsch- und Kuscheltieren für das allerwonnigste Wesen der Welt. Tolpatschig wie eine Zeichenstifterfindung Walt Disneys pratscht und onkelt der Große Panda O-beinig umher mit seinem babyhaften, schneeweißen, pelzigen Kugelkopf, den nur scheinbar riesigen Kulleraugen und den winzigen schwarzen Ohren, die wie aufgenäht wirken.

Doch was uns so allerliebst erscheint, wirkt auf diese Tiere selber offensichtlich ganz anders. In fast allen Zoos, die Bambusbären halten, müssen Männchen und Weibchen in getrennten Gehegen gehalten werden, weil sie erfahrungsgemäß keinen innigeren Wunsch verspüren, als sich blutig zu kratzen und knochenzermalmend zu beißen, statt sich gegenseitig zu kraulen.

Sogar in der Liebe tun sich diese Tiere aussterbensgefährdend schwer. Führt sie der Zoodirektor auf dem Höhepunkt der alljährlich nur drei Tage währenden Brunft zusammen, weiß er nie, was im nächsten Augenblick geschehen wird: zärtliches Liebesspiel, sportlicher Ringkampf oder eine blutige Beißerei.

Aber selbst wenn beide Tiere Intimitäten austauschen, ist in allen Zoos der Welt bislang noch nie ein Baby das Ergebnis der Bemühungen gewesen – abgesehen von einer einzigen Ausnahme, von der später noch die Rede sein wird. Ansonsten reitet der Bär zwar häufig auf, aber er weiß nicht so recht, was er da soll, und das Eigentliche klappt nie. Dann wird die Bärin bissig, er beißt zurück, und alles ist aus und vorbei. Von der einen Ausnahme abgesehen, sind Pandababys in Zoos, auch in chinesischen, nur als Resultat künstlicher Befruchtung zur Welt gekommen. Statt dessen verliebte sich die Bambusbärin Chi Chi des Londoner Zoos in einen alten ... Esel, der im Nachbargehege wiehert. Stundenlang standen beide Tiere am Zaun einander gegenüber, während Chi Chi dem Grautier namens Paul durch den Maschendraht Bambustriebe ins Maul steckte.

Alles paradoxe Dinge, Fragen, denen die Zoologie noch ziemlich ratlos gegenübersteht, aber auch Fragen, von deren baldiger Lösung es abhängen wird, ob der Große Panda in Kürze aussterben wird oder der Welt erhalten bleibt.

Denn 1983 lebten nur noch 900 Bambusbären in Freiheit, in den Bambusdschungeln des Hsifan-Berglandes im Westen der chinesischen Provinz Szetschuan, in Höhen zwischen 1 500 und 4 000 Metern, wo es fast immer regnerisch, kalt und neblig ist und im Winter sehr viel Schnee liegt. Hier gehen die Bestände des schwarz-weißen »Halbeisbären« ständig, rapide und offenbar unaufhaltsam zurück. Die Züchtung im Zoo könnte daher ein Weg sein, das Aussterben zu verhindern ... wenn wir nur wüßten, wie diese Tiere zur Liebe und zum Kinderkriegen zu bewegen sind.

Fünfzig Pandas existierten 1983 in chinesischen Zoos und zwölf in nichtchinesischen: in Moskau, London, Washington, Berlin, Paris, Madrid, Tokio und Mexiko, wohin sie als unverkäufliche, unbezahlbare politische Geschenke der Volksrepublik China gelangten.

Insgesamt sind die Zoopandas also ein beachtliches Potential, aus dem sich eine arterhaltende Zucht aufbauen ließe, wenn wir nur wüßten, wie. In enger Zusammenarbeit versuchen daher chinesische Zoologen mit westlichen Verhaltensforschern und dem WWF, den Geheimnissen dieser Tiere in freier Wildbahn auf die Spur zu kommen. Hier sind einige ihrer Beobachtungen:

Eiskalte Nebelschwaden woben durch den 10 Meter hohen Bambusdschungel, der noch von einem Dach riesiger Fichten überwuchert wurde. In der unteren Region, von Rhododendron umrahmt, zog sich ein Tunnel durch das Dickicht den glitschig feuchten Steilhang bergauf, der von den Forschern nur unter unsäglichen Mühen erklettert werden konnte: das Wegsystem der Pandas.

Ein paar Meter neben dem Gang saß die Pandamutter Ning Ning mit ihrem erst wenige Wochen alten Baby Hu Hu und schmatzte Bambustriebe, wobei sie sich am Tag nicht weiter als 200 Meter von der Stelle bewegte.

Plötzlich zuckte sie aus ihrer spielerischen Behäbigkeit hoch und starrte bergauf. Sie hatte einen Leoparden gewittert. Das zweieinhalb Zentner schwere Muttertier erhob sich zur imponierenden Größe von 1,50 Meter, krümmte den Rücken bösartig, ließ seine gewaltigen Muskeln spielen, riß den Rachen mit dem furchterregenden Gebiß auf, knurrte barbarisch und sprang, nun gar nicht mehr als liebliches Kuscheltier, auf den Leoparden zu.

Mit einemmal wurde offenbar: Das Kugelrund des so drollig und babyhaft erscheinenden Pandakopfes entsteht durch die Zusammenballung einer wahrhaft gigantischen Kaumuskulatur. Normalerweise zermalmt der Bambusbär damit seine höchst ungewöhnliche Nahrung: jene harten Bambusstangen, die asiatische Polizeikräfte benutzen, um aufrührerische Menschenmassen auseinanderzuknüppeln.

Diese reichlich holzigen »Leckerbissen« lassen sich natürlich nur mit einem gewaltigen Kauapparat bewältigen. Der Bär zermalmt die Bambusstange mit zwei, drei Bissen, so daß sie zerfasert. Dann holt er sich das Mark heraus, das allein verzehrt wird. Da der Nährwert keineswegs überragend ist, muß er ungeheure Mengen in sich hineinschlingen, jeden Tag mindestens 30 Kilogramm. Das kostet ihn bis zu sechzehn Stunden. Zwei Drittel seines Lebens verfrißt der Panda.

So ist der Bambusbär der einzige Vegetarier der Welt unter den Raubtieren, besitzt aber auch die kräftigsten Mahlzähne aller Raubtiere. Und so brach in Ning Ning beim Verteidigen ihres Kindes die uralte Raubtiernatur wieder durch. Mit einem einzigen Biß hätte sie dem Leoparden ein Bein oder gar das Genick zerquetschen können. So zog es dieser vor, sich zurückzuziehen.

Das hätte der Spanier im Zoo von Madrid wissen müssen, bevor er »nur zum Streicheln« ins Gehege des Pandas kletterte!

Diese ungewöhnlichen Eigenschaften bringen dem Bambusbär unschätzbare Vorteile: Er verspeist eine Nahrung, die ihm praktisch kein anderes Tier streitig macht, und mit seiner gewaltigen Beißwaffe ist er so unangreifbar, daß er keine Feinde zu fürchten hat. Mitten im Bambusdschungel sitzt er, wie im Schlaraffenland, wo Nahrung allzeit im Überfluß zu haben ist und ein ewiger Frieden das Erreichen des Höchstalters von etwa zwanzig Jahren garantiert.

Wenn alles dies so ideal erscheint, warum steht dieses Wundertier dann heute kurz vor dem Aussterben? Schuld ist die Spezialisierung des Pandas auf Bambusnahrung.

Als in Europa die letzte Eiszeit herrschte, waren große Teile Chinas Sumpfgebiete mit Bambus-»Wüsten«. Damals haben dort die Großen Pandas zu Millionen gelebt. Danach trockneten immer weitere Regionen aus. Menschen siedelten sich an und legten weitere Gebiete trocken. Mehr und mehr gingen die Bambusbestände zurück und damit auch die Existenzgrundlagen der vollständig von ihnen abhängigen Tiere.

Heute leben sie nur noch in sieben kleineren Rückzugsgebieten im für Menschen nahezu unzugänglichen naßkalten Gebirge östlich von Tibet, die zu Schutzgebieten für Chinas Nationaltier erklärt wurden. Doch warum sind die Pandas auch hier so stark gefährdet, daß ihr Aussterben gegenwärtig unvermeidbar erscheint?

Hier wirkt sich eine Eigenschaft der Bambuspflanze für die Tiere katastrophal aus. Seltsamerweise blüht sie nur alle fünfzig bis sechzig Jahre einmal und stirbt nach dem Abwurf der Samen. Dieses Blühen und Sterben geht über riesige Regionen bis zu 5 000 Quadratkilometern völlig gleichzeitig vonstatten, also auf einer Fläche, die doppelt so groß wie das Saarland ist. Bis die Samen keimen und kräftige Triebe wachsen, vergehen Jahre in wüstenähnlicher Einöde.

Früher traten die hungernden Pandas zu Zehntausenden weite Wanderungen an, bis sie wieder in Bambusregionen gelangten. Heute ist das bei der Kleinheit der verbliebenen Bambusvorkommen nicht mehr möglich. So geschah es erst 1976, daß nach einer unberechenbar aufgetretenen Bambusblüte nicht weniger als 140 der wenigen bislang noch überlebenden Pandas einen erbärmlichen Hungertod starben. Seit Januar 1984 blüht der Bambus in einer anderen Region, und bei Drucklegung dieses Buches konnte noch niemand sagen, für wie viele Tiere es diesmal den Tod bringen würde.

Die nächsten Katastrophen sind schon vorprogrammiert – sofern Wissenschaftler bis dahin keine Möglichkeit zur Rettung gefunden haben, wie etwa die Aussaat mehrerer verschiedener Bambusarten auf demselben Terrain, die dann zu verschiedenen Zeiten blühen und vergehen würden. Aber ehe diese Aussaat möglich ist, müßten alle derzeitigen Bambusbestände einmal geblüht haben. Und wer weiß, ob damit nicht auch alle Pandas ausgestorben wären?

So konzentrierten sich bis 1983 alle Anstrengungen zur Rettung des Bambusbären auf die Zucht im Zoo. Nur: Warum tut sich der Publikumsliebling mit der Liebe so schwer? Verfolgen wir einmal das Leben des Weibchens Ning Ning in der Freiheit seiner Heimat:

Es lebt ständig im fast undurchdringlichen Bambusdschungel, in dem man kaum einige Meter weit blicken kann. Das hat es zu einem extremen Einzelgänger gemacht. Jeder Panda murkelt allein vor sich hin. Begegnen sich zufällig zwei, gibt es keine liebkosende Begrüßung. Vielmehr gehen sie sich gleich wieder aus dem Weg. Inwieweit das genügt, um Bekanntschaften für spätere Liebschaften zu schließen, wissen wir noch nicht.

So besitzt der Große Panda auch keine Gesichtsmuskulatur und ist unfähig, Artgenossen mit Mitteln der Mimik etwas über seinen Gemütszustand mitzuteilen. Freude, Wut, Angst, Ärger, Zuneigung, Ablehnung – nichts dergleichen vermag er auszudrücken. Daher seine völlige Unberechenbarkeit. Sogar die kleinen schwarzen Ohren, die wie aufgenäht wirken, sind nicht beweglich genug, um anderen irgend etwas mitzuteilen. Außerdem ist das Tier fast stumm. Nur zur Paarungszeit hebt ein Blöken, Zirpen, Stöhnen, Bellen, Brummen und Quieken an.

Aber das ist selten genug, denn ein Weibchen wird nur einmal im Jahr empfänglich und dann auch nicht länger als für drei Tage. Und je eigenbrötlerischer ein Tier das ganze übrige Jahr hindurch lebt, desto schwerer tut es sich auch beim Anbahnen der Zweisamkeit einer nur allzu kurzen Liebesbeziehung.

Zwei Wochen vor der Hochbrunft kündigt sich dieses Ereignis an, indem das Weibchen anfängt, wie ein Schaf zu blöken. Dazu, und das ist einzig in seiner Skurrilität, läuft es bis zu einer halben Stunde lang vierbeinig rückwärts und schüttelt dabei immerzu mit dem Kopfe. Das heißt: »Ja, ich will!« Auch badet jetzt das Weibchen oft und frißt kaum noch etwas.

Dafür futtert das Männchen um so mehr. Wenn es einen Baum findet, klettert es hoch hinauf und brüllt laut nach allen Seiten, bis ein Weibchen antwortet. Wechselrufend finden beide im Bambusdschungel zusammen. Aber wenn sich zwei getroffen haben, ist es noch lange nicht gesagt, daß sie auch in Liebe zueinander entbrennen.

Im März 1981 flog das Londoner Männchen Chia Chia nach Washington, damit es sich dort mit dem Weibchen Ling Ling paaren sollte. Dessen Männchen Hsing Hsing hatte nämlich bis dahin achtmal beim Liebesakt völlig versagt. Aber die englisch-amerikanische

Luftfrachtliaison endete in einem Beißkampf, in dessen Verlauf das Washingtoner Weibchen schwer verletzt wurde.

Frau Dr. Devra G. Kleiman, Verhaltensforscherin im Nationalen Zoologischen Park in Washington, die ihre Pandas neun Jahre lang studiert hat, schließt hieraus, daß sich beide Partner schon vorher kennen und verstehen müssen, um eine Liebschaft eingehen zu können, und wenn die Begegnung auch noch so kurz ist. In einigen Zoos hält man daher Männchen und Weibchen in getrennten Gehegen, aber doch so, daß beide durch einen Zaun hindurch Blick- und Schnüffelkontakt miteinander aufnehmen können – eine Möglichkeit, von der die Tiere indessen nur höchst selten Gebrauch machen. Ist damit der natürlichen Situation im Freileben hinreichend Genüge getan?

Offenbar nicht. Denn in fast allen Zoos findet trotzdem keine Bärenhochzeit statt. Sogar in allen chinesischen Tierparks mit ihren insgesamt fünfzig Pandas kommt Nachwuchs nur nach künstlicher Befruchtung zur Welt.

Die einzige ermutigende Ausnahme ist der Zoo von Mexiko-Chapultepec. Hier wurde 1980 das erste Pandababy geboren, das in einem Zoo durch natürliche Befruchtung gezeugt worden war. Leider wurde es im Alter von neun Tagen von seiner in Babypflege noch unerfahrenen Mutter im Schlaf erdrückt. Doch der zweite Sproß befindet sich wohlauf.

Was wird in Mexiko denn so entscheidend besser gemacht als in allen anderen Tiergärten? Da es der äquatornächste, heißeste Standort ist, wurde hier besonderer Wert auf eine kühlende Klima- und Verneblungsanlage gelegt. Wahrscheinlich streßt Wärme die dickpelzigen Bären so sehr, daß sie aggressiv und zur Liebe unfähig werden.

Andererseits gibt es in anderen Zoos auch perfekte Klimaanlagen. Tokio wendete über eine Million DM auf, um alles zu perfektionieren. Der technische Überwachungsraum, in dem die Tierpfleger sogar schliefen, glich dem Befehlsraum eines Schlachtschiffes. Videokameras überwachten rund um die Uhr jede Bewegung der kostbaren Schützlinge. Aber der Riesenaufwand war vergebens. Das zarte Pflänzchen Liebe regte sich nicht. Nach künstlicher Befruchtung starb das Weibchen Lan Lan Anfang 1980 nach einer Fehlgeburt. Danach verweigerte das Männchen Kang Kang aus Gram die Nahrung und starb wenige Wochen später. Nach dem erotischen Versagen die Tragödie einer ganz großen platonischen Liebe?

Ähnlich hoffnungsvoll wie in Mexiko schien es sich nur noch in West-Berlin zu entwickeln. Als Staatsgeschenk gelangten Ende 1980 die beiden Pandas Bao Bao (Schätzchen) und Tjen Tjen (Himmelchen) an die Spree. Auch hier ein Millionenaufwand für perfekte Unterbringung. Der große Vorteil lag jedoch in der Jugend beider Tiere. Bei ihrer Ankunft waren sie erst ein Jahr alt. Außer während des Fressens können sie immer im selben Raum gehalten werden und gemeinsam aufwachsen. Sie spielen viel miteinander und verstanden sich prächtig.

Da schlug im Januar 1984 die Nachricht vom Tode Tjen Tjens wie eine Bombe nicht nur in Kreisen der Artenschützer ein. Ganz Berlin trauerte um die Bärin. Woran war sie so plötzlich gestorben? An der schlechten Stadtluft? An falscher Ernährung? Was es auch gewesen sein mag, das große Projekt der Erhaltung der Pandas durch zoologische Gärten ist damit zunächst erst einmal gescheitert. Zumindest so lange, bis die Forschung herausgefunden hat, wie diesen Tieren im Zoo ein ungefährdetes Leben geboten werden kann und was zu tun ist, damit sie sich auch hinter Gittern vermehren, gibt die chinesische Regierung keinen der unersetzlichen letzten Pandas mehr in andere Länder, und zwar mit vollem Recht.

Denn selbst wenn es mit der Hochzeit geklappt hätte, wären die Gefahren noch nicht vorüber gewesen. Denn die Geburt ist schwer und jedesmal ein Risiko, und das junge Leben ist zerbrechlich wie Kristall. In chinesischen Zoos wurden bis 1981 insgesamt achtzehn Pandas geboren. Doch davon starben zwölf, obwohl die Tierpfleger sie wie ihren Augapfel behüteten.

Die Bambusbärin zeigt nämlich auch als Mutter ein seltsames Doppelgesicht. Kurz vor der Geburt baut sie für ihre Kinder ein weiches Nest aus Bambus und Laub. Dann schenkt sie zwei oder gar drei Kindern in einem Wurf das Leben. Aber sie nimmt nur eines davon an. Während sie den Zwilling achtlos liegen und verkommen läßt, wiegt sie das glücklichere Geschwisterchen, einen blinden, zahnlosen und fast nackten »Wurm« von kaum 100 Gramm, fast pausenlos in ihren Armen.

Jeden Tag öffnet sie vierzehnmal ihre »Milchbar«, hebt, während sie aufrecht sitzt, das Baby in die richtige Säugestellung, zeigt sich bei jeder Störung äußerst besorgt und überängstlich und läßt das Kind auf ihrem weichen Bauchfell schlafen. Ein Sproß erfährt tödliche Vernachlässigung, der andere Verwöhnung und ein Übermaß an Liebe.

Bei Zwillingsgeburten im Zoo versuchen Tierpfleger, dem von seiner Mutter verstoßenen Baby die verlorene Mutterliebe und Nestwärme zu ersetzen und es so sorgsam wie ein Menschenkind aufzuziehen. Leider läßt auch hier der Erfolg auf sich warten. In fast allen Fällen sind die Waisenkinder trotz liebevollster und tierärztlich aufwendigster Betreuung Tage, Wochen oder Monate nach der Geburt gestorben. Und niemand weiß so recht, warum.

So ist der Große Panda, das Wappentier des WWF, in zweierlei Hinsicht symbolträchtig. Einmal als Sympathieträger für die kurz vor dem Aussterben stehende Kreatur, die wir Menschen lieben und schützen sollen. Zum anderen aber auch als Musterbeispiel für die unendlichen Schwierigkeiten und ungelösten Fragen, die sich uns beim Verfolgen dieses hohen Zieles noch in den Weg stellen.

Heiratsmarkt für Aussterbende: Von Antilopen, Wildpferden und seltenen Vögeln

Die Situation glich einem Krimi, in dem die Rettung vor dem Mörder erst in letzter Sekunde naht. Der Beschützer war der englische Major Ian Grimwood, ein »Wüstenfuchs« des Zweiten Weltkrieges und ein in Dingen der Umsiedlung von Antilopen erfahrener Hobbybiologe. Die »Gangster« waren die Mitglieder einer Jagdsafari, die mit einer Kolonne von 300 wüstengängigen Kraftfahrzeugen in die südarabische Rub-al-Khali-Wüste vordrangen, um die letzten 32 auf Erden lebenden Exemplare der Arabischen oder Weißen Oryxantilope zu schießen.

Diese ist ein geradezu legendäres Tier: Ein wüstensandweißer Körper trabt grazil auf schokoladenbraunen Beinen dahin. Zwei 80 Zentimeter lange degenspitze Spieße erinnern an das sagenumwobene Einhorn. Zudem bewohnte es gerade jene Wüstenregionen, die so extrem lebensfeindlich sind, daß sie früher sogar für die Dromedarkarawanen der Beduinen als undurchquerbar galten, so wie die Wüste Nefud, die durch Lawrence von Arabien weltbekannt wurde. In diesem Glutofen der Sonne kommt die Weiße Oryx sogar monatelang ohne Wasser aus. Bei zu großer Hitze, und wenn sie von Feinden verfolgt wird, gräbt sie sich in den Sand ein: ein Phantom gleich einer Fata Morgana. Kein Wunder, daß ihr magische Kräfte nachgesagt wurden. Der Genuß ihres Fleisches sollte die Potenz steigern und vor Gewehrkugeln schützen.

So drangen seit 1945 Jagdgesellschaften der Ölscheichs und der Ölgesellschaften mit Spezialfahrzeugen und Hubschraubern in diese letzten Refugien ein, um in den Besitz jener magischen Kräfte dieser Antilope zu gelangen. Das Ergebnis: 1959 lebten nur noch achtzig Arabische Oryxantilopen in Freiheit. Im folgenden Jahr schoß eine Jagdsafari davon 48 Tiere.

Da Saudi-Arabien nicht gedachte, sich für deren Schutz einzusetzen, mußte ein ganz ungewöhnlicher Weg beschritten werden: Major Grimwood wurde von der Londoner »Gesellschaft zum Schutz der Tierwelt« beauftragt, mit einer motorisierten Expedition einige der letzten 32 Oryx einzufangen, damit ein Zoo die Zucht beginnen und auf diese Weise die aufs höchste gefährdete Tierart vor dem Aussterben bewahren konnte.

Als am 28. April 1962 die Safari der Retter in die Wüste aufbrechen wollte, erreichte sie die Nachricht, daß soeben von motorisierten Jägern sechzehn Tiere geschossen worden waren und die Suche der barbarischen Schießer nach den nunmehr letzten sechzehn Überlebenden weiterging. Wer würde sie zuerst finden, die Mörder oder die Retter?

Nach vier Tagen quäkte das Funkgerät im Geländewagen des Majors. Ein Suchfahrzeug hatte eine Oryxspur im Wüstensand entdeckt. Sogleich wurde die Verfolgung aufgenommen. Nur schwer arbeiteten sich die Fahrzeuge durch den weichen Sand. Nach 36 Stunden brach ein Sandsturm los und verwischte die Fährte. Dafür kam über Funk die Meldung, daß die Jäger fünf weitere Oryx abgeschossen hatten. Jetzt blieben nur noch elf.

Wiederum drei Tage verzweifelter Suche. Plötzlich erhob sich, keiner wagte seinem Auge zu trauen, 200 Meter vor der Kolonnenspitze eine Oryx aus dem Sand. Als sie eingefangen war, bemerkte Ian Grimwood eine frische Schußverletzung. Kurz darauf starb das total erschöpfte Tier. Wieder waren die Jäger mit einer Nasenlänge vorn gewesen. Blieben zehn Tiere.

Endlich, tags darauf, gelang der Fang eines Pärchens und eine Woche später noch eines Männchens.

Mit diesen drei Tieren, nur einem mehr als Noah in seine Arche aufgenommen hätte, konnte die Zucht begonnen werden. Als klimatisch geeignet wählte die »Gesellschaft zum Schutz der Tierwelt« den Zoo von Phoenix, Arizona. Der Londoner Zoo stellte noch ein Weibchen zur Verfügung und König Saud von Arabien, als er von dem überwältigenden Echo erfuhr, das diese Expedition in der Weltpresse gefunden hatte, noch zwei Paare aus seinem Privatzoo.

Unter strengsten Schutzvorkehrungen hatten sich die Arabischen Oryxantilopen bis 1984 bereits auf 190 Tiere vermehrt, ein großartiger Erfolg, an dem auch der »Wild Animal Park« von San Diego, Kalifornien, und vier weitere amerikanische Zoos aktiv beteiligt waren.

So konnten die Züchter bereits 1980 damit beginnen, die ersten Arabischen Oryxantilopen wieder in ihrer eigentlichen Heimat auf der arabischen Halbinsel in Freiheit zu setzen. Dort hatte sich die Situation nach der restlosen Ausrottung dieser Tiere grundlegend geändert. Das große Echo in der Weltöffentlichkeit ließ den Sultan von Oman aufhorchen. Er setzte ein drakonisches Gesetz zum Schutz dieser Tiere in Kraft und beauftragte den Beduinenstamm der Harasis, für den Schutz der Antilopen zu sorgen. Diese sagten ihre Hilfe sofort zu, da ihnen dieses Tier heilig ist.

Noch im gleichen Jahr schwebten zwei große Transportflugzeuge ein und brachten die ersten zwölf Tiere wieder ins Land. In einem mehrere Quadratkilometer großen Gehege auf Wüstensand konnten sich die Antilopen in ihrer neuen Umwelt eingewöhnen. Seit 1983 leben sie wieder in voller Freiheit und gedeihen prächtig.

Diese Leistung steht nicht einzig da. 1983 gab es nicht weniger als 315 Tierarten in aller Welt, die schon ausgestorben wären oder in Kürze aussterben würden, hätten es nicht zoologische Gärten übernommen, die letzten noch überlebenden Tiere in Zuchtgruppen zusammenzufassen, um so reichen Nachwuchs heranzuziehen, daß dieser wieder in freier Wildbahn ausgesetzt werden kann. Damit wird der Zoo immer mehr zu einer Arche Noah, die aufs höchste gefährdete Tierarten in der Sintflut einer immer lebensfeindlicher werdenden Umwelt bewahrt.

Die erste große Pioniertat auf diesem Gebiet war die Rettung des Wisents, des letzten Wildrindes und zugleich des gewaltigsten Säugetiers Europas. Um die Zeitwende bewohnte dieser bis zu 1 000 Kilogramm schwere Brocken, dessen Hörner den Helmen der Germanen ein martialisches Gepränge verliehen, zu Hunderttausenden die damals noch unermeßlichen Wälder Europas von den Pyrenäen bis zum Baltikum und Kaukasus. Jung Siegfried rühmte sich, nebst Auerochs auch gegen den Wisent gekämpft zu haben.

Nach der Erfindung der Schußwaffen schwoll die Anzahl der »Jung Siegfriede« enorm an. Bereits 1627 hatten sie den gewaltigen Ur oder Auerochsen, den Ahn unseres Hausrindes, ausgerottet. Und dem Wisent wäre es bald darauf ebenso ergangen, wenn nicht die Fürsten von Pless die letzten 300 Tiere im polnischen Urwald von Bialowieza geschützt und auf etwa 750 Exemplare vermehrt hätten.

Doch im Ersten Weltkrieg verlief die Front durch diesen Wald. An die 600 Wisente wanderten in die Gulaschkanonen. Es folgten der Zusammenbruch und die Revolutionswirren. »Volksjäger« wüteten im einstmals fürstlichen Besitz. Im Mai 1921 brach der letzte freilebende Wisent unter ihren Schüssen zusammen.

Da erinnerte sich 1923 die Hamburger Zoologin Dr. Erna Mohr, daß noch einige Wisente, als Einzelexemplare verstreut, in mehreren Zoos lebten. Die ebenso sympathische wie streitbare Dame brachte das Kunststück fertig, die Direktoren kleinerer Tiergärten zu veranlassen, sich von ihren selten gewordenen Publikumsmagneten zu trennen. So konnten in den großen Zoos von Berlin, Stockholm, Duisburg, Hannover und München-Hellabrunn die letzten 56 überlebenden Tiere dieser Art zu Zuchtgruppen zusammengefaßt werden.

Damit trat eine entscheidende Wende im Aufgabenbereich der Zoos ein. Vom »Verbraucher« von Tieren wurden sie zum »Produzenten«, vom Aussteller zum Artenschützer.

Zu Anfang ging noch alles langsam. Bis 1939 war der Stamm nur verdreifacht worden. Die ausleihenden Kleinzoos und Tiergehege bekamen ihre Wisente mit Kälbern als »Zinsen« zurück und züchteten nun auch. Damit verringerte sich ein großes Risiko: Wie leicht könnten wir die gerade eben mühsam gerettete Tierart durch eine Seuche wieder verlieren, wenn sie nur an wenigen Orten lebt!

Nach dem Zweiten Weltkrieg aber begann die Hauptarbeit: Die Wisente kehrten aus den Zoos in ihre Urheimat zurück, in die freie Wildbahn des Urwaldes von Bialowieza bei Bialystok an der polnisch-sowjetischen Grenze. Der Erfolg spricht für sich: 1960 wurden dort 341 Wisente gezählt. 1978 hatten sie sich auf 845 Tiere vermehrt. 1982 überschritt ihre Zahl sogar schon die Tausendergrenze. Jetzt herrschen dort wieder Verhältnisse (fast) wie zu Urzeiten.

Anfängliche Befürchtungen, die dort lebenden Wolfsrudel könnten die Wisente gefährden, erwiesen sich als unbegründet. Bisher haben es die Wölfe noch nicht gewagt, die Herden dieser wehrhaften Wildrinder anzugreifen.

Dieser Erfolg ermutigte Tiergärtner in aller Welt zu weiteren Taten. 1965 erschütterte eine Nachricht alle Tierfreunde: Der Ahn unserer Hauspferde, das Przewalski- oder Urwildpferd, sei in seiner Urheimat, der Mongolei, ausgestorben. Das stimmte zwar nicht ganz, denn 1968 entdeckte der Budapester Zoologe Professor Zoltan Kaszab auf einer WWF-Expedition in die Salzhochsteppe der Dsungarei, eines zentral-asiatischen Gebietes der Mongolischen Volksrepublik, noch einen Urwildpferd-Hengst mit sieben Stuten. Aber trotzdem mußte sofort etwas zur Rettung dieser Art unternommen werden.

Einst donnerte der Hufschlag gewaltiger Wildpferdherden über die endlosen eurasischen Ebenen von der Mongolei bis zur Wolga. Während der Eiszeit bevölkerten sie sogar die eisfreien Gebiete Mittel- und Westeuropas sowie das damals grüne und klimatisch milde Nordafrika.

Doch als die Menschen auf die Idee kamen, Wildpferde zu Haustieren zu machen, war es mit dem Paradies auf freier Steppe vorbei. Als die Hunnen in den Jahren 350 bis 454 in Mittel- und Westeuropa einfielen, war es das damals noch unerschöpflich scheinende Reservoir zum Einfangen immer neuer Wildpferde in den asiatischen Steppen, das zur regelrechten »Überschwemmung« der eroberten Gebiete mit Reitertruppen führte.

Erst in unserem Jahrhundert versiegte dieser Quell. Aus den Jahren 1942 bis 1945 wird noch über einzelne Pferdefänge der Mongolen berichtet. Als die Tiere daraufhin unter Schutz gestellt wurden, waren sie in der Freiheit ihrer Heimat so gut wie ausgestorben.

Ähnlich wie beim »Unternehmen Wisent« faßten Zoologen auf internationaler Ebene einen großartigen Plan. Zum Glück gab es in mehreren europäischen und amerikanischen Zoos, insbesondere in München-Hellabrunn und in Prag, noch einige Urwildpferde. Sie alle stammen von nur drei Zuchtpaaren ab, die Carl Hagenbeck, der Gründer des Hamburger Tierparks, um 1900 aus der Mongolei mitgebracht hatte. 1960 lebten in allen Zoos der Welt noch sechzig Tiere. Acht Jahre später hatten sie sich schon auf 150 Exemplare vermehrt. 1970 konnte weiterer Nachwuchs in die Sowjetunion zurückgebracht werden. Dort haben sie Zoologen auf einer Insel im Aralsee in völliger Freiheit ausgesetzt, wo sie zum Grundstock eines einzigartigen Wildpferdreservats wurden.

Ein spannendes Rettungsepos ließe sich auch vom Pater-David-Hirsch, auch Milu genannt, erzählen, der in seiner chinesischen Heimat ausgestorben ist. Kurz zuvor kaufte der englische Herzog von

Bedford alle achtzehn noch in europäischen Zoos lebenden Davidshirsche auf und züchtete sie auf seinem Landgut Woburn Abbey so erfolgreich, daß 1956 eine Herde wieder nach China gebracht werden konnte. 1984 lebten weltweit wieder etwa 650 Exemplare.

Inzwischen haben sich alle Zoos in der ganzen Welt zu einem riesigen Tiertausch- und Heiratsmarkt für gefährdete Arten zusammengeschlossen. Ein jeder spezialisiert sich auf die Erhaltungszucht einiger Arten, bekommt dazu die letzten Überlebenden aus anderen Zoos und gibt diesen dafür seine Raritäten. So halten die Tiergärtner 1984 in über 700 Zoos in aller Welt ihre schützende Hand über 145 Säugetier- und 170 Vogelarten. Und ständig werden es mehr.

Mitunter beginnt solch eine Rettungsaktion für Tiere auch ohne bewußtes Handeln der beteiligten Menschen, nämlich dann, wenn eine in Zoos zahlreich vertretene Tierart in freier Wildbahn unversehens an den Rand des Aussterbens gerät und diese Tatsache erst spät, gleichsam fünf Minuten vor zwölf, bemerkt wird. Ein Beispiel dafür ist das der Nilgauantilope.

Das bis zu 200 Kilogramm stattliche Tier lebt übrigens nicht am Nil, sondern in Indien. Noch um 1945 war sie dort so zahlreich, daß sie kein Mensch für gefährdet hielt. In vielen Zoos pflanzte sie sich so problemlos fort, daß die Direktoren bald nicht mehr wußten, wohin sie den »überzähligen« Nachwuchs dieser Tiere verkaufen sollten. Sie verloren das Interesse an diesem »ziegenhörnigen Hirsch«, wie einem an allem die Lust vergeht, was im Überfluß zu haben ist.

Da schlug 1964 der Dresdner Zoodirektor Professor Ullrich Alarm. Er war gerade aus Indien zurückgekehrt und berichtete, daß die Nilgauantilope dort kurz vor dem Aussterben stünde. Weite Regionen des Buschlandes und der Grassteppen, in denen sie lebte, kamen unter den Pflug. Das Tier selber genoß nicht den mythischen Schutz der heiligen Kühe und Affen und wurde gnadenlos verfolgt. So heißt es auch hier: Ein Platz für die Nilgau-Antilope gibt es nur noch im Zoo oder im Nationalpark.

Auch wenn der Tiergartenbesucher die Pampashasen, auch Große Maras genannt, in Mengen über die Wiesen eines Zoos hoppeln sieht, sollte er sich darüber im klaren sein, daß er hier »lebende Tote« vor sich hat. Denn in den Weiten der argentinischen Pampa ist dieses Nagetier inzwischen fast ausgerottet worden.

Fast bin ich versucht, zu sagen: Wenn es schon vor sechzig Millionen Jahren Menschen und zoologische Gärten gegeben hätte, wären die riesigen Dinosaurier nicht ausgestorben, und wir könnten heute noch jene »Drachen« nicht nur im Betonguß, sondern auch in Fleisch und Blut bestaunen.

Indessen gehört es zu den schwierigsten Aufgaben, Tiere, die im Überlebenszoo zur Welt gekommen sind, wieder an das Leben in freier Wildbahn zu gewöhnen. Dies sei am Beispiel der Hawaiigans erläutert:

Die Hawaiigans oder Nènè ist von einzigartigem Interesse, weil sie sich als ehemaliger Wasservogel zum totalen Landbewohner umgewandelt hat. Statt auf der Insel eines Sees sucht sie ihr Refugium vor Feinden auf kleinen Grünoasen zwischen den jungen Lavaströmen der Hawaiivulkane.

Da sie kein Zugvogel mehr ist, schrumpften ihre Flügel zum Kurzstreckenantrieb. Dafür entwickelten sich ihre Füße zu ledrigen Riesenlatschen mit Kletterzehen und Sohlenpolster. Damit sind ihre Schwimmkünste fast gleich Null. Aber auf bizarren, scharfkantigen Lavamassen, die menschliches Schuhwerk binnen kurzem zerfetzen, kann die Gans stundenlang watscheln.

Ein Kuriosum sind ihre Balzspiele. Gänsesitte verlangt, daß der Ganter vor der Erwählten im Wasser eine Serie ritualisierter Schwimmbewegungen zur Schau stellt. Nur ganz exaktes Durchführen der Tanzschritte in genau festgelegter Reihenfolge führt dazu, daß die Braut den Erpel (vielleicht!) »erhört«. Die Hawaiigänse haben aber kein Wasser, in dem sie ihre Künste zeigen können. Deshalb begnügen sie sich mit »Trockenübungen« und führen all ihre obligatorischen Schwimmbewegungen plattfüßig auf einer festen »Tanzdiele« vor.

Dieses fidele Landleben einstiger »Matrosen« spielte sich bis 1822 ungetrübt ab. Etwa 25 000 Hawaiigänse bevölkerten damals die Inselkette. Doch dann schleppte der weiße Mann nebst Ziegen, Schafen, Rindern, Pferden und Schweinen auch Hunde und Katzen ein, die alsbald verwilderten und auf Gänsejagd gingen. Der Mungo, ebenfalls ein Zugereister, räumte gewaltig unter den Nènès auf. Ratten fraßen Eier und Küken. Moskitos übertrugen Vogelseuchen und rotteten ganze Gänsegeschwader aus. So sank die Kopfzahl dieses Vogels bis 1949 auf nur noch dreißig Stück ab.

Zuerst war es ein Privatmann, der sich dem Aussterben der Nènès entgegenstemmte: der Engländer Herbert Shipman. Auf seiner hermetisch eingezäunten Farm unmittelbar an der Küste züchtete er seit 1918 auf eigene Faust diese Vögel: mit gutem Erfolg. 1946 war seine Schar auf 42 Tiere angewachsen, da vernichtete ein Tsunami, eine durch ein Seebeben ausgelöste, 30 Meter hohe Flutwelle, seine Farm und damit auch seine Hawaiiganszucht bis auf elf Überlebende.

Das aber war das Alarmzeichen für weitreichendere Rettungsmaßnahmen. Die USA stellten 6 000 Dollar zur Verfügung, um in einer 2 000 Meter hoch gelegenen Vulkanregion der Insel Maui ein Schutzgebiet für Hawaiigänse zu errichten. Auch verteilte Herbert Shipman jetzt das Risiko, indem er einige Paare nach England schickte, wo der Tierschriftsteller Sir Peter Scott in Slimbridge eine Zuchtstation aufbaute. Bis 1973 zog er nicht weniger als 754 Nènès auf. Damit war das Stadium erreicht, diese Tiere wieder auf Hawaii in Freiheit aussetzen zu können. Doch mit der Freiheit ist es immer eine riskante Sache. Die erste Verwirrung betraf die Brutzeit. Während sich die Vögel im kalten, nebeligen England seltsamerweise angewöhnt hatten, bereits im Februar mit der Brut zu beginnen, ist hierfür auf Hawaii der September der günstigste Termin.

Eine Brut zur falschen Jahreszeit zieht aber eine ganze Serie von tödlichen Gefahren nach sich. Wegen der Bedrohung durch Feinde darf die Brut auf Hawaii nur im Schutz der schon erwähnten Lavaoasen betrieben werden. Aber hier gibt es Futter nur in Form roter Beeren und nur im September und Oktober. Februarbrüter leiden im tiefergelegenen Grünland unter Feinden und im Lavafeld unter Hunger.

Das betrifft übrigens nicht nur die Küken, sondern auch die Elternvögel, da sie während der Zeit, in der ihre Kinder noch nicht flügge sind, in einer Schnellmauser die meisten ihrer Federn verlieren und dann nicht einmal kurze Strecken fliegen können. So teilen sie das Schicksal ihrer Kinder auf Gedeih und Verderben.

Bei den Septemberbrütern sieht das auf Hawaii so aus: Im Dezember, wenn in den Lavaoasen alle Beeren abgeerntet sind, werden die Küken flügge, und auch die Eltern können dann wieder kurze Strekken fliegen. So verlassen die Familien ihr bizarres Brutgebiet und flie-

Tierarten, die von Zoos vor dem Aussterben bewahrt wurden

1984 betrieben über 700 Zoos in aller Welt durch planmäßige Zucht aktiven Artenschutz für 145 Säugetier- und 170 Vogelarten sowie für eine Reihe von Reptilien und Amphibien. Hier ist eine kleine Auswahl der Tiere, die vor dem Aussterben gerettet werden sollen:

Persischer Halbesel oder *Onager:* In seiner nordiranischen Heimat lebten 1983 nur noch etwa 200 Tiere in Freiheit. 1954 fing eine Hagenbeck-Expedition zwanzig Tiere. Sie wurden zum Grundstock für die Arterhaltungszucht, die von vielen Zoos betrieben wird.

Nubischer Wildesel: Der Urahn unseres Hausesels ist in seiner Heimat, den Wüsten und Halbwüsten Nordafrikas vom Tibestigebirge in der Sahara bis nach Somalia, trotz Schutzbestimmungen fast ausgerottet. Zoos in den USA helfen ihm beim Überleben.

Kap-Bergzebra: Dieser Bewohner des südafrikanischen Kaplandes erlitt um Haaresbreite dasselbe Schicksal wie das *Quagga* (ein Zebra, das nur am vorderen Körperdrittel gestreift war), das 1883 ausgerottet und zu Getreidesäcken verarbeitet worden war. 1937 lebten nur noch sechs Tiere in Freiheit und elf in Zoos. Mit ihnen begann Südafrika die Zucht im Cradock-Nationalpark. Auf ähnliche Weise wurde auch das *Hartmann-Bergzebra* gerettet, das in Namibia zu Hause ist.

Weißschwanzgnu: In Südafrika einst sehr häufig, wurden die Bestände durch Jäger und Viehseuchen fast völlig vernichtet. 1937 existierten nur noch 300 Stück. Verantwortungsbewußte Farmer konzentrierten sie in Zoos, Parks und Reservaten, wobei die Zoos als Sicherheitsräume angesehen werden. 1980 überstieg ihre Zahl wieder die 2 000er-Grenze.

Addax- oder *Mendesantilope:* Als Überlebenskünstler in der zentralen Sahara erlitt dies Tier ähnliche Nachstellungen wie die Arabische Oryx. 1970 fast ausgerottet, wurden die letzten Tiere im Rimé-Wadi-Achim-Reservat im nördlichen Tschad mit Unterstützung der Landwirtschaftsorganisation der Vereinten Nationen zusammengefaßt. Ob sie dort den Bürgerkrieg von 1983 überlebt haben, ist nicht bekannt. Um so größere Bedeutung kommt der Zuchtgruppe im Zoo von Hannover zu.

Bongoantilope: Schon von Natur aus ist diese in zentral- und westafrikanischen Regenwäldern lebende Großantilope ein seltenes Wesen. Durch Urwaldrodung schwebt sie in höchster Gefahr. Um ihre Erhaltungszucht bemühen sich mehrere Zoos in den USA sowie in London, Rom, Antwerpen, Basel, Frankfurt und Berlin.

Berganoa oder *Celebesbüffel:* In etwa Schäferhundgröße das kleinste Wildrind der Welt, steht dieser Waldbewohner heute durch Rodung am Rand der Ausrottung. Aggressiv wie ein Auerochse, ist er im Zoo schwer zu halten. Dennoch pflegen die Zoos von Krefeld, San Diego und andere im Auftrag der Internationalen Naturschutzunion die Letzten dieser Art.

Siam-Leierhirsch: Durch Kriege und Revolutionen in Indochina fast vernichtet, züchtet der Zoo von Paris-Vincennes die letzten Überlebenden, diese allerdings in einer sehr stattlichen Zuchtgruppe.

Weißlippenhirsch: Der mit dem Milu verwandte innerasiatische Hochgebirgsartist, der in Höhen bis zu 5 000 Metern in Rudeln lebt, ist fast ausgestorben. Der einzige Zoo, der ihn weiterzüchtet, ist der von Peking.

Formosa-Sikahirsch: Da er auf seiner Heimatinsel kein Lebensrecht mehr hat, nehmen sich die Engländer seiner an, und zwar im Zoo von Paignton, im Park des Herzogs von Bedford, in Whipsnade und auf der Catskill Game Farm.

Südpudu: Er ist der »Dackel unter den Hirschen« und lebte als »U-Bahn« im Dickicht der Andenwälder Südargentiniens und -chiles. Umwandlung der Wildnis in Weideland und hemmungslose Bejagung vernichteten seine Existenzgrundlage. Seit 1978 betreibt Argentinien mit Unterstützung der New York Zoological Society eine Zuchtstation auf der Insel Victoria im See Nahuel Huapi, in deren Nachbarschaft er ausgewildert werden soll. Die tiergärtnerische Absicherung liegt in Händen der Zoos von Köln und Berlin.

Javanashorn: Im Schutzgebiet von Udjong Kulon an der Westspitze der Insel lebten 1979 gerade noch vierzehn Tiere. Sie stehen unter Schutz. Aber die Strafbestimmungen gegen Wilderer sind sehr lasch. Andererseits verbieten sie die Überführung der letzten Tiere in einen Zoo. Es gibt keinen Tierpark auf der Welt, der ein solches Tier hält. So sind die Tage dieses Dickhäuters gezählt.

Berberlöwe: Diese wegen ihrer zottigen, bis zu den Hinterbeinen reichenden Bauchmähne besonders eindrucksvolle, einst in Nordafrika lebende Löwenrasse ist seit 1922 ausgerottet. Nur im Privatzoo des Sultans von Marokko in Rabat lebten noch einige Exemplare. Fatalerweise wurden diese aber mit anderen Rassen gekreuzt. Seit 1974 wird dort jedoch Zuchtauslese nach Berberlöwenmerkmalen, die sogenannte »Verdrängungszucht«, betrieben und das Erscheinungsbild des somit ausgestorbenen Tieres wieder angestrebt. Die Zoos von Washington, Leipzig, Frankfurt, Dortmund und Dvur-Kralowe (ČSSR) helfen dabei.

Leoparden und *Jaguare:* Von beiden Arten sind mehrere Rassen stark bedroht. Ihre Erhaltung durch Zucht in Zoos scheint aber gesichert zu sein.

Mähnenwolf: Der langbeinige Meerschweinchenjäger des Trockenbuschwaldes in Südbrasilien, Bolivien, Paraguay und Nordargentinien ist fast ausgerottet. Seine Zucht im Zoo gilt noch als heikel. Forschungen werden mit Hochdruck vorangetrieben.

Skandinavischer Wolf: 1977 wurden in menschenleeren Gebieten Nordschwedens, in denen diese Wolfsrasse ausgerottet worden war, wieder hundert in schwedischen Zoos aufgezogene Tiere ausgesetzt. Sie stellen dort das Gleichgewicht in der Natur wieder her, das durch ein Überhandnehmen der Elche und Rehe aus den Fugen geraten war.

Affen, Halb- und *Menschenaffen:* Zahlreiche Arten sind im Freileben aufs höchste gefährdet. Ihre Erhaltungszucht im Zoo stellt in jedem Fall andersgelagerte Probleme, die noch nicht vollständig gelöst sind. Als vorbildlich kann die Schimpansengruppe des Zoos von Arnheim, Niederlande, unter der Leitung von Dr. Frans de Waal gelten.

Mikado- und *Swinhoefasan:* Die bezaubernd schönen Vögel sind in ihrer Heimat Formosa schon bald nach ihrer Entdeckung um 1900 durch »Entführung« ausgelöscht worden. Sie existieren bei zahllosen Züchtern und in Fasanerien weiter, wo immer neue Farb- und Formenvarianten »kreiert« werden. Ein im Sinne der Arterhaltung verwerfliches Unternehmen.

Kongopfau: Erst 1913 als Urwaldbewohner entdeckt, gilt er heute schon als gefährdet. Die Zucht ist schwierig und gelang bisher nur in Rotterdam, Antwerpen und Clères (Normandie).

Schreikranich: 1965 lebten von dieser Art nur noch 44 Tiere, als sie unter eine außergewöhnliche Form des Schutzes gestellt wurde. Alle Überlebenden brachten Artenschützer in ein Brutgebiet im Wood-Buffalo-Nationalpark des kanadischen Staates Alberta. Aber das genügte nicht, da sie Zugvögel sind. So wurde auch das Überwinterungsgebiet bei Aransas am Golf von Mexiko zum Wildlife Refuge gemacht. Während des Zuges verfolgen Mitarbeiter der Audubon-Gesellschaft die Vögel auf ihrer 2 500-Kilometer-Strecke in Autos, Flugzeugen und Hubschraubern, um Jäger an »falscher Zielansprache« zu hindern. 1980 hatten sich die Vögel schon wieder auf über hundert Stück vermehrt.

Andenflamingo: Er lebte einst zahlreich in den Salzseen der Hochtäler der peruanischen und chilenischen Anden. Die Jagd durch Indios kann in den entlegenen Gebieten nicht kontrolliert werden. Daher wird die Art in Kürze ausgestorben sein. Der Berliner Zoo sorgt aber für seine Erhaltung.

Schopfibis oder *Waldrapp:* Bis etwa 1550 noch im Alpenraum verbreitet, ist der Vogel heute auch in seinen letzten Rückzugsgebieten in Nordafrika, der Türkei und Syrien vom Aussterben bedroht. Dortige Schutzmaßnahmen werden durch die Zucht im Innsbrucker Alpenzoo sowie in Heidelberg, Berlin, Duisburg und Bochum rückversichert. Es bestehen Pläne zur Wiederansiedlung im Alpenraum.

Diese Übersicht ist nur ein kleiner Ausschnitt aus dem 315 Arten umfassenden internationalen Schutzprogramm.

gen in tiefere, grüne Lagen, wo sie nun ihr Futter finden und sich Feinden durch den Fluchtflug entziehen können. Bei Februarbrütern gerät dieser wohlabgestimmte Zeitplan jedoch in sinnlose, oftmals tödliche Verwirrung. Die Folge: In den ersten Jahren vermehrten sich die in Freiheit gesetzten Nènès fast gar nicht. Inzwischen haben sie sich aber akklimatisiert und ihr Brutverhalten zeitlich den Gegebenheiten angepaßt.

Eine andere lebenswichtige Voraussetzung für das Auswildern der englischen Gänse auf Hawaii war, daß die Vögel bereits in Slimbridge genau dieselben Futtergräser und -kräuter bekamen, die sie später auch auf Hawaii finden würden. Denn eine Gans frißt später im Leben nur jene Pflanzen, die ihr in frühester Kindheit von den Eltern als genießbar gezeigt worden waren. Küken fressen in den ersten Lebenswochen nur das, was sie unmittelbar neben dem Elternschnabel rupfen können. Alles andere verschmähen sie.

Trotz all dieser Schwierigkeiten vermehrten sich die Hawaiigänse bisher erfreulich. 1981 lebten schon wieder 1 250 Nènès in den Schutzgebieten von Hawaii und etwa 750 in freier Wildbahn. Dank der Hilfe von Tierfreunden ist diese interessante Vogelart noch einmal davongekommen.

VI. Probleme vor unserer Haustür

Kann der Hase dem Tod entfliehen?

Wie eine Rakete schoß der Habicht dicht über das Feld und visierte einen Hasen an, der an Gräsern mümmelte. Doch dieser war buchstäblich ein »alter Hase« und mit allen Wassern gewaschen. Schon rechtzeitig hatte er den Luftfeind erkannt und floh im Höchsttempo mit 70 Stundenkilometern.

Dabei schaute er nicht etwa auf den Weg, sondern über die Schulter nach hinten, um den Feind im Auge zu behalten. Kurz bevor der Greif herankam, schlug Meister Lampe einen Haken und ließ den Vogel ins Leere rauschen. Dann hockte er sich auf die Hinterbeine, schaute den zurückkehrenden Habicht voll an und machte erst in letzter Sekunde einen 2,5 Meter weiten Sprung zur Seite. Beim nächsten Anflug sprang er anderthalb Meter hoch in die Luft und keilte mit beiden Hinterbeinen nach dem Vogel aus, traf ihn jedoch nicht.

Doch dann geschah etwas, womit der Feldhase nicht gerechnet hatte: Während er den einen Habicht im Auge behielt, griff von der anderen Seite ein zweiter an, wahrscheinlich der Ehepartner des ersten. Sekunden, nachdem er dem ersten Greif ausgewichen war, ergriff ihn der zweite von hinten. Aber nun stürmte unser Mümmelmann mit seinem »Reiter« mitten in eine Weißdornhecke. Als er gleich darauf an der anderen Seite wieder zum Vorschein kam, fehlte jedoch der Habicht. Der hatte sich im stacheligen Gezweige so verstrickt, daß er erst eine Stunde später wieder herausfand.

Dieser Vorfall ist ein Schlüsselbeispiel zum Verständnis der Vorgänge, die sich gegenwärtig auf Europas Äckern unter der Hasenbevölkerung abspielen.

Von Frankreich und England bis zur DDR, von Dänemark bis Österreich und Italien hat das große Hasensterben begonnen. 1975 wurde in der Bundesrepublik noch die übliche Jahresstrecke von

1,3 Millionen Hasen erlegt. Bereits zwei Jahre später war es nur noch knapp die Hälfte. Erste Warnungen wurden laut. 1978 bekam ein Jäger, der in seinem Revier sonst an die 200 Hasen schoß, keine zehn mehr zu Gesicht. »Wenn das so weitergeht«, so ließ Dr. Gerhard Frank, der Präsident des Landesjagdschutzverbandes Bayern, verlauten, »fürchte ich, daß Anfang der achtziger Jahre die Hasen bei uns ausgestorben sind.«

Meister Lampes Lebenslicht verlischt. Und wer nach den Gründen fragt, hört nur: »Mein Name ist Hase. Ich weiß von nichts.«

Wer oder was ist denn nun schuld? Die Jäger, weil sie so viele Tiere schießen? Das haben sie schon seit Jahrhunderten getan, ohne daß die Hasenbestände gefährdet wurden. Oder die sich seit dem Schießverbot so zahlreich vermehrenden Habichte? Oder die Tatsache, daß Freund Mümmelmann heute nach der Flurbereinigung keine Buschhecken mehr findet, in denen er den Habicht abstreifen kann?

Mitten in das Rätselraten trafen erfreuliche Nachrichten: 1982 war der Hase nicht etwa, wie prophezeit, ausgestorben, sondern plötzlich gab es wieder fast so viele wie 1975 – und das sogar ohne durchgreifende Schutzmaßnahmen. (Sofern wir einmal davon absehen, daß viele Jäger zwei Jahre lang freiwillig auf die Hasenjagd verzichtet hatten.)

Nur – richtig freuen kann ich mich nicht darüber, denn schon im nächsten Jahr kann sich die Katastrophe vielleicht wiederholen oder gar verstärken!

Fatalerweise sind so ziemlich alle Vorstellungen über den »Osterhasen«, die als Allgemeinwissen grassieren, völlig falsch. Wie sollen wir unter diesen Umständen das Überleben dieser Tierart sichern können? Deshalb seien erst einmal die Tatsachen aus der neuesten Forschung berichtet.

Daß jenes Sprichwort vom »Angsthasen« auf Lepus europaeus nicht zutrifft, zeigt bereits die einleitende Geschichte. Ein nicht minder groteskes Märchen ist Häschens »Schlaf mit offenen Augen«. Was wirklich geschieht, wurde deutlich, als ich einen Förster auf einem Streifgang begleitete:

Es herrschte kühles, regnerisches Wetter. Mißmutig stapften wir über den Acker. Plötzlich blieb der Förster wie angewurzelt stehen. Keine drei Meter vor ihm lag ein Hase in seiner selbstgescharrten

Schlafkuhle, der sogenannten Sasse. Der Mümmelmann hatte die Augen weit geöffnet, rührte sich aber nicht von der Stelle. Bemerkte er die tödliche Gefahr gar nicht, weil er mit offenen Augen schlief?

Erster Zweifel: Wozu eigentlich ein Schlaf mit offenen Augen, wenn Meister Lampe trotzdem nichts sieht?

Jetzt warf der Förster seinen Hut nach dem Tier. Das Ding rollte genau über den Hasenrücken. Doch es rührte sich noch immer nicht von der Stelle. Dann kickte der Förster mit dem Fuß einen Erdbrokken. Volltreffer! Und im selben Augenblick katapultierte sich das Tier einen Meter hoch in die Luft, als sei unter ihm eine Mine explodiert, und raste im Höchsttempo hakenschlagend davon.

Zweiter Zweifel: Wenn einer gerade aus tiefstem Schlaf erwacht, kann er doch nie sofort zu solcher »sportlichen« Höchstleistung fähig sein!

Der Braunschweiger Verhaltensforscher Professor Otto v. Frisch hat es bewiesen: Wenn der Hase wirklich schläft, hält er die Augen genauso geschlossen wie jedes andere schlafende Tier und der Mensch auch. Darüber hinaus schläft er in zwei Stufen. Die meiste Zeit döst er mit geschlossenen Augen, ist aber beim geringsten Gefahrensignal sofort startbereit. Daneben kennt er auch den Tiefschlaf. Dabei liegt er auf der Seite und ist dann nicht einmal von einem Trompetenstoß zu wecken. Allerdings dauert diese Phase jeweils nur wenige Minuten. Diese seltsame Form des Schlummers bezeichnet der Zoologe als »Minutenschlaf«.

Hat der Hase jedoch, in der Sasse liegend, die Augen offen, so sieht er seine Feinde mit Sicherheit schon von weitem, starrt sie mit großen Augen an und ist, obwohl er sich nicht von der Stelle rührt, blitzmunter.

Und mehr noch: Wie ein Rennauto, dessen Motor vor dem Start im Leerlauf laut aufheult, um gleich darauf mit maximaler Spurtkraft davonbrausen zu können, so pumpt sich auch der auf dem Sprung liegende Hase mit schnell hämmernden Herzschlägen und intensiver Durchblutung aller Muskeln mit Energie prall voll, um im letzten Augenblick mit Höchsttempo losflitzen zu können.

Warum läßt Meister Lampe seine Todfeinde eigentlich so dicht an sich herankommen? Die Beantwortung dieser Frage sät abermals Zweifel in den Glauben, daß der Hase ein Angsthase sei. Unser Mümmelmann ist es nämlich gewohnt, daß die meisten seiner Bodenfeinde wie Fuchs, Marder und Wiesel, mit der Nase dicht über den

Boden schnüffelnd, seine Fährte verfolgen. Sie versucht er mit einem raffinierten Trick zu düpieren:

Wenn der Hase eine seiner Sassen aufsucht, läuft er nie geradewegs zu ihr. Vielmehr zieht er in 2,5 Meter Abstand seitlich daran vorbei, hoppelt an die 20 Meter weiter, legt aber nur eine »blinde Duftspur«, kehrt auf selbem Wege wieder um und katapultiert sich dann mit einem Seitensprung direkt in sein Lager.

So führt Meister Lampe seine Feinde planvoll in die Irre. Diese schnüren dicht an ihm vorbei, ohne ihn zu bemerken. Dem Menschen gegenüber wendet er auch diese Taktik an. Seit es Fernwaffen gibt, erweist sie sich jedoch oftmals als selbstmörderisch.

Gehört nicht aber eine beachtliche Portion Mut dazu, einen Todfeind, von dem man das Schlimmste befürchten muß, mit offenen Augen auf 3 Meter an sich herankommen zu lassen, ohne sich zu mucksen?

Einen Fuchs oder Hund kann nur der Zufall näher an die Sasse des Hasen heranführen. Dann aber heftet sich die Gunst des Geschicks wiederum an das Hasenpanier. Denn der Mümmelmann ist mit 70 Stundenkilometern erheblich schneller als ein Fuchs oder Hund, die allenfalls 50 erreichen (ein Greyhound beim Hunderennen maximal 61 Kilometer pro Stunde). Zudem schlägt der Hase so scharfe Haken, daß er einen Verfolger ins Leere preschen lassen und ihn völlig »abhängen« kann.

So mancher Jäger hat sich schon über die Fluchtrichtung gewundert. Mitunter rast das Tier nämlich quer durch die Treiberkette hindurch, statt von ihr weg, oder gar direkt auf einen Schützen zu.

Das hat zwei Gründe: Einmal schaut ein fliehender Hase, wie schon angedeutet, mehr nach hinten als nach vorn, um den Feind im Auge zu behalten. Er sieht also kaum, wohin er rennt. Zum anderen aber legt er sich von seiner Hauptsasse aus zu Fluchtzwecken eine regelrechte Rennpiste an, die gut einen Kilometer lang ist. Meist benutzt er die ausgetretenen Wechsel der Rehe oder Bauernwege. Andere Teilstrecken rodet er aber selbst vom Pflanzenwuchs frei.

Hier kennt er praktisch jeden Schritt auswendig, damit er sich auf die Beobachtung des Verfolgers konzentrieren kann. Führt die »Schnellstraße« zufällig zu einem anderen Jäger, hat das Langbein halt Pech gehabt. Einmal hatte ein Bauer seinen Rübenwagen zufällig auf solch einer Hasenpiste abgestellt. Bei der Treibjagd rannte ein Tier mit Höchsttempo dagegen und brach sich das Genick.

Völlig anders liegen die Dinge jedoch, wenn unser Hase von einer ganzen Hundemeute gejagt wird. Dann wirkt sich das Hakenschlagen sogar zu seinem Nachteil aus. Von der Meute bleibt ihm nämlich immer nur einer, der auch noch ständig abgelöst wird, dicht auf den Fersen, während die anderen ein wenig zurückbleiben und nach jedem Hakenschlagen die Wegabkürzung laufen, bis sie ihr Opfer zu Tode gehetzt haben. Viele Hunde sind tatsächlich des Hasen Tod.

Eine Treibjagd wirkt auf die Hasenbevölkerung wie ein Hunnensturm. Im Durchschnitt müssen 54 Prozent der im bejagten Gebiet lebenden Tiere »ins Gras beißen«. 46 Prozent entkommen und überleben. Aber wie!

Die wenigsten bleiben in ihrem etwa zwanzig Hektar großen Heimatgebiet. Das sind nur diejenigen, an denen die Jäger, Treiber und Hunde vorbeigelaufen sind, ohne sie zu entdecken. Die anderen werden durch das Riesenaufgebot an Verfolgern zu einer Flucht getrieben, die weit über das hinausgeht, was an Rennstrecken gegenüber Füchsen, Mardern oder einzelnen Jägern hasenüblich ist.

Anstatt nach Abschütteln des Verfolgers im weiten Bogen wieder ins Heimatgebiet zurückzukehren, wie es sonst Hasen tun, flüchten sie in die Ferne bis zu 9 Kilometer weit und ohne Wiederkehr. Wahrscheinlich haben sie Angst, dorthin zurückzulaufen, wo ihnen so Schreckliches widerfahren ist.

Damit nehmen sie ein echtes Emigrantenschicksal auf sich. Denn am Ort der Zuflucht wird ja eines baldigen Tages auch gejagt. Und so gehen Tod und Vertreibung ständig weiter. Ein Acker, über den eine Treibjagd hinweggegangen ist, beherbergt kaum noch einen Hasen. Das Gebiet wird erst wieder von Flüchtlingen aus benachbarten Revieren besetzt, wenn dort ein Kesseltreiben veranstaltet wurde. Aber der Jagdpächter, der als letzter vor der Schonzeit am 15. Januar gejagt hat, findet im nächsten Jahr kaum noch einen Hasen in seinem Revier.

In eine besondere Krise gerät dies Emigrantenschicksal gegenwärtig noch dadurch, daß der Mümmelmann in der Fremde immer häufiger auf »böse« Verwandtschaft trifft: auf Wildkaninchen. Die im Vergleich zu ihm kurzbeinigen, kurzohrigen und bedeutend kleineren Karnickel überleben die Treibjagd viel besser im »Luftschutzkeller« ihrer Erdhöhlen, die ein Hase nicht graben oder bewohnen kann.

Außerdem leben sie in volkreichen Gemeinschaften, die sich zum Kampf gegen den stärkeren Einzelgänger, den Feldhasen, zusammen-

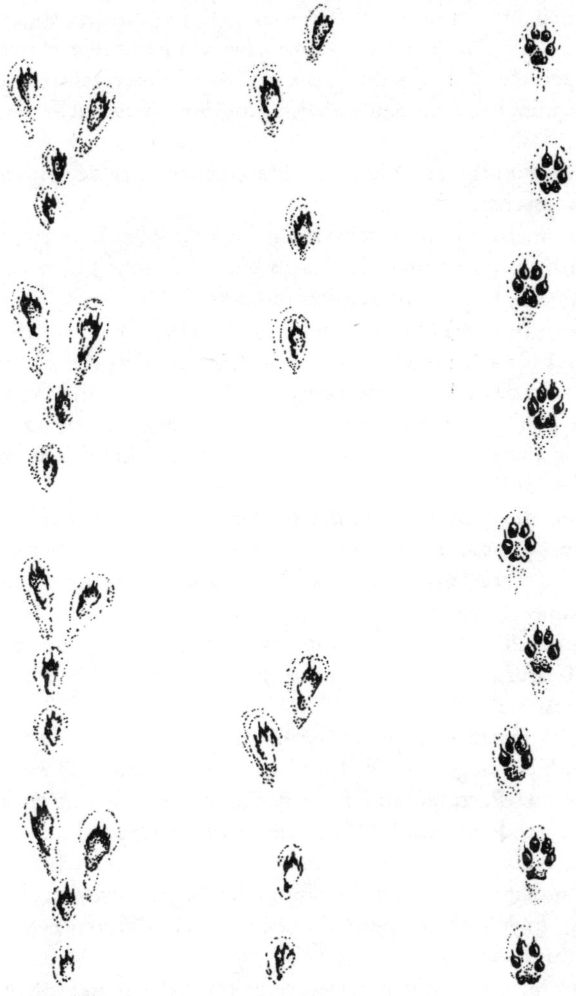

Spuren einheimischer Tiere

links: Hase, hoppelnd mitte: Hase, flüchtend rechts: Fuchs, schnürend

rotten. Friedliche Koexistenz kennen beide Tierarten nicht. Wie eine Meute kleiner Hunde hetzen die Karnickel hinter einem einsamen, vertriebenen Hasen her und verjagen ihn. Es wurden sogar schon Fälle beobachtet, in denen eine Horde Salatfresser einen Hasen regelrecht totgebissen hat. Es sind also auch die immer zahlreicher werdenden Kaninchen, die den Lebensraum des Hasen mehr und mehr einengen.

Noch verwundbarer ist aber der Hauptlebensnerv der Hasensippe: seine Kinderschar.

Die Rammelzeit dauert von Januar bis Oktober. Drei-, vier- oder gar fünfmal im Jahr bringt die Häsin je bis zu sechs Junge zur Welt. Das klingt nach grenzenloser Fruchtbarkeit. Aber wenn es so dürr und trocken ist wie 1976 oder wenn es so naßkalt und regenreich wie 1978 und 1979 ist, besteht nur wenig Chance, daß die Hasenbabys überleben. In der Dürre produziert die Mutter nur wenig Milch, und die offen in der prallen Sonne liegenden Kinder dörren aus. Dem Regen sind die Kleinen in ihrer Sasse ebenfalls schutzlos ausgeliefert und sterben an Unterkühlung oder Krankheiten.

Während die Kaninchenkinder tief im Erdbau fast nackt geboren werden, besitzt das Hasenbaby von Anbeginn an ein dichtes, flauschiges Fell. Dies fängt einiges an Wetterunbill ab. Aber gegen Extremsituationen vermag es nicht zu schützen.

Deshalb vollzieht sich bei Schlechtwetterlagen im Mutterleib sogar eine Art Geburtenkontrolle: Statt sechs Babys bringt die Häsin dann nur zwei oder eines zur Welt!

Wenn die Häsin in Liebesstimmung kommt, fängt sie an, sich zu »putzen«. Sie striegelt ihr Fell mit den Vorderpfoten. Dabei verteilt sich auch ein »Parfüm« aus ihren Backendrüsen über ihren Körper. Dieser betörende Duft soll Männchen anlocken und in Paarungslaune versetzen. Außerdem markiert sie in ihrem Wohnbereich einen Liebesplatz, indem sie ihn mit der duftenden Afterdrüse Quadratmeter für Quadratmeter abstempelt: »Hier bin ich des öfteren zwecks Paarung anzutreffen!«

Die Rammler folgen der heißen Spur mit tief gesenkter Schnüffelnase wie Hunde. Ist die Häsin einige Zeit abwesend, kann es in guten Hasenjahren geschehen, daß sich am Liebesplatz inzwischen eine ganze Schar von Bewerbern einfindet. Dann veranstalten diese ein Mittelding zwischen Wildwestkeilerei und Gruppenbalz.

Erst stehen sich die Rivalen quäkend und fauchend gegenüber und trommeln mit den Hinterläufen dröhnend auf den Boden: »So werde ich dich gleich verprügeln!« Aber dann boxen sie sich in aufrechter Haltung doch nur mit den viel schwächeren Vorderpfoten. Schließlich kommt eine »Geheimwaffe« zum Einsatz: ein gezielter Harnstrahl. Der davon getroffene Gegner erstarrt zur »Salzsäule« und verläßt den Ort, sobald er sich von dieser Schmach erholt hat.

In dieser Sturmzeit der Liebe hat auch der Fuchs die meisten Chancen, sich so einen Wiesentroubadour zu holen, denn die Erotik macht das Opfer blind. Es ist »verrückt wie ein Märzhase«, wie das Sprichwort ganz richtig sagt.

Der Häsin gegenüber benimmt sich der Rammler auch nicht viel galanter als unter seinesgleichen. Sobald er sich ihr nähert, ergreift sie eine typisch weibliche Lockflucht. Sie reißt vor ihm nur so wenig schnell aus, daß er sie nur ja einholen kann. Dabei wedelt sie ihm mit dem Schwanz aus der Afterdrüse ätherische Düfte um die Nase, die ihn vollends närrisch machen.

Schließlich stoppt er sie, bezieht aber gleich ein paar Ohrfeigen von ihr. So kämpfen beide recht wüst miteinander, doch ist alles gar nicht schlimm gemeint. Allmählich werden die Umgangsformen immer sanfter, bis dann die Liebe waltet.

Unmittelbar nach der Paarung läßt er sie aber wieder im Stich und verfolgt andere sexuelle Interessen. Eheliche Treue ist nicht die Sache dieses eingefleischten Einzelgängers.

Nach einer Tragzeit von 42 Tagen kommen die Jungen zur Welt. Zuerst liegen alle Geschwisterchen in einem »Körbchen«. In der ersten Nacht säugt sie die Mutter einmal, und zwar mit besonderer Kraftnahrung: einer Milch mit 24 Prozent Fettgehalt. Das ist auch nötig, denn die Babys müssen von da an vier oder fünf Tage lang völlig allein bleiben, ohne Mutter und ohne Nahrung. Der Zoologe nennt das eine »Mutterfamilie mit fast ständiger Abwesenheit der Mutter«.

Die Häsin betrachtet sich nämlich mit ihrem Körpergeruch als verräterische, tödliche Gefahr für ihre Kinder. Wenn ihre Witterung einen Feind angelockt hat, können ihre Kinder noch nicht so schnell fliehen wie sie. Aber aus der Ferne hat sie ein wachsames Auge auf die Kinder. Falls diese zum Beispiel von einer Elster oder Krähe entdeckt werden, rast sie sofort herbei und attackiert den Räuber mit Luftsprüngen und Auskeilen der Hinterbeine.

Die Kinder besitzen im Gegensatz zur Mutter noch keinen verräterischen Körperduft. Die Natur hat den Neugeborenen gleichsam einen »Schutzengel« verliehen: die absolute Geruchslosigkeit. Zoologen haben schon Spürhunde beobachtet, die 40 Zentimeter an einer Hasenwiege vorbeischnüffelten, ohne die Winzlinge zu wittern. Dieses Geschenk der Schöpfung darf die Hasenmutter nicht durch ihre Körperausdünstungen zunichte machen.

Deshalb kommt sie erst in der fünften Nacht wieder, um ihre Kinder an die »Milchbar« zu lassen. Danach werden die Kleinen umquartiert. Jedes bekommt ein Einzelversteck. 8 bis 15 Meter vom Geschwisterchen entfernt. Und auch von nun an kommt die Mutter nur einmal täglich für 5 Minuten, und zwar in finsterer Nacht, um ihre Milch anzubieten.

Vor allem Spaziergänger sollten das wissen, damit sie um Himmels willen das kleine Ding nicht anrühren, falls sie zufällig auf eines stoßen sollten. Es ist nie und nimmer ein Waisenkind!

Erst wenn sie etwas älter und gut zu Hasenfuß sind, kann es die Mutter wagen, ihren Kindern »Sportunterricht« im Hundertmeterlauf, im Hakenschlagen und im Benutzen der Rennpiste zu erteilen: ein drolliges Haschenspiel, in dem die Mutter einmal die Rolle des Flüchtenden übernimmt und dann die des verfolgenden Fuchses.

Dennoch sind die Todesgefahren Legion. Von hundert Feldhasen, die im Katastrophenjahr 1979 geboren wurden, waren bis zum nächsten Frühjahr

- elf von Autos zermalmt; besonders hoch waren die Verluste durch den Straßenverkehr in Gebieten, in denen gerade Treibjagden abgehalten worden waren; sie betrafen vor allem »Emigranten« ohne Ortskenntnis und ohne Fluchtpisten;
- zwanzig von landwirtschaftlichen Maschinen zerschnitzelt; zwar gibt es schon spottbillige mechanische Wildretter, die an die Mähmaschine montiert werden, aber dennoch schätzt das »Landwirtschaftliche Wochenblatt Westfalens«, daß 1979 in der Bundesrepublik Deutschland etwa 600 000 junge Hasen, Rehe, Rebhühner und Fasane von den Mähwerken getötet wurden;
- vierzig an einer Krankheit gestorben oder verhungert;
- sechs von Raubsäugern oder Greifvögeln gefressen (weshalb dann wieder Jagd auf Bussarde und Habichte?);
- und nur einer von Jägern geschossen worden.

Hieraus geht eindeutig die Hauptursache des besorgniserregenden Rückganges der Hasenbestände gegen Ende der siebziger Jahre hervor: Krankheit und Hunger. Am schlechten Gesundheitszustand ist wiederum das schlechte Wetter schuld. Und in der Tat erholten sich die Hasenpopulationen zu Anfang der achtziger Jahre auch wieder einigermaßen, als die Jungtiere günstigere Wetterbedingungen vorfanden. Gutes Wetter hat sie gerettet, sonst nichts!

Künftig kann aber jede längere Regenperiode während des Frühjahrs oder Sommers wieder zur Katastrophe führen. Deshalb muß die entscheidende Frage lauten: Warum hat in früheren Jahrzehnten und Jahrhunderten schlechtes Wetter den Hasen längst nicht so an den Rand der Vernichtung gebracht wie heutzutage?

Die schlimmsten Hasenkrankheiten sind eine Darmentzündung und die Coccidose, auch »Pseudotuberkulose« genannt. Unter natürlichen Bedingungen wird ein Großteil der Tiere von selbst damit fertig. Seine körpereigenen Abwehrkräfte verstärkt er durch Mittel der »Naturheilkunde«, das heißt, bei Unwohlsein oder Magenschmerzen frißt der Hase bestimmte heilende Kräuter wie Schafgarbe, Hirtentäschelkraut, Ackerhohlzahn und Weißen Gänsefuß. Heute sucht er diese Pflanzen vergebens. Alles ist mit chemischen Unkrautvernichtern weggespritzt. Sogar der Feldrain und der Straßengraben werden gegenwärtig damit »gesäubert«.

Statt dessen schwächt der Bauer die Abwehrkräfte des Hasen durch den Einsatz von Chemikalien vielerlei Art. In England haben 1983 Dr. Richard Barnes und Dr. Stephen Tapper vom Staatlichen Umweltschutz-Forschungsrat nachgewiesen, daß Herbizide, also Unkrautvernichter, die Abwehrkräfte des Hasen so stark schwächen, daß der Tod eintritt. Wenn das Tier durch das Kraut hoppelt, bleiben die Chemikalien am Fell haften. Kurz darauf säubert sich der Hase durch Lecken mit der Zunge, und schon ist das Unheil geschehen. Im Zusammenwirken von Krankheit, schlechtem Wetter und Herbiziden tritt alsbald der Tod ein.

Von bisher unerwarteter Auswirkung auf die Feldhasenbevölkerung ist auch die Flurbereinigung und die Anlage von Monokulturen. Die beiden englischen Forscher stellten folgendes fest: Wenn ein Hase in seinem Lebensbereich sechs verschiedene Feldfruchtarten vorfindet, etwa Weizen, Hafer, Luzerne, Kartoffeln, Rüben und Raps, geht es ihm sehr gut. Dann kann ein Quadratkilometer von sechzig Hasen bevölkert werden. Sind dort aber nur fünf Feldfrüchte angebaut, ist diese geringe Veränderung bereits von großer Wirkung: Nur noch zwanzig Hasen finden genug Lebensraum. Bei Monokultur geht der Hasen-»Besatz« weiter drastisch zurück: Kaum noch ein Tier lebt auf gleicher Fläche wie sonst sechzig.

Die Hauptursache für den Schwund ist das für den Hasen offenkundig erschütternde Erlebnis der Ernte. Mit einem Schlage hat er nichts mehr zu fressen und ist deckungslos allen Feinden ausgeliefert. Er muß auswandern. Für ihn ist das schlimmer als eine Treibjagd.

Einst in Germaniens Wäldern nur ein seltenes Tier, nahm die Zahl der Feldhasen mit der Rodung der Wälder und der Kultivierung landwirtschaftlicher Flächen stark zu. Der Mümmelmann wurde zum Kulturfolger des Menschen. Aber die Zivilisation der Monokultur flieht er wieder. Und die Chemie versetzt ihm den Todesstoß, sofern wir einer gesunden Umwelt nicht wieder zu ihrem Recht verhelfen.

Der Igel, ein Rettungsfall für jedermann?

Anfang Oktober 1983 mußte ein Hockeyspiel um die Hamburger Meisterschaft unterbrochen werden, weil ein Igel unbekümmert durch die Stürmerreihen trippelte. Mit angelegten Stacheln ließ er sich bereitwillig streicheln, machte aber einen verstörten Eindruck. Behutsam an den Spielfeldrand gesetzt, marschierte Mecki aber schon fünf Minuten später wieder durch das sportliche Kampfgeschehen. Abermals in Sicherheit gebracht, wendete sich das Tier nun zur anderen Seite, überquerte eine Hauptverkehrsstraße ... und wurde von einem Auto überfahren.

Zwischen 700 000 und einer Million Igel erleiden jedes Jahr in Mitteleuropa den Tod durch den Straßenverkehr. Eine erschreckend hohe Zahl. Besonders schlimm sind die Verluste in den Monaten Juni und Oktober.

Indessen ließ 1982 die Nachricht eines Walsroder Biologen aufhorchen. Sie klang sogar nach Sensation: In diesem Teil Niedersachsens sollte eine neue Igelrasse entstanden sein, deren Angehörige auf der Landstraße vor Autos fliehen, statt sich einzurollen und überfahren zu lassen, wie es in allen Schulbüchern nachzulesen ist.

»Offenbar eine Mutation«, mutmaßte der Biologe. »Leider keine, nach der den Igeln so starke Stacheln wachsen, daß sie damit die Autoreifen anstechen können!« Ein Artenwandel, den wir in unseren Tagen miterleben? Eine Auslese durch den Verkehrstod, die nur Ausreißer am Leben und sich vermehren läßt? Dieser Frage wollte ich einmal nachgehen.

Wo und wann kann man Igel am besten beim Marsch über die Autostraße beobachten? Dort, wo am meisten von ihnen leben. Das ist interessanterweise nicht Feld, Wald und Flur, sondern in Dörfern und Randgebieten größerer Ortschaften die Zone zwischen Haus-

und Gemüsegärten. Das haben 1981 die Doktoren Joachim Esser und Joseph Reichholf von der Zoologischen Staatssammlung München in eingehenden Untersuchungen festgestellt. Wir müssen also die alte Vorstellung vom Igel, der mit dem Hasen auf dem Acker ein Wettrennen veranstaltet, wie eine alte Fabel zu berichten weiß, revidieren. Igel lieben die Nähe des Menschen oder zumindest seine Gemüsegärten.

Die beste Tageszeit zu Beobachtungen sind die Stunden der Abenddämmerung zwischen 18 und 21 Uhr. Das ist nämlich eine der drei täglichen Munterkeits- und Tätigkeitsphasen des Tieres. Normalerweise pflegt es nur abends, sodann von Mitternacht bis zwei Uhr nachts und dann noch einmal von halb fünf bis halb sechs Uhr am frühen Morgen auf Nahrungssuche zu gehen. In der übrigen Zeit ruht es in einem Unterschlupf in dichten Hecken, unter Büschen, in Laub- und Heuhaufen, Erdlöchern, Röhren und ähnlichen Verstekken. Verhaltensgestörte Exemplare wie unseren Hockeyfan trifft man jedoch zu jeder Zeit, sogar am hellichten Tag.

Die beste Jahreszeit zum Beobachten sind die Igelunfallmonate Juni und Oktober. In diesen beiden Monaten suchen nämlich viele Heimatlose unter ihnen einen neuen Lebensraum.

Und das hat folgenden Grund: Im Mai und dann noch einmal im September bringt die Igelin je fünf bis sieben Junge zur Welt, winzige, rosarote »Zahnbürsten«. Aber schon im Alter von vier Wochen werden die Kinder von der Mutter verlassen und müssen dann allein in die weite Welt wandern, um sich einen neuen Lebensraum zu suchen. Das ist oft ein sehr verzweiflungsvolles Unternehmen, denn wohin sie auch kommen, überall leben bereits Igel, und die verbitten sich jeden Neuzugang.

Von gelegentlichen Fällen der Nachbarschaftshilfe abgesehen, sind die so possierlich aussehenden »stacheligen Streicheltiere« leider unduldsame Einzelgänger. Wenn ein Fremder kommt, spreizt der Inhaber eines etwa 500 Meter (im Durchmesser) großen Reviers seine Kopfstacheln nach vorn und versucht mit Kopfstößen, den Ungebetenen fortzuboxen. Sieger wird, wer die längsten Stacheln hat, und das sind meist nicht die jugendlichen Auswanderer, sondern die »Etablierten«, die ein Alter bis zu zehn Jahren erreichen können.

So irren die halbstarken Emigranten von Niederlage zu Niederlage, werden überall fortgejagt, geraten unter schwere Streßwirkung, verlieren jegliche Scheu vor Artgenossen, Menschen und Autos und streunen sogar am hellen Tage umher. Fast ausnahmslos sind sie es, die von Autos überfahren werden.

Der Dauerstreß und die Futterknappheit führen zu einer weiteren Schwächung des Körpers. Die Jungtiere verlieren die Abwehrkräfte gegen Krankheiten und fressen im höchsten Hungerstadium auch vergiftete Nahrung, insbesondere Schnecken, die bereits an Giftkörnern gestorben sind, die in Gärten vom Menschen ausgestreut worden waren. Dr. h. c. Carl Stemmler-Morath untersuchte Igel, die er nachts auf den Straßen aufgriff. Sie alle waren nicht gesund, taumelten in einem Zustand umher, der einer Trunkenheit ähnlich war (das typische Erscheinungsbild einer Vergiftung durch »Schneckenkörner«), rollten sich nicht zusammen, wenn er sie anfaßte, und zwischen den 16 000 Stacheln wimmelte es von Ungeziefer.

Somit wären nicht die vielbeschimpften Autofahrer am hunderttausendfachen Igeltod schuld, sondern der Übervölkerungsstreß und die indirekte Vergiftung durch Schneckenvertilgungsmittel!

Es ist ein altes Ammenmärchen, daß Igel gegen alle nur möglichen Gifte immun wären. Wir müssen hier genau differenzieren. Es trifft durchaus zu, daß den Meckis weder Bienen- noch Wespen- oder Hornissenstiche etwas ausmachen. Sie verputzen diese Insekten mit Wohlbehagen. Wesentlich gefährlicher ist das Gift Kantharidin, das die »Spanische Fliege« und andere Ölkäfer zu ihrer Verteidigung aus ihrem Panzer hervortreten lassen. Ein zehntel Gramm tötet 25 Menschen, aber nur einen Igel. Von dem Gift, das den Wundstarrkrampf hervorruft, dem Tetanustoxin, verkraftet der Insektenfresser sogar eine 4 000mal so große Dosis wie der Mensch. Doch völlig immun ist auch er nicht dagegen.

Am Biß einer Kreuzotter stirbt Mecki entgegen einer weitverbreiteten Meinung innerhalb einiger Tage. Die falsche Ansicht von der Unempfindlichkeit gegen Schlangenbisse kam zustande, weil früher, als es noch mehr dieser Reptilien gab, öfter Zweikämpfe zwischen der Giftschlange und dem Igel beobachtet worden waren, die der Stachelritter für sich entschied, indem er die Otter verspeiste. Das lag aber nicht daran, daß er gegen Schlangengift immun wäre, sondern daran, daß der vermeintlich so behäbige Mecki, wenn er nur will, blitzschnell reagieren kann und den Vorstoß des Reptils fast immer mit den ihm entgegengehaltenen Nackenstacheln abzufangen weiß. Aber wenn die Kreuzotter einmal den Igel erwischt, etwa im Gesicht, dann muß er sterben.

Und so kann der Igel auch durch Gifte der Chemie sehr leicht getötet werden, etwa durch DDT, andere Insektizide, Unkrautvernichter, vor allem aber durch »Schneckenkörner«. Das sollte jeder Gartenbesitzer wissen. Andernfalls ist er der Schuldige am Igeltod und nicht der Autofahrer.

Es werden allerdings auch viele Stachelritter überfahren, die nicht unter Gifteinwirkung leiden. Bei ihnen ist der soziale Streß durch Übervölkerung so stark, daß er zu Verhaltensstörungen führt, Flucht- und Einigelungsreaktionen hemmt und das Tier ruhe- und sinnlos umherrennen läßt.

Solche Igel habe ich am Ortsausgang eines schleswig-holsteinischen Dorfes beobachtet und insgesamt siebzehn Straßenüberquerungen verfolgt. Kein einziger machte auch nur den Versuch, sich einzurollen. Alle liefen bei Annäherung von Autos weiter, als drohe überhaupt keine Gefahr. Auch kerngesunde und nicht vom Streß geplagte Tiere dachten gar nicht daran, sich vor Autos einzuigeln. Das taten sie nur vor Hunden und Menschen.

Vor Jahrzehnten übertrugen Zoologen die Einigelreaktion vor diesen Feinden auch auf die Annäherung von Autos, ohne es in der Praxis zu überprüfen. Aber ein von fern schnell näherkommendes Auto ist für einen Igel kein angeborenes Feindbild. Er kennt so etwas gar nicht, läuft unbekümmert weiter und wird, wenn er Pech hat, langsam laufend überfahren, wie es in einem der siebzehn beobachteten Fälle tatsächlich geschah.

Also sind dies die Ursachen des Straßentodes der Igel: Vergiftung, Verhaltensstörungen durch sozialen Streß bei Übervölkerung und das Fehlen des Autos im Inventar angeborener Feindbilder. Die These von der »Evolution in Aktion« zu einer zivilisationsangepaßten Igelrasse ist nicht zutreffend.

Eigentlich schade.

Auch müssen wir ganz objektiv bleiben: Wie Joachim Esser und Joseph Reichholf im Verlauf vieler Jahre festgestellt haben, sind die Verlustzahlen an Igeln über lange Zeiträume hinweg etwa gleich geblieben. Es gibt keine Abnahme, aus der zu schließen wäre, daß dieser vom Menschen vielgeliebte Insektenfresser an den Rand der Ausrottung gerät. Der Igel ist keine vom Aussterben bedrohte Tierart. Und wenn wir ihn nicht in großem Umfang in unseren Gärten vergiften, wird er uns auch erhalten bleiben. Schließlich fühlt er sich in unseren Kleingartenkolonien, in Haus- und Gemüsegärten, in Villenvororten und Stadtrandsiedlungen sehr wohl und ist sogar in den Citys unserer Großstädte, wo er nur etwas Grün findet, heimisch geworden.

Zwar nicht gefährdet, wurde der Igel in Deutschland dennoch unter strengen Schutz gestellt, und zwar schon 1936 als sogenanntes »nützliches Tier«. Es ist verboten, Igel zu fangen, im Hause zu halten, sie zu kaufen oder zu verkaufen oder gar sie zu braten, wie es die Zigeuner gelegentlich tun.

Die einzige Ausnahme: Wir dürfen überwinterungsunfähige Jungigel zu uns nehmen, um ihnen zu helfen, die kalte Jahreszeit zu überleben. Nur und wirklich nur im Monat Oktober ist es erlaubt, Tiere, die uns durch die schon beschriebenen Verhaltensstörungen auffallen, im Haus zu füttern, zu reinigen und zum Winterschlaf vorzubereiten – eine überaus schwierige, viel Zeit und viel Fachwissen erfordernde Aufgabe. Wer die Ausdauer und die Kenntnisse nicht besitzt, sollte solche Rettungsaktionen unterlassen, denn der Igel wird seine »Betreuung« nicht überleben.

Im Herbst 1980 rief eine deutsche Massenzeitung zu Rettungsaktionen für den Igel auf. In hellen Scharen durchkämmten die Leute die Landschaft. Schulklassen durchstreiften Wälder und Fluren (obwohl dort relativ wenig Igel leben!) mit Körben und Säcken. Anderntags waren die Wartezimmer der Tierärzte überfüllt mit Igel-»Freunden«, die schon am ersten Tag nicht mehr weiter wußten. Noch nie in der Geschichte sind so viele Igel binnen weniger Tage ums Leben gebracht worden wie damals durch diese »Hilfe«.

Aus dem Dargelegten geht schon hervor, um welche Art Tiere es geht, denen wir im Herbst bei Tage begegnen: Es sind die heimatlosen Jungtiere, die im Übervölkerungsstreß und/oder unter Giftwirkung verhaltensgestört sind. Sie haben Untergewicht, weil sie nichts Rechtes zu fressen finden, und sie strotzen zwischen den Stacheln voller Läuse, Flöhe und Zecken, weil sie keine Abwehrkräfte haben, oder sind gar schon schwer krank.

Von entscheidender Bedeutung für ihr Überleben ist das Körpergewicht zu Beginn des Winterschlafs. Von hundert Igeln, die in den Winterschlaf gehen, wachen etwa 35 nie wieder auf, weil sie zu leichtgewichtig entschlummert sind. Ohne das Bewußtsein wiedererlangt zu haben, dämmern sie langsam ins tierliche Nirwana hinüber.

Das ist das Unheimliche am Winterschlaf, diesem Schwebezustand an der Grenze zwischen Leben und Tod. Anders als beim gewöhnlichen Schlaf ist es höchst ungewiß, ob das Leben je wiederkehrt oder ob es spurlos verlischt.

Dennoch ist der Winterschlaf der einzige Kunstgriff der Natur, mit dem sich Igel, Feldhamster, Murmeltier, Siebenschläfer, Hasel- und Fledermaus in mitteleuropäischen Breiten am Leben erhalten können. Mecki findet in der kalten Jahreszeit keine Fleischnahrung mehr, keine Schnecken, Würmer, Spinnen, Insekten, Schlangen oder Jungmäuse, deren Nester er ausgraben könnte. Sich auf vergetarische Kost umstellen, wie etwa die Amseln oder andere nichtziehende Vögel, vermag er nicht. Nach dem warmen Süden reisen, wie die Zugvögel, kann er nicht: Vorräte zu sammeln, wie das Eichhörnchen, ist ihm auch versagt. Da bleibt ihm nur die Möglichkeit, im Scheintodzustand ein Leben auf »Sparflamme« zu führen.

Sobald der »innere Jahreskalender« des Tieres auf Ende Oktober steht und die Lufttemperatur unter 6 Grad sinkt, sucht er sich eine Erdhöhle in frostfreier Tiefe und buddelt sich zwei steil nach oben führende Schlupfröhren, polstert seine Lagerstatt mit Heu und Laub weich aus und verstopft von innen die Ausgänge fest.

In seinem Leib sinkt die Körpertemperatur bis auf 4,6 Grad über Null ab. Dabei erstarrt das Tier im Zustand tiefer Bewußtlosigkeit in eingeigelter Haltung. Früher haben sich rohe Menschen einen Spaß daraus gemacht, Igel auszugraben und als Kugel umherzurollen. Es dauerte Stunden, ehe die Tiere voll erwachten.

Das Atemtempo sinkt von normal etwa 45 Zügen pro Minute auf ein bis acht Züge und setzt mitunter für Stunden völlig aus. Das Herz, das beim wachen Igel ungefähr 188mal in der Minute schlägt, verlangsamt sich auf 21 Pulse. Wie zähflüssiger Seim quillt das Blut durch die Adern. Ärzte haben sich gewundert, weshalb winterschlafende Igel unter diesen Umständen nicht alle unter Thrombose leiden und durch Herz- oder Hirnschlag sterben. Aber die Natur hat vorgesorgt und setzt während des Scheintodzustandes die Gerinnungsfähigkeit des Blutes ebenfalls herab.

Ein Mensch mit nicht annähernd so stark geschwächten Körperfunktionen ist extrem anfällig gegen Gifte, Infektionen und andere Krankheiten. Aber die Igel bekommen in ihren naßkalten Erdhöhlen nicht einmal Rheumatismus. Im Gegenteil, wenn sie im Frühjahr, Ende März oder Anfang April, nach fünfmonatigem Winterschlaf wieder erwachen, sind sie kerngesund, futtern eine gehörige Portion und gehen sogleich auf die recht anstrengende Brautschau. Wie beim Menschen die Kur der sogenannten Hibernation, des mit Medikamenten eingeleiteten Langschlafes, so scheint auch bei Tieren diese Prozedur eine Art von Heilschlaf zu sein.

Der Hauptzweck des Winterschlafs ist es jedoch, »Heizöl« zu sparen, also mit den etwa 150 Gramm Körperfett, das sich das Tier im Herbst bei gesteigertem Appetit angefuttert hat, die zwanzig Wochen dauernde kalte Jahreszeit über auszukommen. Während dieser Ruhezeit sind alle energieverbrauchenden Lebensfunktionen des Tieres so sehr auf »Sparflamme« geschaltet, daß es im Verlauf dieser 150 Tage dauernden Fastenzeit nur um 20 Prozent seines Körpergewichts abnimmt. Im Sommer magert der Igel im gleichen Maße ab, wenn er nur acht bis neun Tage lang nichts zu fressen findet.

Wann beginnt und wie endet der Winterschlaf eigentlich? Er tritt ein, wenn innersekretorische Drüsen bestimmte Hormone ins Blut ausschütten und wenn zusätzlich die Lufttemperatur unter 6 Grad Celsius sinkt. Da diese Hormone aber erst im Spätherbst produziert werden, vermag ein Kälteeinbruch im Frühjahr oder im Sommer den Igel unter keinen Umständen in den Winterschlaf zu versetzen. Außerdem erklärt dies, weshalb Igelretter das Tier unbedingt in einen Keller bringen müssen, der nicht wärmer als 6 Grad sein darf. Andernfalls geht es in einer Art Halbwinterschlaf zugrunde.

Das Wiedererwecken zu den Lebendigen wird ebenfalls nach dem »inneren Jahreskalender«, dem sogenannten physiologischen circannualen Zeitsinn, geregelt. Er verhindert, daß ein Tier den Frühling verschläft, nur weil es noch etwas Fettpolster übrig hat. Wenn der »innere Wecker« Ende März oder Anfang April »klingelt«, beginnt das Igelherz plötzlich wie rasend zu schlagen: mit 320 Pulsen in der Minute. Mit aller Macht setzt die Wärmeproduktion ein. Der gesamte Stoffwechsel des Körpers kommt auf Hochtouren. Dennoch dauert es drei bis vier Stunden, ehe das Tier voll bei Bewußtsein und bewegungsfähig ist.

Nach äußerster Sparsamkeit unvermittelt ein enormer Energieverbrauch! Hierbei könnte es leicht geschehen, daß der »Heizöltank« plötzlich leer ist, der Vorgang des Aufwachens abbricht und der Stachelritter stirbt, unmittelbar bevor er dem Leben zurückgegeben wurde.

Doch eine weise Erfindung der Natur verhindert das unter norma-

Überwinterungshilfe für Igel

1. Maßnahme: Wiegen. Alle Tiere, die genügend Körpergewicht besitzen, sofort wieder am Fundort weitab einer Straße freilassen. Sie kommen am besten allein durch den Winter. Nie mehr als einen Igel in einen Korb oder eine Kiste tun, da die Tiere gegeneinander unverträglich sind.

2. Maßnahme: Füttern. Die kleinen Logisgäste müssen so lange gefüttert werden, bis sie ein Gewicht von mindestens 700, besser noch 800 Gramm erreicht haben. Das kann Wochen dauern. Bis dahin müssen sie auch in einer mindestens einen Quadratmeter großen Kiste in der warmen Stube bleiben. Wenn sie es kälter haben, dämmern sie schon in einen winterschlafähnlichen Zustand hinüber, in dem sie jeglichen Appetit verlieren.

Speisekarte: Die Geschmäcker sind bei allen Igeln etwas verschieden. Aber folgendes kann angeboten werden: gehacktes Rindfleisch, Herz, Hühnerleber, Mehlwürmer, Grießbrei, Eigelb und Marmorkuchen. Dosenfutter für Hunde und Katzen tut es auch, sollte aber nicht ausschließlich gegeben werden. Etwas Obst darf auch dabeisein. Einen Napf mit Wasser muß er täglich frisch bekommen. Verboten, da schädlich, sind Räucherfisch, alles Gesalzene und Gewürzte sowie Milch.

3. Maßnahme: Die Befreiung von Ungeziefer. Achtung! DDT, E 605 und andere Insektizide sind für den Igel tödliches Gift und dürfen nicht benutzt werden. Statt dessen wirkt ein Bad in lauwarmem Kamillentee oder in lauwarmem Wasser mit Wendelinusöl Wunder. Zecken sollte man mit Speiseöl beträufeln. Dann verstopfen bei ihnen die Tracheen, also die Atemröhren. Die Zecke erstickt und kann nach etwa einer Stunde mit einer Pinzette vorsichtig entfernt werden. Oft sind schwache Igel auch von Würmern in Lunge und Darm befallen. Dann hilft nur der Weg zum Tierarzt.

4. Maßnahme: Die Vorbereitung zum Winterschlaf. Wenn der Igel das nötige Gewicht erreicht hat, muß er in seiner Kiste in einen höchstens 6 Grad warmen, halbdunklen, trockenen, lärmgeschützten Raum gebracht werden, also in einen Keller. In der Etagenwohnung kann kein Igel überwintern! Ist der Keller wärmer als 6 Grad, wird es für Mecki ebenfalls lebensgefährlich. Dann verfällt er nicht in den echten Winterschlaf, sondern nur in einen lethargischen Zwischenzustand, bei dem sehr viel Energie aufgezehrt wird und das Tier in den Tod hinüberdämmert.

Die Überwinterungskiste sollte viel Heu, Laub, Holzwolle oder zerknülltes Zeitungspapier enthalten, am besten auch einen Pappkarton als Unterschlupf. Für den Fall, daß Mecki einmal von selbst aufwacht, was im Verlauf des Winters gelegentlich geschieht, muß immer etwas Futter und frisches Wasser bereitstehen. Aber bitte: das Tier niemals aufwecken, um nachzusehen, ob es noch lebt. Das ist tödlich!

5. Maßnahme: Anfang März kommt der Igel mit seiner gesäuberten Kiste wieder in die warme Wohnung, wo er erwacht. Dann wird er mehrere Tage lang gut durchgefüttert und, so die Witterungslage günstig ist, in Freiheit gesetzt.

len Umständen: Im Herbst setzt der Igel nämlich zwei verschiedene Formen von Fettreserven an: ein heller gefärbtes Polster für die »Sparflamme« und daneben dunkelbraunes Fettgewebe. Letzteres wird während des Winterschlafs nicht angegriffen. Es ist gleichsam die »eiserne Reserve«, die der Organismus zum Zweck des enorme Energiemengen verschlingenden Aufwachens zurückhält.

Damit wird verständlich, weshalb sich ein Stachelritter ein bestimmtes Mindestgewicht angefuttert haben muß, bevor er in den Winterschlaf geht. Andernfalls gehört er zu den 35 Prozent, die sich bei lebendigem Leib gleichsam selbst begraben. Ein voll ausgewachsenes Tier wiegt um die 1100 Gramm. Es genügt aber, wenn es beim Einschlafen etwa 700 Gramm auf die Waage bringt. Alle Tiere, die im November weniger als 600 und im Oktober unter 400 Gramm wiegen, brauchen unsere Hilfe.

Die Darstellung des Winterschlafs zeigt, weshalb wir niemals einen Igel aus diesem Zustand aufwecken sollten, nur um nachzusehen, ob er noch lebt. Dieses Erwachen von den Halbtoten ist etwas ganz anderes als eine simple Schlafunterbrechung beim Menschen. Es kostet dem Tier eine so große Portion von seinem speziellen Wiederbelebungsfett, daß es höchst fraglich ist, ob der Vorrat danach zu einer weiteren Wiedererweckung ausreicht.

Doch selbst wenn Freund Mecki den Winter lebend überstanden hat und im Frühjahr erwacht ist, sind die Probleme noch nicht zu Ende. Wo soll er in Freiheit gesetzt werden? In der Nähe fremder Gärten? Da gibt es gleich wieder Streit mit dort ansässigen Artgenossen. Auf einer Viehweide, einem Kornfeld, auf dem eben erst die Saat aus dem Boden sprießt, oder in einem Nadelwald ohne Bodenbewuchs? Da könnte man das Tier gleich in eine Fastenstation einsperren! Und einen Paarungspartner findet es dort auch nicht. Am besten geeignet sind immer noch Felder oder Wiesen mit Buschreihen oder der eigene Garten, falls dort nicht schon ein anderer Igel gleichen Geschlechts lebt oder sich dort Hunde und Katzen jagen.

Falls der eigene Garten geeignet ist, bietet sich eine wunderbare Gelegenheit: Wir können den Igel zu unserem Freund machen, obwohl er in völliger Freiheit lebt. Das ist eigentlich etwas viel Schöneres, als sich ein Haustier zu halten.

Wie aber kann man sich einen Igel zum Freund machen?

Zuerst geht seine Liebe durch den Magen. Wenn man ihm zu seinen Aktivitätszeiten, am besten also abends zwischen achtzehn und 21 Uhr, regelmäßig gutes Futter (siehe die »Speisekarte«) immer an den gleichen Ort legt, stellt er sich bald ebenso regelmäßig ein und gewinnt Zutrauen, wenn man sich ihm ganz langsam nähert und auch nicht plötzlich in die Knie geht. Bei anderen Tieren ist das Freundschaftschließen so schnell niemals möglich. Aber Mecki hat nur eine kurze Fluchtdistanz, weil er sich jederzeit einigeln kann, falls es sich doch als nötig erweisen sollte. Er kann es sich leisten.

In dieser Phase der ersten, vorsichtigen Annäherung machen viele Menschen einen Fehler, der sogleich wieder alles verdirbt. Sie wollen den Igel mit Kußgeräuschen oder ähnlichen Lippen- und Zungenschnalzlauten anlocken oder zutraulich stimmen. Sie erreichen damit aber nur, daß Mecki erschrickt, zusammenzuckt, sich einigelt oder davontrollt und möglicherweise nie wiederkommt.

Wieso? Kuß- und Schmatzlaute gehören zur Igelsprache und bedeuten das Gegenteil von dem, wie Menschen es auffassen: »Hau ab, oder ich boxe dich mit meinen Stacheln!« Sie gehören zum Einleitungsritual eines jeden Igelkampfes. Hierauf reagiert das Tier so sensibel, daß sogar schon das Klicken eines Fotoapparates genügt, es zusammenzucken zu lassen.

Mit jahrelanger Treue aber wird es der Igel lohnen, wenn Sie ihm unter einem Busch eine geräumige Ruhehöhle in die Erde eingraben. Aber bitte mit zwei Ausgängen, je einem nach Westen und Osten. Entsprechend der Windrichtung verstopft sich Mecki dann stets einen der beiden von innen mit Heu oder Laub. Den Innenraum polstert er sich auch selber. Wenn schlechtes Wetter heranzieht, verschließt er sogar beide Ausgänge. Für den genauen Beobachter ist dies übrigens ein zuverlässiges Mittel der Wettervorhersage.

Es wird viel über die Kunst von Tieren berichtet, das Wetter vorausahnen zu können. Eines der auf diesem Gebiet perfektesten ist der Igel. Der Wiener Zoologe Dr. Walter Poduschka hat in sieben Jahren über siebzig Igel beobachtet. Es war immer dasselbe: Zwei Tage vor Einbruch schlechten, kalten Wetters wurden die Tiere auf unerklärliche Weise schläfrig und appetitlos. Sie verkrochen sich in ihre Ruhehöhle, verstopften die beiden Ausgänge und kamen erst wieder zum Vorschein, wenn sich das Wetter gebessert hatte.

Auch wenn die Igel das ganze Jahr über nur im warmen, trockenen Zimmer gehalten wurden (was nur ein Wissenschaftler tun sollte!) und gar nicht sehen konnten, wie draußen die Wetterlage war, verschanzten sie sich merkwürdigerweise ebenfalls zwei Tage vor jedem Regenwetter völlig sinnlos in ihrer Holzkiste. Dabei stand die »Ahnung« der Stacheltiere nur zu oft im Widerspruch zur amtlichen Wettervorhersage. Dann behielten nach Aussage des Forschers aber stets die Igel recht und die studierten Meteorologen nie!

Vorerst ist es der Wissenschaft noch ein Rätsel, mit welchen Sinnen Mecki und Genossen den bevorstehenden Wetterumschwung 48 Stunden im voraus erspüren.

Keine schlimmen Vorahnungen hat der Igel hingegen beim Anblick eines Swimmingpools im Garten. Er ist es von Natur gewohnt, daß jeder Teich und Tümpel eine flache Stelle zum Heraussteigen hat. So wird ihm das Schwimmbecken zur Todesfalle, es sei denn, es ist gut abgedeckt oder mit einem mindestens 30 Zentimeter hohen Zaun umgeben. Auch Zierteiche und Sandkisten sollten eine Rampe erhalten, auf der ein Igel leicht wieder herausklettern kann.

Gut gefüttert und in einem igelgerecht angelegten Garten wird das

Tier bald so zutraulich, als wäre es fast ein Hausgenosse. Mecki erkennt seinen menschlichen Freund persönlich und kommt ihm schon entgegengelaufen, wenn er ihn sieht. Er lernt sogar, ihn an der Stimme von anderen Menschen zu unterscheiden, und kommt herbei, wenn man nach ihm ruft oder pfeift.

Wenn man das volle Zutrauen des Igels gewonnen hat, kann man ihn auch ruhig mit den Fingern an den Genickstacheln ergreifen und in die Hand nehmen. Die Wärme der Menschenhand hat er gern. Dabei wird man erstaunt sein, daß ein zahmer Igel so gut wie überhaupt nicht piekt.

Friedlich angelegte Stacheln stechen nicht. Das wissen auch Igelbraut und Bräutigam bei der Paarung. Die große Zeit ihrer Liebe findet im April und dann noch einmal Ende Juli statt. Zunächst müssen beide Eigenbrötler erst einmal die gegenseitige Abneigung überwinden, die sie in der übrigen Jahreszeit gegeneinander hegen. Die Igelin flieht vor dem Freier. Der schleicht sich aber immer wieder von hinten an. Dann dreht sie sich schnell um und boxt ihn weg. Das kann stundenlang so weitergehen. Schließlich umkreisen sich beide in steigender Erregung. Das ist das sogenannte »Igelkarussell«. In jedem Fall muß er so lange warten, bis sie einwilligt, indem sie ihre Stacheln schmiegsam anlegt. Vergewaltigungen sind dank der Stacheln absolut unmöglich. Alles übrige läuft dann genauso wie bei anderen Tieren ab und nicht etwa, wie Aristoteles und Albertus Magnus behaupteten, Bauch gegen Bauch.

Wenn eines Abends zwei Igel zu Ihnen an den Futterplatz kommen, wissen Sie, daß Mecki seine Frau mitgebracht hat.

Die Flitterwochen dauern höchstens fünf bis sechs Wochen. Kurz vor der Geburt jagt das Weibchen das Männchen davon, weil es die fünf, sechs oder sieben (Extremwerte sind zwei und zehn) Babys allein aufziehen will.

Eine Geburt bei Frau Igel ist ebenfalls eine stachelige Angelegenheit. Bereits im Mutterleib sind diese Abwehrwaffen recht hart und spitz und schauen etwa 3 Millimeter weit aus einer Art Schaumgummipolster heraus. Während des Austreibens aber werden sie vollständig in diese gallertige Schutzschicht hineingedrückt, so daß sie die Austrittsöffnung der Mutter nicht verletzen können.

Die Jungen sind nur etwa 5 Zentimeter lang, 20 Gramm leicht, blind und völlig hilflos. Wenn sie hungrig sind, quietschen sie und bekommen dann gleich Milch zu trinken.

In der dritten Lebenswoche öffnen sich Augen und Ohren. Bald danach verlassen sie auch schon, im Gänsemarsch hinter der Mutter herlaufend, den Bau und erscheinen mit ihr am Futterplatz. Aber bitte nicht mit Milch füttern! Kuhmilch hat eine ganz andere Zusammensetzung wie die der Igelin und ist Gift für die Kleinen.

Das wonnige Bild der Mutterfamilie ist leider nicht von langer Dauer. Bereits eine Woche nach dem ersten gemeinsamen Spaziergang verläßt Frau Mecki alle ihre Kinder. Sie müssen nun allein für sich sorgen. Etwa einen Monat noch hält die Geschwistergruppe zusammen. Dann beginnen die Jungen, sich zu streiten, und jeder geht von nun an seine eigenen Wege. Was sie in der Fremde erwartet, ist Einsamkeit, die Feindschaft aller Artgenossen und die Liebe der Menschen.

Damit schließt sich der Kreis.

Leiden an der Menschenliebe: Die Silbermöwe

Das Donnern der Brandung auf der Vogelinsel Memmert, in der Nordsee zwischen Juist und Borkum gelegen, wurde vom Geschrei der Silbermöwen übertönt. Mehr als 10 000 Vögel brüten hier alljährlich im Mai. Auf den ersten Blick schien hier die Welt noch in Ordnung zu sein.

Doch dann schwenkte der Vogelwart sein Fernrohr auf einen Nistplatz und wurde Augenzeuge einer grausigen Tat. Eine Möwe trippelte, ganz harmlos tuend, in der Dünenkolonie umher. »Schauen Sie, ein Kindesräuber ist am Werk, ein Kükenkannibale!«

Die brütenden oder ihre Küken wärmenden Elternvögel schienen das auch zu wissen, denn überall hackten sie den Fremden fort. Der Kidnapper ließ sich aber einen üblen Trick einfallen. Er steuerte ein Nest mit drei eintägigen Küken an. Als ihn die Mutter attackieren wollte, tat er plötzlich so, als sei auch er noch ein ganz kleines Möwenbaby. Er hockte sich in der für Küken typischen Haltung nieder, zog den Kopf zwischen die Schultern und steckte – Höhepunkt dreister Verstellung! – den Schnabel, um Futter bettelnd, nach oben.

Keine Möwenmutter kann instinktiv einem Wesen, das in Nestnähe diese hilfeheischende Babyhaltung einnimmt, etwas zuleide tun. So durfte der Kidnapper in der Nähe des Nestes bleiben. Fast bewegungslos wartete er über eine Stunde lang, bis die Mutter unaufmerksam wurde und ihm den Schwanz zukehrte, unter dem bald ein Küken herausschaute. Im selben Augenblick stieß der Räuber blitzschnell zu, packte das Baby und flog mit ihm davon, um es an seine eigenen Jungen zu verfüttern.

Doch als der Kannibale bei seinem Nest in einer anderen Region der Brutkolonie landete, zeigte sich, daß sein erbeutetes Küken noch nicht tot war. Es hockte sich, demütig in sein Schicksal ergeben, neben die anderen Küken, an die es verfüttert werden sollte, und piepte zum Gotterbarmen.

Das war seine Rettung! Denn der eben noch zum Kannibalismus entschlossene Vogel konnte es mit einemmal nicht mehr übers Herz bringen, ein Küken in unmittelbarer Nähe seiner eigenen Jungen zu töten. Im Augenblick des Raubes wäre er glatt dazu imstande gewesen. Aber als diese Gelegenheit verpaßt war, wurde das geraubte Küken adoptiert und mit den eigenen Kindern zusammen großgezogen.

Leider haben nicht alle gestohlenen Möwenkinder so viel Glück. Seit etwa 1973 sind in den großen Möwenkolonien an Europas Küsten kannibalische Kindesentführungen ganz große »Mode« geworden. Wie Professor Friedrich Goethe, der Direktor der Vogelwarte Helgoland, registriert hat, erlitten 1979 in der stark übervölkerten Silbermöwenkolonie von Spiekeroog sieben von zehn Küken dieses traurige Schicksal. Auf der noch stärker übervölkerten Vogelinsel Memmert enden sogar neun von zehn Küken in den Mägen kannibalischer Möwen. Insgesamt sind das etwa 15 000 Küken.

Erschütternde Zahlen! Aber sie kennzeichnen das Ausmaß des in Fachkreisen viel diskutierten »Möwenproblems«.

Es ist heute kaum zu glauben, aber um 1900 stand die Silbermöwe auf der Liste der vom Aussterben bedrohten Vögel. Seit 1906 aber wurde sie geschützt. Der Mensch wollte jenen eleganten Küstenvögeln, in denen nach altem Marineaberglauben die Seelen ertrunkener Matrosen fortlebten, ein Paradies auf Erden schaffen. Aber es wurde die Hölle daraus.

In einer Bevölkerungsexplosion ohnegleichen vermehrten sich die »Emmas« und entarteten zu Müllvertilgern und Kinderkannibalen, die etliche andere Vogelarten an den Rand der Ausrottung treiben und deren Handeln gegenwärtig im hemmungslosen Massenkannibalismus auf die Spitze der Dekadenz getrieben wird.

Wie war es möglich, daß ein Zuviel an gutem Willen zu einem solchen Orkus der Entartung ausufern konnte? Um die ganze Geschichte zu erzählen, sei hier zunächst ein »Psychogramm« der Silbermöwe skizziert, aus dem erst die verheerenden Folgen verständlich werden:

Das Möwenkind »Emma« war erst sieben Tage alt, als ihre Mutter von einem Futtersuchflug nicht mehr heimkehrte. Ein Greifvogel hatte sie getötet. Auch für den Möwenvater war die Lage verzweifelt. Einerseits mußte er bei Emma und ihren beiden Geschwistern bleiben, um sie zu beschützen, andererseits mußte er Nahrung beschaffen, um seine Kinder füttern zu können. Als nach 36 Stunden der Hunger zu groß wurde, startete er.

Als hätten gefiederte »Hausbesetzer« nur auf diese Gelegenheit gewartet, so nahmen diese das 2 Quadratmeter große Nistrevier in den Dünen der Nordseeinsel Langeoog unverzüglich in Besitz und vertrieben die drei Küken.

Erbärmlich piepend stapften die drei durch den Sand zur Nachbarfamilie. Wäre das Unglück mit Mutters Tod drei Tage eher geschehen, hätten die Kleinen nichts zu Fürchten gehabt. Denn bis zum Alter von fünf Tagen wird jedes Silbermöwenküken von jedem fremden Elternpaar sofort adoptiert. Das liegt daran, daß die Großen eigene Jungtiere dieses Alters noch nicht von fremden unterscheiden können.

Dann aber bekommen die Küken ein Muster schwarzer Punkte auf dem gelben Köpfchen, das bei jedem Tier verschieden und somit ein persönliches Erkennungszeichen ist. Deshalb droht Waisenkindern vom sechsten Lebenstag an der Tod durch Schnabelhiebe, wenn sie auf Nachbars Nistgelände laufen – es sei denn, die kleinen Federflausche wenden Kniffe an, die den tödlichen Haß fremder erwachsener Möwen in aufopferungsvolle Liebe verwandeln. Der englische Zoologe Professor J. A. Graves hat 1981 diese Tricks der Küken erforscht.

Emmas älterer Bruder stand noch ganz unter dem Schock der Vertreibung. Er achtete überhaupt nicht auf die Drohrufe der Nachbarmöwe, zu der er hinlief. Kaum hatte er die Grenze zu deren Brutrevier überschritten, da wurde er auch schon heftig angegriffen. Schnabelhiebe prasselten auf seinen Kopf. Kurz darauf war er tot.

Emmas etwas ältere Schwester sah das Entsetzliche, floh in ihr altes Heimatgebiet zurück, wurde dort von den »Hausbesetzern« angegriffen und floh immer weiter, bis sich ihr Schicksal im Ungewissen verlor.

Nur Emma handelte richtig. Sie versteckte sich in einem Büschel Strandhafer und wartete so lange, bis die todbringende Nachbarmöwe zu ihrem Nest zurückgekehrt war, um ihre eigenen drei Kinder unter den Fittichen zu wärmen, und ihr schließlich den Schwanz zuwendete. Da schlich sie sich von hinten an die Nachbarin an. Als sie noch 40 Zentimeter von ihr entfernt war, blickte sich die Nachbarin plötzlich um und stieß sofort wieder ihre schrillen Drohrufe aus. Für Emma gab es jetzt nur eines: die Flucht nach vorn. Laut piepend rannte sie auf die im Nest sitzende fremde Muttermöwe zu.

Die Folge war verblüffend. Dieselbe Möwe, die gerade eben Emmas Bruder an der Grenze getötet und sie noch vor Sekunden bedroht hatte, äußerte unvermittelt zärtliche Lockrufe, lüftete ihr Gefieder und ließ Emma bei sich mit unterkriechen – die ganze nun folgende Nacht über.

Das Geheimnis dieses totalen Stimmungswandels liegt darin, daß keine Silbermöwe, die gerade selber Junge führt, ein anderes Küken im allerengsten Nestbereich angreifen kann, selbst dann nicht, wenn sie es ganz klar als Fremdling erkennt: eine Art Burgfrieden!

Am folgenden Morgen wurde es für Emma noch einmal kritisch. Sie und die anderen drei Küken machten gerade ihren Fünfzig-Zentimeter-Spaziergang ums Nest, als die in diesem Revier herrschende Vatermöwe landete. Sie wußte von all dem, was sich am letzten Abend ereignet hatte nichts, erkannte sofort Emma als Fremdling und stürzte sich auf sie, um sie zu töten.

Doch wiederum handelte Emma instinktiv richtig und duckte sich unmittelbar neben einem ihrer neuen Ziehgeschwister nieder. Keine Silbermöwe kann ein Küken vor den Augen des eigenen Kindes töten. So wurde Emma abermals verschont.

Aber woher sollte sie etwas zu fressen bekommen? Mit einem dritten Trick: Immer wenn ein Elternvogel am Nest landete und sich dessen drei Küken futterbettelnd um seinen Kopf scharten, drängte sich die zwei Tage ältere Emma dazwischen und schnappte genau in dem Augenblick, in dem einem Küken Futter gereicht wurde, den Happen weg. So wurde das Waisenkind Emma allmählich adoptiert und als vollwertiges eigenes Kind behandelt.

Diese Tatsache ist deswegen besonders bemerkenswert, weil es die Adoptiveltern selbst unter Einsatz all ihrer Kräfte nicht schafften, die auf vier vermehrte Kinderschar zu sättigen. Eines mußte also nach der Nesthäkchenregel sterben: das Jüngste und nicht etwa Emma. Möweneltern adoptieren also fremde Waisenkinder unter den geschilderten Umständen sogar auch dann, wenn als Folge davon ein eigenes Kind verhungern muß.

Merkwürdigkeiten über Merkwürdigkeiten. Aber gerade in ihrer Abstrusität dokumentieren sie beispielhaft, wie hier die hilflose Kreatur in ihrem Verhalten ein sklavischer Spielball instinktiv gesteuerter Abhängigkeiten von Umwelteinflüssen ist. Fern aller Regungen menschlicher Elternliebe, gleichsam jenseits von Gut und Böse, folgt das Tier vorgegebenen Handlungsschemen ohne Rücksicht auf einen Sinn oder Unsinn seiner Tat, allein unter dem Maßstab menschlicher Vernunft.

Damit entzieht sich das Tier jeglicher moralischen Wertung durch den Menschen etwa in dem Sinne: »Vögel, die so gemein sind wie die Möwen, daß sie ihre Kinder in Massen fressen, müssen ausgerottet werden.« Vielmehr hat die Natur jedes ihrer Geschöpfe und deren Handlungsweise in idealer Form an deren Umwelt angepaßt. Nur wenn diese Umwelt vom Menschen in unnatürlicher Weise verändert wird, geschehen zwangsläufig schlimme Dinge. Doch ist das nicht die Schuld der Tiere, sondern allein die des Menschen. In diesem Sinne sollte daher die folgende Geschichte der Wohlstandsverwahrlosung der Möwen durch unsere Zivilisation verstanden werden:

Sie begann, als die Nordseeinseln um 1880 von den Badegästen als Sommerfrische entdeckt wurden. Viele brachten eine Schrotflinte mit und ballerten nach den Möwen, als wären es Tontauben. Keine zwölf Jahre später waren die schneeweißen Vögel mit dem gelben Schnabel und den grauen Flügeldecken schon so gut wie ausgestorben. Da begann das Herz vieler Tierfreunde zu schlagen. Der Dichter Christian Morgenstern schrieb damals:

»Die Möwen sehen alle aus,
als ob sie Emma hießen.
Sie tragen einen weißen Flaus
und sind mit Schrot zu schießen.
Ich schieße keine Möwen tot,
ich laß sie lieber leben –
und füttre sie mit Roggenbrot
und rötlichen Zibeben.«

Eine Welle der Möwensympathie überflutete die Küstenländer. Langeoogs Deichgraf, dessen Insel gerade von einer Sturmflut zweigeteilt worden war, wetterte zu Recht: »Die einzigen, die unsere Dünen gegen die See erfolgreich befestigen können, sind die Silbermöwen. Denn der Strandhafer wächst nur dort, wo diese Vögel düngen.« Umfassende Schutzbestimmungen wurden erlassen, und schon

Der Lebenslauf der Silbermöwe

Eltern: lebenslange Einehe. Vereinzelte Umpaarungen, vor allem nach erfolglosem Brutversuch. Männchen verpaaren sich nur mit Weibchen, die kleiner sind als sie. Größe vom Kopf bis zum Schwanz: 56 Zentimeter. Gewicht: bis 1 Kilogramm.

Nest: Kolonie- und Bodenbrüter. Nistrevier: 1 bis 3 Quadratmeter. Gemeinsamer Nestbau der Eltern: in ein bis drei Tagen, Ende April bis Anfang Mai.

Gelege: drei Eier, je 7 mal 5 Zentimeter groß, 90 bis 100 Gramm schwer. Legebeginn: elf Tage nach der Paarung. Im Abstand von je zwei Tagen folgen noch zwei bis drei Eier.

Brutzeit: 27 Tage. Eltern lösen sich alle paar Stunden am Nest ab und haben je drei Brutflecke.

Schlüpfen: Dauer bei jedem Küken: siebzig bis hundert Stunden, vom ersten Pickriß an gerechnet. Schlüpfabstand: einen halben Tag zwischen erstem und zweitem Ei, gut einen Tag zwischen zweitem und dritten Ei.

Entwicklung der Küken: sechs Stunden nach dem Schlüpfen erstes Betteln: Picken nach dem roten Unterschnabelfleck der Eltern, wodurch deren Fütterverhalten ausgelöst wird. Verlassen des Nestes nach ein bis zwei Tagen: »uneigentliche Nestflüchter« oder »Platzhocker«, da die Jungen innerhalb des Nistreviers bleiben.

Flüggewerden: nach acht bis neun Wochen. Vorher Flugübungen, vor allem Start und Landung. Die Jungen bleiben dann nur noch kurze Zeit bei den Eltern und schließen sich zu Jugendschwärmen zusammen. Sie ziehen bis zu 1 400 Kilometer weit, meist zu Fischereihäfen.

Nahrung: Allesfresser, vor allem Muscheln, Strandkrabben, Würmer; Fische nur, wenn sie im Watt leicht zu erbeuten sind oder als Abfall hinter Fischdampfern usw.

Geschlechtsreife: mit vier Jahren. Dann kommen sie wieder zum Ort ihres Schlüpfens, um zu brüten.

Alter: im Durchschnitt 13,5 Jahre, maximal 36 Jahre.

bald darauf war die erste Bevölkerungsexplosion unter den Möwen die Folge.

1894/95 überzog ein klirrend kalter Winter die Nordsee mit einem Eispanzer. Kein Aas am Strandsaum, keine Muschel, keine Krabbe, kein Wurm im Watt waren mehr zu erbeuten. Früher bedeutete das den Hungertod Zehntausender von Möwen. Extrem harte Winter waren der große Regulator der Möwenbevölkerung, auf den wiederum die Fruchtbarkeitsrate dieser Vögel abgestimmt war. Aber mit einemmal hatten die Möwen den Menschen als Futterspender im Sommer an der Küste kennengelernt. Findig, wie sie sind, folgten sie ihm in jenem Winter erstmalig in die großen Städte London, Amsterdam, Hamburg und Bremen und wurden dort prompt gefüttert.

Dabei entdeckten sie auch den Fischmarkt, die Müllgruben, die warmen Kühlwasserkanäle der Kraftwerke und auch die Kläranlagen der städtischen Kloaken. Der Frost verlor für sie seine Schrecken. Die Städte wurden für die Möwen zu Oasen des Überlebens im Winter. Nun nahm ihre Bevölkerungsexplosion gigantische Formen an.

Bis hierher wurde die Katastrophe aber nur im verborgenen angebahnt. Sichtbar in Erscheinung trat sie erst Jahrzehnte später durch einen »Fortschritt« der Zivilisation. Was nun geschah, haben Vogelforscher 1963 in Helsinki in allen Einzelheiten verfolgt.

Damals beschloß der Stadtrat, alle Mülldeponien der finnischen Metropole mit Erde zu überdecken und sämtliche Abfälle nur noch zu verbrennen. Mit einem Schlag waren alle Möwen, von den Finnen als »Müllgeier« tituliert, ohne Nahrung. Was das bedeutet, kann nur der ermessen, der im Winter einmal eine Mülldeponie besucht hat. Da sieht man ein Schneegestöber vor lauter Möwen nicht. Schätzungsweise 20 000 Weißkittel taten sich hier am Unrat gütlich. Für sie war das Schließen der Deponie schlimmer als ein extrem harter Frostwinter früherer Zeiten. Aber Not macht auch Tiere erfinderisch.

Die Hungerleider fielen über alles her, was nur irgend freßbar schien: Mäuse, Ratten, Singvögel und Kaninchen. Sie wurden sogar zu Vegetariern und verschlangen aus geöffneten Mieten und Silos Getreidekörner und Kartoffeln in solchen Mengen, daß sie kaum noch starten konnten. Im Frühjahr darauf stürzten sie sich in solchen Massen hinter dem Pflug auf Regenwürmer, daß die Bauern ernste Schäden für die Fruchtbarkeit ihres Bodens befürchteten.

Vor allem aber begannen die vom Hunger gequälten Möwen zu

rauben und zu töten. Und wie um Helsinki, so geschah es auch überall in Europa und Nordamerika, wo den Möwen die Müllplätze entzogen wurden. Alle jene »Erfindungen« sprachen sich in Möwenkreisen schnell herum und werden gegenwärtig von diesen Vögeln global praktiziert.

Wenn sich zum Beispiel Reiherenten anschicken, nach Nahrung zu tauchen, sind sofort mehrere Möwen genau dort, wo der Unterwasserjäger wieder auftauchen wird, und reißen ihm die Beute aus dem Schnabel. Angriffe auf Bleßhühner, um diesen das Futter abzujagen, sind so heftig, daß die Federn stieben. Dieser Mundraub kann sich stunden- und tagelang fortsetzen, bis die ewig Bestohlenen an Erschöpfung sterben.

Vor allem aber fallen die Möwen jetzt während des Frühjahres in Gemeinschaftstaktik über andere Brutvögel her, plündern deren Nester, verschlingen die Eier und fressen die Jungen. In der weiteren Umgebung einer Möwenkolonie ist keine andere Vogelart mehr ihres Lebens sicher. Vor allem werden von ihnen die seltenen Seeschwalben an den Rand der Ausrottung getrieben.

So wurde die Silbermöwe innerhalb von nur achtzig Jahren vom harmlosen, liebenswerten Strandvogel zu einer tödlichen Gefahr für viele andere Vögel und schließlich auch zum Kannibalen an arteigenen Jungvögeln. Denn erst als die Möwen, der Not gehorchend, gelernt hatten, artfremde Vogeleier und Küken zu verspeisen, konnten sie den nächsten Schritt vollziehen: den zum Fressen der eigenen Küken.

Noch stehen die Vogelwarte und Ornithologen ziemlich ratlos vor dem Problem der Möwenübervölkerung, da setzte um 1977 bereits die zweite Phase der Verstädterung dieser Vögel ein. Einzelne Möwen »erinnerten« sich wohl, daß ihre Vorfahren einstmals auf den Felsen der Nordmeerinseln gebrütet haben. Jedenfalls bekamen sie es spitz, wie sie auch zum Zweck der Brut in der Großstadt bleiben konnten, anstatt hierfür eine Insel an der Küste aufzusuchen. Sie entdeckten zuerst in englischen Küstenstädten sowie in Wilhelmshaven und Bremerhaven, wie sie auf Dächern und Mauersimsen Eier legen und ausbrüten können. Und wo erst einmal fünf Paare beisammen nisten, da kristallisiert sich schnell eine immer größer werdende Kolonie an.

Schon beschweren sich die Schornsteinfeger der genannten Städte, daß sie in der Brutzeit von nestverteidigenden Möwengeschwadern

Die Möwenabwehr der Seeschwalben

Auf der Vogelinsel Mellum in der Jademündung muß sich alljährlich in der Brutzeit eine winzige Kolonie von etwa hundert Paaren der grazilen Flußseeschwalbe gegen eine erdrückende Übermacht von 18 000 kükenraubenden Silbermöwen behaupten. Wie ihnen das gelingt, erforschte 1982 Dr. Peter Becker von der Vogelwarte Helgoland.

Vor allem bei Flut, wenn Silbermöwen im Watt keine Nahrung finden, aber auch sonst auf dem Hin- und Rückflug zur und von der Futtersuche, überfliegen Scharen von Kükenräubern die kleine Seeschwalbenkolonie in 5 Meter Höhe. Eine sekundenkurze Achtlosigkeit der Eltern, und schon ist ein Küken im Möwenschnabel verschwunden.

Nicht weniger als 69 Prozent aller Küken widerfährt dieses Schicksal im Verlauf einer Saison. Gegen Ende der Brutzeit wird es besonders schlimm. Bis dahin haben sich einige Möwen zu perfekten Kidnappern spezialisiert und räumen den gesamten Rest der etwas verspätet geschlüpften Küken aus. Ohne die Abwehr durch vereinigte Elterngemeinschaften würde kein einziges Seeschwalbenjunges überleben und die Kolonie bald ganz aussterben.

Daß von den beiden Elternvögeln stets einer am Nest bleibt, versteht sich von selbst. Aber ein Schwälbchen allein kann gegen die viel größere und stärkere Silbermöwe nicht viel ausrichten. So schließen sich die Kleinen zu regelrechten »Abfangjägerstaffeln« zusammen. Zu zweien, dreien oder vieren stoßen sie im Schnellflug auf den Feind und zwingen ihn zum Abdrehen.

Solch eine Verteidigung im Teamwork ist fast immer erfolgreich. So stellt sich die Frage, warum sie nicht immer angewendet wird? Antwort: Weil es einfach die Kräfte dieser eleganten Vögel übersteigt, den ganzen Tag lang Jagdschutz zu fliegen und außerdem noch seine Nestlinge zu wärmen sowie auszufliegen, um Fische zu fangen. Die Abwehr kostet viel Nahrung. Zu viel Verteidigung bedeutet daher auch wieder den Tod von Küken, und zwar durch Hunger.

Insbesondere wenn Regen und Sturm die Nahrungssuche sehr erschweren, müssen die Eltern längere Zeit als sonst unterwegs sein. So entstehen in der Abwehr Lücken, und die Möwen rauben noch mehr Küken als an schönen Tagen. Wenn andererseits bei gutem Wetter gegen Abend überall der Hunger gestillt ist, stehen alle Elternvögel der Brutgemeinschaft zur Abwehr zur Verfügung, und den Kidnappern gelingt dann kaum noch ein Fang.

Das Fazit: Die Schutzmaßnahmen der Seeschwalben weisen notgedrungen Mängel auf, die den Tod vieler ihrer Kinder bedeuten. Aber ohne diese Rettungsaktionen würde kein einziges ihrer Küken überleben.

im Tiefflug angegriffen und mit Kot bombardiert werden. Damit ist nicht zu spaßen. Silbermöwen haben stark salzsäurehaltige Magensäfte, mit denen sie samt Kalkschale verschluckte Herzmuscheln binnen weniger Stunden auflösen und verdauen können. Ihre »Kleckse« ätzen, wenn sie nicht gleich entfernt werden, Löcher in die Kleidung. Ein Treffer, der ins Auge geht, kann zur Blindheit führen wie einst bei Hiob.

Wenn diese eben erst begonnene Entwicklung so weitergeht, wenn immer mehr Silbermöwen von ihren Artgenossen lernen, wie man das Dünengelände bisheriger Brutkolonien mit der städtischen »Dachlandschaft« vertauscht, dann werden sich künftig lawinenartig ganze Möwengeschwader über dem Häusermeer ansiedeln, und zwar zunehmend in Städten, die immer weiter landeinwärts liegen.

In nicht allzu ferner Zukunft werden unsere Kinder die Silbermöwen für »Landratten« und schäbige Müllfresser halten und vergessen haben, daß sie einst von Poeten besungene, elegante Seevögel waren.

Das ist das sogenannte »Möwenproblem« in seiner vollen Tragweite. Es ist ein schlechter Witz in der Geschichte des Artenschutzes, daß dieser Vogel, der einst so »übererfolgreich« vor dem Aussterben gerettet wurde, seit Ende der siebziger Jahre von eben seinen Helfern kurzgehalten werden soll. Doch auch das ist leichter gesagt als getan.

Zuerst versuchten holländische Behörden, die Möwen zu vergiften. Das scheiterte zu Recht am massiven Protest der Tierschutzvereine. Außerdem starben auch zahlreiche andere Tiere, die eigentlich geschützt werden sollten. Dann begannen Vogelwarte, einen Großteil der Eier einzusammeln, immer zwei Stück aus einem mit drei Eiern belegten Nest. Auch das brachte nicht den gewünschten Erfolg. Schnell legten die Möwen ein oder zwei Eier nach. Fühlten sie sich aber zu sehr gestört, weil das Eiersammeln immer wiederholt wurde, flogen sie fort, gründeten andernorts neue Kolonien und waren so nur noch um so schwerer unter Kontrolle zu halten als zuvor.

Im dritten Anlauf versuchten die Helfer des Deutschen Bundes für Vogelschutz und des Vereins Jordsand zum Schutz der Seevögel das Leben in den Eiern abzutöten, indem sie diese schüttelten oder mit einer Nadel anstachen. Doch hier war das Resultat ein geradezu erschütterndes: Von außen kann der Vogelwart keinem Ei ansehen, wie lange es schon bebrütet wurde, wie groß also der Embryo darin ist. So geschah es vielfach, daß der Ei-Insasse nicht getötet, sondern »nur« am Flügel oder Bein verletzt wurde und als Krüppel zur Welt kam. Hunderte von »Contergan-Vogelkindern« hinkten bald darauf übel verunstaltet in der Kolonie umher.

Merzten nun die Möweneltern »unwertes« Leben aus? Nichts weniger als das! Im Gegenteil. Je verkrüppelter ihre Kinder waren, desto liebevoller opferten sie sich für sie auf. Als all die gesunden Jungmöwen in der Kolonie schon längst flügge waren und ihre Eltern verlassen hatten, wurden die flugunfähigen Krüppel, die nun schon so groß wie ihre Eltern waren, immer noch gefüttert und gewärmt!

Nach diesen schlimmen Erfahrungen stellten die Vogelschützer das Anstechen wie auch das Totschütteln der Eier sofort wieder ein.

So bleibt vorerst nur eine Möglichkeit: Im Bereich aller Nordseeküsten müssen an die 80 000 Kunsteier hergestellt werden, um sie gegen fruchtbare Eier in den Nestern umzutauschen. Dann brüten die Silbermöwen weiter auf den tauben Dingern und bringen keine Jungen mehr zur Welt. Eine kostspielige Titanenarbeit. Ob sie endlich die Lösung des Möwenproblems bringen wird?

Noch schlauer als der Jäger: Der Fuchs

Um den Rotfuchs als Überträger der Tollwut auszurotten und mit ihm diese Seuche, erlegen bundesdeutsche Jäger alljährlich von den vorhandenen 250 000 Alttieren etwa 100 000 Stück. Aber die Überlebenden bringen im Frühjahr so viele Junge zur Welt, daß ihre Zahl im Frühsommer auf 750 000 Exemplare anschwillt.

Von diesen werden dann abermals 100 000 zur Strecke gebracht. Aber 400 000 sterben einen anderen Tod, vor allem durch Hunger und Krankheit, nicht zuletzt sehr qualvoll eben durch die Tollwut.

Die intensive Bekämpfung durch über 200 000 bundesdeutsche Jäger mit Gewehr, Gift und Gas, mit Hunden, Fallen, Aufgraben der Erdbaue und Erschlagen der Gefangenen mit Knüppeln erweist sich als völlig wirkungslos. 1984, drei Jahrzehnte nach dem Beginn des Vernichtungsfeldzuges, gibt es noch genau soviel Füchse wie zuvor. Und die Tollwut ist nur noch schlimmer geworden.

Noch nie ist ein Tier von so vielen Menschen so lange Zeit und mit so vielen Methoden so furios mit dem Ziel der Ausrottung gejagt worden wie der Rotfuchs. Fast jede andere Tierart wäre unter dieser Verfolgung schon längst vom Antlitz der Erde verschwunden. Aber auch noch nie hat ein Tier solch konzentrischen Nachstellungen so bravourös standgehalten wie Meister Reineke.

Nach Ansicht des Saarbrückener Fuchsexperten Professor Erik Zimen fördert die Bejagung sogar die Ausbreitung der Tollwut. Die alles entscheidende Überlebensstrategie des im Daseinskampf so überaus erfolgreichen Rotfuchses liegt in seinem einzigartigen Gesellschaftssystem. Folgende Szene wirft hierauf ein Schlaglicht:

Es ist ein warmer Spätsommertag. Schon seit Wochen haben die fünf Jungfüchse ihre Eltern verlassen und schnüren, jeder für sich, auf der Suche nach neuem Lebensraum weit umher. Aber überall treffen sie auf fest ansässige Artgenossen, die ihr Familienrevier von 5 bis 12 Quadratkilometer Größe mit penetrant riechenden Duftmarken gegen Fremde abgrenzen und jeden Eindringling erbittert bekämpfen.

Da kehrt plötzlich eine »verlorene Tochter«, die keinen Lebensraum hat finden können, zu ihren Eltern zurück. Fünf Tage später erscheint auch eine ihrer Schwestern und bald darauf noch eine. Alle drei werden liebevoll aufgenommen, und zwar aus folgendem Grund: Im kommenden März oder April, wenn die Eltern einem neuen Jahrgang das Leben schenken, können sie ihre älteren Töchter als Helferinnen, so der Fachausdruck, gut gebrauchen: zum Beschaffen von Nahrung für die Welpen, als »Babysitter«, Wachtposten und Beschützer.

Mit der Heimkehr der Töchter tritt jedoch ein Problem auf: Wie sollen alle satt werden? Ein Fuchsrevier ist ja gerade so groß, daß es Vater und Mutter sowie im Frühjahr und Sommer einen Welpenjahrgang ernährt, mehr nicht. Doch nicht von ungefähr ist der Rotrock ein Sinnbild für Schlauheit. Auch hier weiß er sich zu helfen: Die Töchter ziehen sich auf eine Spezialdiät zurück. Sie fressen fast ausschließlich Regenwürmer!

Auch wenn es nicht regnet, kommen nachts viele dieser »Erdreichauflockerer« aus dem Boden hervor, richten sich aus ihrem Erdkrumenhäufchen empor wie eine drohende Kobra und wiegen sich im Elfenreigen ihres Liebesspiels hin und her. Über solch eine Wiese schnürt die junge Fuchsfähe dahin, den Kopf tief gesenkt. Sobald ihre Schnurrhaare einen Wurm berühren, schnappt das Maul zu. So leben die Helferinnen gar nicht einmal schlecht.

In der Ferne frustrierte »verlorene Söhne« zieht es jedoch nicht wieder zu ihren Eltern zurück. Immer verzweifelter treiben sie sich umher, weil sie überall abgewiesen werden. Nach und nach schrecken die Landsucher nicht mehr vor den duftenden Grenzmarkierungen fremder Revierbesitzer zurück und dringen in deren Territorium ein. Es kommt zu schweren Kämpfen, die jedoch auf eine überraschend ritterliche Art und Weise ausgefochten werden, ohne den Gegner zu verletzen.

Nach Art japanischer Sumo-Ringer stellen sich beide Rivalen frontal voreinander auf und senken ihre Fänge mit dem scharfen Gebiß so tief nach unten an die eigene Brust, daß ein Zubeißen unmöglich ist. Dann stemmt jeder beide Vorderbeine gegen die Schultern des Gegners und beginnt, mit aller Gewalt zu schieben. Dabei drücken sie sich gegenseitig hoch zum zweibeinigen Stand. Und nun kommt alles darauf an, wer wen hintenüber auf den Rücken wirft. Der gilt nämlich als Sieger.

Meist ist das der ältere und gewichtigere Revierinhaber. Der junge Verlierer aber bekommt die Chance, andernorts sein Glück zu versuchen, ohne durch eine Wunde im Lebenskampf behindert zu sein. Wenn irgendwo ein Vaterrüde gestorben ist, kann die »vakant« gewordene Stelle sofort neu besetzt werden. Andererseits ist es auf diese Weise den Füchsen möglich, jeden nur halbwegs für sie geeigneten Lebensraum aufzufinden und zu besetzen, wie sie das derzeit zum Beispiel in den Vororten der Städte tun.

Das Verschonen des Verlierers im Zweikampf ist deshalb auch einer der Gründe, weshalb die Füchse im Daseinskampf so erfolgreich waren und sind.

Landsucher, die aber gar nichts finden, werden von Tag zu Tag unvorsichtiger, geraten unter Streß, wagen sich in deckungsloses Gelände vor und streifen auch bei Tage umher.

Mit dieser Kenntnis ausgestattet, kann der Leser bereits vorhersagen, zu welcher Jahreszeit unsere Jäger was für Füchse schießen: Im Herbst sind es hauptsächlich Jungrüden, also verzweifelte Lebensraumsucher oder, anders ausgedrückt: Überzählige, die ohnehin bald von selber zugrunde gegangen wären wie die schon erwähnten 400 000 Tiere pro Jahr. Im Frühsommer erwischt es hingegen überwiegend Jungfähen, also Helferinnen, die aus Extremsituationen Futter für ihre jüngeren Geschwister heranzuschaffen versuchen, sowie spielende oder unerfahrene Welpen und somit abermals nur überzählige Tiere, die der Biologe als »Bestandsreserve« bezeichnet.

Das Faszinierendste kommt aber jetzt erst: In Jahren der eben geschilderten Übervölkerung bringt in jeder Fuchsfamilie nur das älteste Weibchen Junge zur Welt. Die Helferinnen, obgleich geschlechtsreif, enthalten sich sexuell. »Geburtenbeschränkung statt Massenelend«, so kommentiert Professor Zimen diesen Vorgang.

Aber wenn in einem Gebiet durch großflächige Bejagung zahlreiche Füchse erledigt wurden, dann bekommen in den überlebenden Familien plötzlich auch alle Helferinnen volle Würfe bis zu fünf Stück. Statt der fünf Welpen der Familienmutter zieht die Großfamilie nunmehr bis zu zwanzig Jungtiere auf. Sie sind es, die die Verluste durch Jäger innerhalb eines Jahres wieder voll ausgleichen.

Kein Wunder, daß bei dieser Sachlage trotz stattlicher Abschußzahlen das Fuchs-Tollwut-Problem seit Jahrzehnten einer Lösung um keinen Schritt nähergebracht wurde!

Genaugenommen wird durch scharfe Bejagung sogar alles nur noch schlimmer. Denn in bevölkerungsarm gewordene Gebiete drängen nun zum Teil von weit her neue Füchse nach. Gerade diese können Tollwutträger sein und verbreiten die Seuche damit in Regionen, die bisher frei von ihr waren.

So hatte das Unheil auch seinen Anfang genommen. 1947 entstand die Fuchstollwut in Polen aus bisher ungeklärten Gründen. Vermutlich ist dort aus dem seit dem klassischen Altertum bekannten Hundetollwutvirus durch Mutation eine Variation dieses Erregers hervorgegangen, die sich besonders gut im Nervengewebe und der Speicheldrüse des Rotfuchses vermehren konnte.

Seither verbreitete sich die Seuche in jedem Jahr über 20 bis 30 Kilometer weiter nach Westen. 1950 hatte sie bereits die Elbe in der DDR auf ganzer Breite erreicht und war im Raum Mölln / Ratzeburg auf das Gebiet der Bundesrepublik vorgedrungen. 1953 verlief die Front schon von Kiel über Bremen, Hannover, Kassel und Schweinfurt nach Coburg. Gleichzeitig war die ČSSR durchquert und der Bayerische Wald sowie Oberösterreich »erobert« worden. 1957 verlief die Linie von Bremen über Leer zur holländischen Grenze und dann über das Ruhrgebiet und Würzburg bis Regensburg.

Dann verlangsamte sich das Ausbreitungstempo. Es dauerte zwölf Jahre bis 1969, ehe Südwestbelgien, Luxemburg und dann Rheinland-Pfalz, Baden-Württemberg und fast ganz Bayern erreicht waren. Von dort überschritt die Tollwut auch die Grenze nach Tirol. Als der Rhein überschritten war, ging es 1970 wieder im Eiltempo weiter nach Frankreich und in die Schweiz hinein. 1977 überquerten tollwütige Füchse sogar den Brennerpaß und drangen über Südtirol nach Oberitalien ein.

Die Folgen dieser Seuche dürfen nicht verniedlicht werden. 1981 starben in der Bundesrepublik 52 000 Tiere nach einem Fuchsbiß an dieser Krankheit, darunter Rehe, Hirsche, Kühe, Pferde, Schafe, Ziegen und Schweine. 7 000 Menschen ließen sich nach »unbegreiflichen« Beißangriffen, vor allem von Hunden und Katzen, vorsorglich impfen. Zwei taten dies nicht und starben qualvoll.

In den USA, wo die Tollwut vom Stinktier, Waschbären und Nordamerikanischen Rotfuchs übertragen wird, mußten sich sogar 30 000 Menschen impfen lassen. Am schlimmsten wütet die Seuche im nördlichen Südamerika, wo die blutsaugende Vampirfledermaus die Erregerviren mit ihren Draculazähnen überträgt. Dort fielen bereits Hunderttausende von Rindern der Epidemie zum Opfer.

Das Krankheitsbild beim Menschen beschreibt der amerikanische Tollwutforscher Professor Martin M. Kaplan so: »Der Patient kann weder stehen noch liegen; wie ein Irrer wirft er sich hin und her, zerreißt sich seine Haut und sein Fleisch und klagt über unerträglichen Durst. Dies ist das quälendste Symptom, weil er vor Wasser und allen Flüssigkeiten so sehr zurückschreckt, daß er lieber stirbt, als etwas zu trinken. In dieser Phase tritt ihm Schaum vor den Mund, und es reizt ihn, andere Personen zu beißen. Das Atmen wird zur Qual, die Augen verdrehen sich. Lähmungen treten auf und werden immer schlimmer. So geht der Patient im Zustand völliger Erschöpfung unter unerträglichen Schmerzen zugrunde.«

Das Heimtückische dabei ist, daß die ersten Anzeichen der Erkrankung, Unwohlsein und Fieber, nicht bald nach dem Biß in Erscheinung treten, sondern erst mehrere Wochen später, manchmal sogar erst nach Monaten oder gar einem Jahr. Beginnen sich nach dieser Inkubationszeit die ersten Symptome bemerkbar zu machen, kann kein Arzt mehr helfen. Dann ist der Tod unausweichlich. Wer aber gleich nach einem tollwutverdächtigen Biß zum Arzt geht, kann gerettet werden. Früher erhielt der Patient eine Serie von siebzehn schmerzhaften Injektionen. 1978 ist aber ein neues Medikament, das »Tollwut-HDC-Vaccine« der Marburger Behringwerke, entwickelt worden, das nur noch sechsmal verabreicht werden muß.

An welchen Zeichen macht sich die Tollwut bei Hunden, Füchsen und Katzen bemerkbar? Professor Kaplan beschreibt es so:

Die Inkubationszeit dauert drei bis sechs Wochen, in Extremfällen nur zehn Tage oder aber ein Jahr und noch länger. Die ersten Anzeichen bei beginnender Erkrankung sind ein gereizt-verwirrtes Wesen, schnell sich ändernde Stimmungen, Ruhelosigkeit, Schnappen nach nicht vorhandenen Fliegen. Dann wird das Tier von Angstzuständen geschüttelt, verbirgt sich im Dunkeln und hat kaum noch Appetit. Dieses sogenannte »melancholische Stadium« dauert ein bis drei Tage.

Sodann setzt das Beißstadium ein. Die Unruhe des Tieres steigert sich zur Raserei. Die vormals treuesten Hunde versuchen, ihrem Herrn davonzulaufen und aus dem Haus zu fliehen. Will man sie halten oder »erziehen«, beißen sie. Diese Phase dauert drei bis vier Tage.

Es folgt der letzte Akt, das Lähmungsstadium. Das Maul bleibt offenstehen, der Speichel fließt. Der Kopf steht schräg. Das Mienenspiel wirkt erst merkwürdig lauernd und verstört, dann fratzenhaft verzerrt. Nach einer Krankheitsdauer von insgesamt fünf bis acht Tagen tritt unter großen Schmerzen der Tod ein.

Neben dieser sogenannten »furiosen Wut« gibt es auch noch die »stille Wut«. Hierbei geht das erste Stadium, das melancholische, gleich in das dritte, das Lähmungsstadium, über.

Eine weitverbreitete Vorstellung muß hier korrigiert werden: Das tollwütige Tier rast keineswegs von weit her auf einen Menschen, den es sieht, zu, um ihn zu beißen. Es will vielmehr in Ruhe gelassen werden. Aber im Beißstadium verliert es jegliche Furcht vor Feinden, reißt vor niemand mehr aus, läßt auch den Menschen dicht an sich herankommen, und wenn dieser dann nach dem »zahmen« Tier sehen will oder es streichelt, beißt es zu und überträgt mit seinem Speichel auch die Tollwutviren.

Bei vielen Tierarten jedoch, etwa bei Dachsen, Mardern, Rehen und Rindern, tritt die Krankheit nur als »stille Wut« in Erscheinung. In der Endphase verziehen sie sich in ihren Bau oder in ein Versteck und verrecken dort elendig, ohne ein anderes Wesen durch einen Biß infiziert zu haben.

Hingegen sind Rotfüchse zu den Hauptüberträgern der Seuche geworden, weil das Erscheinungsbild der Krankheit bei ihnen fast immer auch das Beißstadium umfaßt. Zusammen mit dem ruhelosen Umherwandern (wobei sie mit fremden Revierbesitzern in Streit geraten und diese, nun ganz und gar ohne »sportliches« Turnier-Reglement, beißen!) und einer leichten Infizierbarkeit ist das der Grund dafür, daß der Fuchs der Hauptverbreiter dieser Krankheit geworden ist.

Vereinzelt haben sich aber auch schon Fuchsformen herausgebildet, die gegen die Tollwut immun sind. Aber diese Tiere werden von den Jägern ebenso erlegt wie alle anderen Rotröcke auch. So konnte sich bisher noch kein kopfstarker, widerstandsfähiger Stamm entwikkeln und ausbreiten. Ohne die rigorose Bejagung hätte sich das Tollwutproblem vermutlich inzwischen von selber erledigt: Die gegen

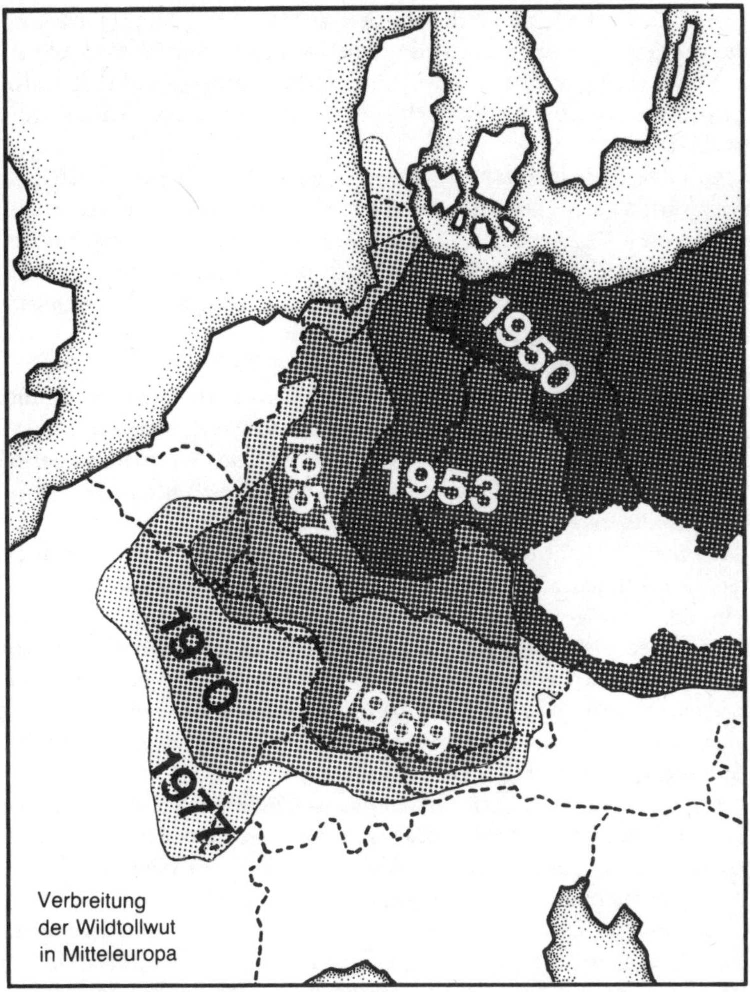

diese Krankheit anfälligen Füchse hätten sich selbst ausgerottet, und die widerstandsfähigen hätten überall ihren Platz eingenommen.

Was geschieht eigentlich, wenn die Jägerschaft nichts gegen diese Epidemie unternimmt? Bei Grafenau im Bayerischen Wald wurde dies einmal ausprobiert. 1950 grassierte die Seuche dort zum erstenmal. Innerhalb von drei Jahren hatten sich alle Füchse selbst ausgerottet. Doch dann wanderten Füchse aus der Umgebung wieder in die entvölkerte Region ein und vermehrten sich schnell, bis die Seuche 1970 wieder ausbrach. Die letzte Selbstausrottung fand 1980 statt. Leider hat sich dort bisher noch kein widerstandsfähiger Stamm entwickelt.

Um der Tollwut Herr zu werden, müßte die Dichte der Fuchsbevölkerung so stark gelichtet werden, daß selbst ruhelos umherhastende Tiere im Beißstadium der Krankheit nicht mehr auf Artgenossen treffen, die sie anstecken können. Nach Berechnungen von Professor Kaplan ist das der Fall, sobald nicht mehr als ein Rotfuchs auf einer Fläche von 4 bis 5 Quadratkilometern lebt.

In vielen Ländern der Welt bemühen sich die Jäger, dieses Ziel zu erreichen, bisher fast überall jedoch ohne Erfolg. Gelungen ist es nur in Dänemark, im Westen Schleswig-Holsteins, an der friesischen Nordseeküste und in Teilen von Holland und Westbelgien, also überall dort, wo weite, flache Marsch- und Geestlandschaften ohne Wälder und zerklüftete Geländestrukturen zu finden sind. Hier, wo das Land übersichtlich ist und sich keine Versteckmöglichkeiten bieten, läßt sich jeder Fuchsbau leicht entdecken und die Bevölkerungszahl der Tiere genau kontrollieren. Aber in Wäldern gibt es für den Rotrock so viele Verstecke, daß sie der Jäger gar nicht alle finden kann. In einem Jagdrevier in bewaldeter Gegend leben etwa achtmal so viele Füchse, wie der Waidmann gezählt hat. Deshalb gelingt es hier auch nicht, das angestrebte Minimum zu erreichen. Somit ist dort jegliche Fuchsjagd eigentlich Nonsens.

Ein viel besserer Weg ist es, den Füchsen in ihrem Kampf gegen die Tollwut, unter der sie selbst ja am meisten zu leiden haben, tatkräftig zu helfen, ihre gesundheitliche Widerstandskraft zu stärken, mit anderen Worten: sie vorsorglich gegen die Seuche zu impfen.

Auch dieses Unternehmen wurde wieder ein Drama der Irrungen. Zuerst begannen fortschrittlich gesonnene Jäger, Füchse in Kastenfallen zu fangen, mit der Injektionsspritze zu impfen und wieder freizulassen. Das gelang einige Male. Aber dann »sprach« es sich unter den Tieren herum, was es mit den Fallen auf sich hatte, und kaum noch eines tappte mehr hinein. Im Gegenteil, die schlauen Kerle lernten es, den Fleischköder aus der Falle herauszuklauben, ohne daß sie zuschnappte.

Deshalb vergrub Professor Erik Zimen nun die Fallen in Erdlöchern auf den von Füchsen vielbegangenen Wechseln und tarnte sie mit Laubwerk. Anderntags, als er die Ergebnisse seiner Bemühungen betrachten wollte, sah er nur, wie die Fallen oben auf dem Erdboden neben der Grube lagen. Die klugen Füchse hatten sie als gefährlich erkannt und während der Nacht ausgegraben, um nicht versehentlich hineinzustolpern! Mit dieser Methode war es also auch nichts.

Im nächsten Akt begannen die Jäger in Großaktionen, Jungfüchse aus ihrem Erdbau auszugraben, mit einer Injektion zu impfen und wieder freizulassen. Die Zerstörung eines Baues ist nicht weiter schlimm. Er kann schnell wiederhergestellt werden, und außerdem besitzt eine Fuchsfamilie in der Regel noch eine Zweitwohnung oder noch mehrere Ausweichquartiere.

Nur blieb auch hier der gewünschte Erfolg aus, und zwar aus demselben Grund, aus dem auch schon die Dezimierung der Bevölkerungsdichte auf ein Tier pro 4 bis 5 Quadratkilometer versagte: Bei noch so gut gemeintem Bemühen fanden die Waidmänner längst nicht alle Fuchsbaue. Auf ein geimpftes Tier kamen etwa acht ungeimpfte, und somit blieb trotz ungeheurer Anstrengungen alles im wesentlichen beim alten.

Seit 1983 läuft aber eine weitere Aktion: die Schluckimpfung für Füchse. Die Ampulle mit dem Impfstoff wird in einem Futterbrokken versteckt und so vergraben, daß Meister Reineke den Köder findet und samt der Arznei frißt. Als Futterhülle wählten die Helfer erst eine Bulette.

Doch der Rotrock witterte Unheil und spuckte die Kapsel wieder aus. Der zweite Ködertyp waren rohe Eier. Durch ein Loch wurde das Medikament ins Innere gesteckt, die Öffnung wieder verschlossen und sodann ein künstliches Hühnernest in der Nähe des Fuchsbaues angelegt. Aber was tat der Fuchs? Da er weiß, daß Eier nicht so schnell verderben wie Fleisch, betrachtete er sie als Nahrungsreserve für Hungerzeiten und vergrub sie in seinen Verstecken. Als er sie endlich wieder aus dem Boden wühlte und fraß, war die Wirksamkeit des Impfstoffs längst dahin.

Da kam 1980 der Schweizer Tierarzt Dr. Alexander Wandeler auf eine neue Idee. Er steckte die Impfstoffkapsel in die Lieblingsspeise des Rotrocks: in einen Hühnerkopf. Innerhalb des Schädelknochens, den der Fuchs mit herunterwürgt, fällt die kleine Kapsel nicht auf. In dieser »Verpackung« nimmt er die Medizin an ... sofern der mit höchst verdächtigem Menschenduft behaftete Hühnerkopf zuvor etwa handtief in der Erde vergraben wurde.

Somit hängt das Gelingen oder der Mißerfolg der ganzen Aktion davon ab, die präparierten Hühnerköpfe so zu vergraben, daß der Fuchs sie auch findet. Das ist keineswegs einfach, und die Jäger, die sich zu dieser Arbeit bereit erklärt haben, müssen genau über das Futterversteckverhalten des Rotfuchses Bescheid wissen.

Hierüber berichtet der englische Nobelpreisträger Professor Niko Tinbergen von der Halbinsel Ravenglas in der Irischen See folgendes: In stockdunkler Nacht war Meister Reineke in eine Brutkolonie der Silbermöwen eingebrochen. In Todesangst verließen die Vögel ihre Nester: Lieber morgen wieder ein Ei nachlegen als heute selber vom Fuchs gefressen werden!

So befand sich die Rotjacke mitten in einem Eierschlaraffenland. Diesen Segen von Leckerbissen konnte der Fuchs gar nicht auf einmal verputzen. Aber er ist, wie schon die Fabel ganz richtig sagt, sehr schlau. Deshalb sorgte er für spätere Notzeiten vor, plünderte an die zwanzig Nester und versteckte 45 Eier einzeln im Dünengelände der Halbinsel.

Die große Frage lautete nun: Wie findet das Tier nach Wochen seine Vorratslager wieder? Für einen Menschen ist das bereits nach einer Stunde schon zuviel verlangt, wie das nicht zu seltene Beispiel des Familienvaters zeigt, der zu Ostern für seine Kinder Schokoladeneier im Garten versteckt und selbst nicht alle jene wiederfinden kann, die seine Kinder nicht entdeckt haben.

Doch der Fuchs hilft sich mit einigen Tricks. Er benutzt gleichsam Lieblingsstellen für seine Verstecke. Wie jene Eltern, die alle Ostereier nur unter Sofakissen legen, so wählt der Rotrock einzeln stehende Gras- oder Strandhaferbüschel, an deren Fuß er jeweils ein Ei vergräbt. Wenn für den Fuchs nach dem Ende der Brutzeit der Möwen Hungerzeiten anbrechen, patrouilliert er alle diese »Sofakissen« ab. Die genaue Ortung, ob hier oder da auch tatsächlich ein Ei im Boden vergraben liegt, besorgt die Nase.

Kann man denn Eier riechen? Der Mensch nicht. Eine Fuchsnase aber wittert ein 10 Zentimeter tief vergrabenes Ei auf einen halben Meter Abstand – allerdings nur, wenn sie ganz genau »hinriecht«. Experimente haben gezeigt, daß ein revierfremder Fuchs, der durch das Gebiet von 45 vom Revierbesitzer versteckten Eiern hindurchschnürte, kein einziges fand. Der Eigentümer jedoch, der sie selbst vergraben hatte, entdeckte 44 Stück wieder. Nur ein einziges Ei spürte er nicht auf. So perfekt sind Füchse im »Ostereier«-Suchen!

Übrigens markiert der Fuchs ein einmal ausgeräumtes Versteck, das ja noch einige Zeit nach Ei duftet, mit einem Urinstrahl, damit er dort nicht noch einmal nachgräbt.

Zur Nutzanwendung: Es mag wohl sein, daß sich ein revierfremder Fuchs nicht voll auf das Versteck-Erschnüffeln konzentriert, weil er den Territoriumsbesitzer zu fürchten hat. Andererseits aber frönt jedes Tier seinen eigenen Versteckgewohnheiten, um »Unbefugten« den Zugriff zu den Vorratslagern zu erschweren. Daraus geht hervor, wie schwer es die Jäger haben werden, die Hühnerköpfe mit dem Schluckimpfstoff so zu »verstecken«, daß sie der Fuchs auch tatsächlich findet.

So kann nur mit gewaltigem Material- und Arbeitsaufwand etwas erreicht werden. Zuerst riegelten die Schweizer im Kanton Wallis einige Alpentäler ab und brachten dort mit einigen tausend präparierten Hühnerköpfen die Tollwut vollständig zum Erlöschen.

Diese Erfolge ermutigten deutsche Jagd- und Forstbehörden unter der Leitung des Tübinger Professors Lothar Schneider dazu, in von großen Flüssen und Seen größtenteils abgeschirmten Gebieten die gleichen Aktionen mit 12 000 Hühnerköpfen zu starten.

Nach diesen relativ kleinflächigen Vorgeplänkeln begann im Frühjahr 1984 in der Ostschweiz die bisher größte Aktion. Nicht weniger als 80 000 Hühnerköpfe wurden mit dem Medikament präpariert. Hunderte von ehrenamtlich arbeitenden Jägern vergruben sie an geeigneten Stellen. Der Staat stellte 580 000 Franken zur Verfügung. Drei Jahre lang soll dieses gigantische Unternehmen wiederholt werden. Dann, so ist zu hoffen, wird auch der barrierelose Großraum der nichtalpinen Ostschweiz endlich von der Tollwut befreit sein.

Rückblickend finden die Forscher der Schweizerischen Tollwutzentrale in Bern für die früher so völlig ergebnislos durchgeführten Aktionen nur die vernichtendsten Urteile. Vor allem die »Fuchsbaubegasung muß retrospektiv als kurzsichtige Zwängerei eines Scheuklappen-Spezialistentums disqualifiziert werden. Man machte die Abrechnung mit der Tollwut ohne den Wirt, das heißt ohne die Fuchsbiologie. Man wollte Reineke bekämpfen, ohne etwas von seinem Verhalten und von seiner Populationsdynamik zu kennen ... Dies führte zum Fiasko, und stillschweigend wurde vor Jahren die Begasungsmethode wieder zu Grabe getragen.«

»Was damals unter dem Deckmantel der Wissenschaft ... stur durchgepaukt wurde, wäre heute, im Zeitalter des Umweltbewußtseins, Anlaß genug, einen Sturm der Entrüstung zu entfachen. Was nämlich mit diesem Stümperexperiment eines Gaskrieges an Kleintierwelt nebst den Füchsen vernichtet wurde, darüber breitet sich wohl für immer die Grabesruhe der unterirdischen Höhlen aus.«

So ist der Fuchs geradezu ein Schulbeispiel für das klägliche Versagen alter, brutaler und törichter Eingriffe in die Natur wie auch für die großartigen Erfolge echter Hilfsaktionen für Tier und Umwelt, denen allein die Zukunft gehört.

VII. Anhang

Die Regenbogenkämpfer

a) Salut für Bernhard Grzimek

Einer der erfolgreichsten Tier-, Arten- und Naturschützer der Welt ist Professor Bernhard Grzimek. Wenn er, der 1984 seinen 75. Geburtstag feierte, nicht geboren worden wäre, lebten derzeit allein in der ostafrikanischen Serengetisteppe 2,5 Millionen Großtiere weniger. Seit er 1958 dieses Gebiet zum Nationalpark machte, vermehrten sich dort 60 Elefanten auf gegenwärtig 4 500, 837 Giraffen auf über 10 000, 1 700 Impalas auf 60 000, 1 500 Büffel auf 74 000, 57 000 Zebras auf 200 000, 200 000 Gazellen verschiedener Arten auf über 1 Million, 100 000 Gnus auf 1,5 Millionen.

Die großartige Bilanz eines Menschenlebens erstreckt sich jedoch noch viel weiter über den gesamten Erdkreis. Grzimek war der erste, der gegen die Robbenschlächterei vor Neufundland protestierte sowie gegen den Vogelmord in Italien und die quälerische Tierhaltung in Hühnerbatterien und Kalbs-Mastboxen; Grzimek erreichte es, daß es heute als unvornehm gilt, Pelzmäntel aus Fellen vom Aussterben bedrohter Tierarten zu tragen; Grzimek unterstützt als Präsident der Frankfurter Zoologischen Gesellschaft von 1858 mit den Geldspenden seiner Millionen Freunde Tierschutzprojekte auf allen Kontinenten, in Deutschland ebenso wie in Indien und Afrika, in Australien, Indonesien, Mittel- und Südamerika, in der Arktis wie in der Antarktis.

Er besitzt die Persönlichkeitsausstrahlung und den Kampfgeist wie die Jungfrau von Orleans, eine in den Sphären hoher Wissenschaft fundierte blumenreiche Art der publikumswirksamen Simplifizierung wie Nobelpreisträger Professor Konrad Lorenz und ein Sendungsbewußtsein zum Wohle der Tiere wie der heilige Franziscus von Assisi.

Kein Wunder, daß ihn seine Gegner am liebsten auf dem Scheiterhaufen verbrennen möchten.

Dabei tut er ihnen nicht einmal den Gefallen, am Herzinfarkt zu sterben. Und das, obwohl er einst Direktor des Frankfurter Zoos war, sowie Professor der Veterinärmedizin an der Universität Gießen, und obwohl er derzeit noch immer Chefkurator der ostafrikanischen Nationalparks, Chefredakteur der größten Tierzeitschrift der Welt »Das Tier«, Herausgeber des umfassendsten zoologischen Lexikons der Welt, »Grzimeks Tierleben«, Star der Fernsehreihe »Ein Platz für Tiere« und Autor von mehr als zwanzig Büchern, darunter mehreren Bestsellern, ist. Ein noch nicht ausgestorbener »Dinosaurier« an Schaffenskraft und Effektivität!

Jede einzelne dieser Tätigkeiten könnte ein Menschenleben schon mehr als ausfüllen. Aber Bernhard Grzimek schafft dies alles zusammen, und das auch noch in einer Art, in der man ihm nie die geringste Hektik anmerkt.

Wenn heute wenigstens in einigen Teilen der Welt der verbrecherischen Barbarei gewisser Menschen gegen die vierbeinigen und gefiederten Geschöpfe Gottes Grenzen gesetzt sind und wenn dadurch auch für den Menschen die Welt wieder lebenswerter geworden ist, dann ist dies nicht zuletzt das Verdienst dieses Mannes.

b) Greenpeace – Heldentum im friedlichen Kampf

Umweltzerstörer und Tiermörder in allen Teilen der Welt geraten in Panik, wenn sie das Wort »Greenpeace« hören. Schon oft bedeutete die Entdeckung ihres schändlichen Treibens durch diese Naturschutzorganisation das Ende der Umweltzerstörung:

- Im Juli 1983 gelang es Greenpeacern, den Sowjets illegalen Walfang nachzuweisen. Eine Einsatzgruppe landete im Schlauchboot todesmutig auf sibirischem Boden und wurde festgenommen. Aber ihr Protest fand ein weltweites Echo. Ergebnis: Die Internationale Walfangkommission reduzierte den Sowjets die Fangerlaubnis um 2 000 Wale.
- Im April 1983 »wanderten« Greenpeacer in das Kernwaffentestgelände von Nevada, USA, und verhinderten durch ihre Gegenwart die Zündung einer Atombombe. Ihr Ziel: sofortiger Stopp aller Kernwaffenversuche.

Um die weitere Vergiftung der Umwelt mit chemischen Abfällen zu verhindern, startete Greenpeace wie in den Vorjahren auch 1983 wieder Aktionen in aller Welt:

- Im März 1983 bei Grimsby, England: Aktion gegen die Einleitung von Dünnsäure ins Meer.
- Im März 1983 bei Rouen, Frankreich: Aktionen gegen die Verklappung von Gipsschlamm in der Seinemündung.
- Im April 1983 in Basel, Schweiz: Aktion gegen den fahrlässigen Umgang mit dem Seveso-Gift Dioxin. Ergebnis: Das Europaparlament arbeitet neue Richtlinien zur Abfallbeseitigung aus.
- Im August 1983 in Nordenham, Bundesrepublik Deutschland: Aktion gegen Versuche, die Nordsee als »Müllkippe der Giftmischer« zu mißbrauchen.
- Weitere Aktionen gegen die Umweltvergiftung im Juni 1983 bei Le Havre, Frankreich, und im September 1983 in der Westerschelde, Belgien.
- Im August 1983 spüren Greenpeacer Robbenschlächter bei den Pribiloffinseln im Beringmeer auf und fotografieren sie. Ergebnis: weltweite Proteste in den Medien.
- Im Juli 1983 befreiten Greenpeacer in wochenlanger Arbeit Tausende von Delphinen und Seevögeln, die sonst in japanischen Fischernetzen einen qualvollen Tod gefunden hätten.

Anti-Atom-Aktionen von Greenpeace: Im Januar 1983 Protest in Cherbourg, Frankreich, gegen die Anlandung japanischen Atommülls. Im Februar 1983 Demonstration in London gegen die Versenkung von Atommüll im Meer und im November 1983 in Windscale, England, gegen die atomare Wiederaufbereitungsanlage.

Überall, wo Greenpeace auftritt, erregt der verwegene, oftmals todesmutige Einsatz ihrer Frauen und Männer, der »Regenbogenkämpfer«, weltweite Bewunderung und Wirkung. Ihre spektakulären Aktionen rütteln die Weltöffentlichkeit in Presse, Funk und Fernsehen wach und stellen somit vielfach den Anfang vom Ende der umweltzerstörerischen Eingriffe dar.

1972 wurde Greenpeace von Gegnern der Atombombentests in Kanada gegründet. Seither dehnte sich die Organisation über fast alle Länder der Welt aus und erweiterte ihr Aufgabengebiet auf viele Bereiche des Umwelt-, Natur- und Artenschutzes.

c) Der World Wildlife Fund (WWF)

Tierarten vor dem Aussterben zu schützen, kostet Geld, sehr viel Geld, das idealistischen Helfern oftmals nicht zur Verfügung steht. Hier springt WWF weltweit mit großzügigen Beiträgen ein.

Eine hervorragende Organisationsform sorgt dafür, daß alle Spendengelder von Tierfreunden bis zum letzten Pfennig allein den Tieren zugute kommen und nicht in Verwaltungs-Wasserköpfen versickern. Über den ganzen Globus ist ein Kreis von 1001 Geldgebern aufgebaut worden. Mit ihren Spenden wird der »Apparat« in Betrieb gehalten: eine Gruppe von Wissenschaftlern, die beurteilen, welche Schutzprojekte mit Geldbeträgen unterstützt werden sollen, sowie in jedem Land ein kleines Büro.

Die Gruppe dieser Geldgeber besteht fast durchweg aus finanzkräftigen Großindustriellen. Sie wird von königlichen Honoratioren angeführt, etwa vom Prinzen Bernhard der Niederlande oder, seit 1982, von Prinz Philipp, dem Gemahl der englischen Königin.

Es ist ungeschriebenes Gesetz, daß diese Großindustriellen ihre eigenen Betriebe so ausrüsten, daß durch sie keinerlei Umweltbelastung durch Verschmutzung der Luft, des Wassers und der Erde verursacht wird.

Der WWF, dessen Wahrzeichen der Große Panda ist, wurde 1961 gegründet und hat seinen Hauptsitz in Morges, Schweiz.

WWF-Deutschland unterstützt zahlreiche Artenschutz-Projekte, die in diesem Buch geschildert werden, unter anderem die Schutzbemühungen für Biber, Fischotter, Weiß- und Schwarzstorch sowie für Kranich, Uhu und Wanderfalk.

Die dafür verwendeten Geldmittel stammen vom Kreis der erwähnten Geldgeber, zur Hauptsache aber von vielen tausend fördernden Mitgliedern und zusätzlichen Spenden, etwa den Hilfspfennigen, die Zoobesucher in die dort aufgestellten Panda-Sparbüchsen einwerfen. So kann sich jedermann aktiv am Artenschutz beteiligen, entweder durch einmalige Geldspenden oder indem er förderndes Mitglied im WWF wird wie auch als aktiv mitarbeitendes Mitglied in einer anderen Naturschutzorganisation.

Anschriften einiger Naturschutz-Organisationen

Arbeitsgemeinschaft Deutscher Beauftragter für Naturschutz und Landschaftspflege e. V.
Heerstraße 110, D-5300 Bonn 2

Arbeitsgemeinschaft der Vogelschutzwarten
Hamburger Straße 45, D-2000 Hamburg 22

Bund Umwelt- und Naturschutz in Deutschland e. V.
Godesberger Straße 17, D-5300 Bonn 1

Deutscher Bund für Vogelschutz e. V.
Achalmstraße 33, D-7014 Kornwestheim

Deutscher Naturschutzring e. V.
Kalkuhlstraße 24, D-5300 Bonn-Oberkassel

Deutscher Tierschutzbund e. V.
Baumschulallee 15, D-5300 Bonn 1

Deutsche Zoologische Gesellschaft
Olbersweg 24, D-2000 Hamburg 50

Gesellschaft zum Schutz der Meeressäugetiere e. V.
Möhlmannweg 2, D-2000 Hamburg 55

Greenpeace e. V.
Hohe Brücke 1, Haus der Seefahrt, D-2000 Hamburg 11

Verein Jordsand zum Schutz der Seevögel e. V.
Birkenstieg 1, D-2000 Hamburg 67

WWF-Deutschland
Sophienstraße 44, D-6000 Frankfurt am Main 90

WWF-Österreich
Festgasse 17, A-1162 Wien

WWF-Schweiz
Postfach, CH-8037 Zürich

Zoologische Gesellschaft von 1858, Frankfurt am Main
Alfred-Brehm-Platz 16, D-6000 Frankfurt am Main 1

Register

a) Tiere

b) Personen, Organisationen

Von *Vitus B. Dröscher* sind bei ECON außerdem lieferbar:

Mit den Wölfen heulen
»Fabelhafte« Spruchweisheiten aus dem Tierreich
144 Seiten, 33 Zeichnungen, Leinen

Mich laust der Affe
»Fabelhafte« Redensarten aus der Welt der Tiere
144 Seiten, 33 Zeichnungen, Leinen

Ein Krokodil zum Frühstück
Verblüffende Geschichten vom Verhalten der Tiere
320 Seiten, 75 Zeichnungen, gebunden

Überlebensformel
Wie Tiere Umweltgefahren meistern
336 Seiten, 28 Abbildungen, gebunden

Nestwärme
Wie Tiere Familienprobleme lösen
336 Seiten, 18 Seiten Abbildungen, gebunden

ECON Verlag, Postfach 9229, 4000 Düsseldorf 1

Gerd E. Hoffmann

Schaffen wir das Jahr 2000?

Mit einem Vorwort von Robert Jungk
400 Seiten, broschiert, erscheint Oktober '84

Im Jahr 1948 hat der englische Schriftsteller George Orwell in die Zukunft gedacht und mit einer utopischen Beschreibung einer Gesellschaft im Jahre 1984 viel Aufsehen erregt und Beklemmungen ausgelöst. Das tatsächliche Jahr 1984 wird beherrscht von Diskussionen darüber, inwieweit Orwells Visionen Realität geworden sind. Die magische Jahreszahl ist auch das Thema der Buchmesse dieses Jahres.

Verlag und Herausgeber haben das Datum zum Anlaß genommen, Autoren und Fachleute aus sehr verschiedenen Bereichen aufzufordern, einmal weiterzudenken, nicht 36 Jahre im voraus, wie es Orwell mehr oder wenig zufällig durch Umdrehung der Jahreszahl 48 getan hat, sondern 16 Jahre weiter bis zu einer anderen magischen Zahl: der Jahrtausendwende. Dabei sollte ebensowenig auf das Fachwissen der Experten wie auf die Phantasie der Schriftsteller und Dichter verzichtet werden.

Unter den Autoren
Christian Broda; Birgit Breuel; Christine Brückner; Peter O. Chotjewitz; Ingeborg Drewitz; Irenäus Eibl-Eibesfeldt; Anne-Marie Fabian; Walter Fabian; Wolfgang Hädecke; Jens Hagen; Johannes Heinrichs; Robert Jungk; Petra Kelly; Günter Kunert; Christian Lenzer; Bernd-Peter Lange; Paul Lüth; Bernd Lutterbeck; Angelika Mechtel; Norbert R. Müllert; Otto Frei; Wolfgang Protzner; Adalbert Podlech; Manfred Rommel; Karl Ruhrberg; Wolfgang Roth; Philipp Sonntag; Jan Stehl; Dorothee Sölle; Heiner Sommer; Heinrich Schirmbeck; Karsten Schröder; Rainer Trampert; Rudolf Wassermann; Dieter Weirich.

ECON Verlag, Postfach 9229, 4000 Düsseldorf 1

Susanne Päch

Detektiv im weißen Kittel

Aus den Akten der Gerichtsmedizin
288 Seiten, 16 Abbildungen, gebunden, erscheint August '84

Nicht jeder mordet – aber wohl jeder Mörder hofft, daß ausgerechnet sein Verbrechen unaufgeklärt bleiben möge. Ärzte helfen normalerweise den Lebenden und geben ihre Mühe auf, wenn der Patient tot ist, nur – es gibt Ärzte, für die beginnt ihre Arbeit mit den Toten.

Von beiden Gruppen handelt dieses Buch.

Spektakuläre Fälle, wie die des Zahnarztes Dr. Crippen, der seine Frau – fast perfekt! – ermordete (und Alfred Hitchcock zu seinem Meisterwerk »Das Fenster zum Hof« anregte) und weniger bekannte Geschichten wie die der bayerischen Verkäuferin Marieluise, die an einem vergifteten Tampon starb, stehen in dieser ersten Arbeit zur Gerichtsmedizin seit Jürgen Thorwalds »Die gnadenlose Jagd« (1973) nebeneinander. Geschichte, Entwicklung und Gegenwart einer Wissenschaft, die die Phantasie einer breiten Öffentlichkeit schon seit jeher besonders beschäftigt hat, werden mit Spannung, nicht aber mit vordergründiger Sensationslust erzählt.

Wohl in wenigen Bereichen greifen menschliche Fehler und exakte Wissenschaften, psychologische Ansätze und soziale Komponenten so ineinander wie auf dem Feld der forensischen Medizin.

ECON Verlag, Postfach 9229, 4000 Düsseldorf 1

Petra Schmidt-Decker

Die jungen Bosse

240 Seiten, 30 Abbildungen, gebunden
erscheint August '84

Sie stehen an der Spitze eines bedeutenden Unternehmens. Sie können sich nicht verkriechen, sie stehen im Rampenlicht, ob sie es wollen oder nicht.

»Die jungen Bosse« geben Auskunft:

— über ihr Unternehmen
— über Mitarbeiterführung und Motivation
— über Struktur, Umsatz, Expansion
— über Innovation und Ziele, aber auch über unternehmerische Mißerfolge.

Sie lassen sich von Petra Schmidt-Decker in die Karten schauen, erzählen, wie sie für ihren Beruf vorbereitet wurden, geben Auskunft auch über ihr Privatleben, ihre persönlichen Interessen, Schwächen und Stärken. Sie definieren ihre Maximen und verteilen – last not least – Rat an diejenigen, die in Zukunft selbst zu den jungen Bossen gehören wollen.

Auskunft geben u. a.:

Dr. Michael Otto (Otto-Versand, Hamburg); Dr. Bernd Otto (Coop, Frankfurt); Dr. Mark Wössner (Bertelsmann AG, Gütersloh); Dr. Jörn M. Kreke (Hussel AG, Hagen); Dr. Dieter Hans Vogel (Pegulan AG); Heinrich Weiss (Siemag); Bernd Hebbering (Horten AG, Düsseldorf); Randolf Rodenstock (Optik); Caroline Hagenbeck (Hamburger Tierpark); Günther Henseler (Polygram Inc., New York).

ECON Verlag, Postfach 9229, 4000 Düsseldorf 1